地方製造業の展開

高崎ものづくり再発見

高崎経済大学地域科学研究所【編】

日本経済評論社

刊行にあたって

　産業研究所と地域政策研究センターを統合し，地域科学研究所を設置して2年目の今年，研究プロジェクトの成果を著したのが本書である．当該研究プロジェクトは産業研究所最後の年にスタートし，地域科学研究所に引き継がれたものである．研究テーマは「現代の地方都市における製造業の存立基盤に関する研究―群馬県を事例として―」であり，プロジェクト申請時の企画案には，

　「高度経済成長，バブル経済の生成と崩壊，長期経済不況などの経済変動を経験した今，改めて地方都市の企業活動に目を向けると，地方都市には地元資本による製造業の立地が多く見られる．概して中小規模の企業が多いものの，大企業とは異なる独自の経営理念や戦略を持ち，グローバル化に対応する一方で，国内市場にも積極的に進出しながら，地域経済の一端を担っている姿が見える．例えば，商工業都市として発展してきた高崎市においても，大企業が地域経済を担ってきたものの，90年代以降，大企業の再編が進行した結果，地域に密着しつつ，新たな市場開拓を国内外に展開している企業群が地域経済の担い手として，その中核をなすようになってきた．

　そこで，本研究は，21世紀初頭の地方都市における地域経済の担い手は，どのような経営戦略を持ち，経済活動を展開しているのかについて，群馬県を事例として，地方都市に立地する製造業の現状を多角的に分析し，その存立基盤を明らかにしようとするものである．」
と記されている．

　顧みると，産業研究所は57年の歴史の中で34冊の研究書を，地域政策研究センターは16年の歴史の中で10冊の研究書を発刊して，地域科学研究所へと研究プロジェクトを繋いでいる．昨年度はそれぞれ引き継いだ1つずつ

のプロジェクトの成果を出版し，本書が引き継がれた最後のプロジェクトの成果となる．すでに昨年には，地域科学研究所においてスタートしたプロジェクトの研究成果も1冊世に送り出し，本学が創立60周年を迎える来年度からは，すべてが地域科学研究所における研究プロジェクトの成果の出版物となる．

「刊行にあたって」は研究所長，「はしがき」は研究プロジェクトリーダーが執筆するのが通例となっているが，地域科学研究所長がプロジェクトリーダーでもあることから，「あとがき」を著すこととなり，今年度で退職する記念にと執筆依頼が舞い込んできた．短時間で全てのゲラに目を通さなければならず，斜めに一読するのが精一杯であった．よって，プロジェクトの各メンバーと読者各位に本書の全体像を的確にお示しすることができないことをご了解いただきたい．

本書は「総論編」，「企業編」，「寄稿」と「資料編」で構成されている．まず，「総論編」は4章で構成されている．すなわち，第1章「群馬県と県内都市における製造業の動向」，第2章「アンケートにみる群馬県製造業の動向」，第3章「高崎市における製造業の動向と振興策」と第4章「高崎市製造業の諸相」からなる．第1章と第3章は定量的2次データを用いて群馬県及び高崎市の製造業の時系列的考察と現状分析を行っている．第2章では群馬県内の中小企業へのアンケート調査結果から得られた定量的・定性的1次データの分析により群馬県内製造業の動向を明らかにしている．第4章では「商工たかさき」に掲載された製造業の定性データを「資料編」に掲載し，それらを要約することにより高崎市に立地する製造業の諸相を明らかにしようとしている．

「企業編」は6章構成で7企業を取り上げている．各章とも本学教員によるヒヤリング調査の結果と各種参考資料を用い，それぞれの企業の特性をプロジェクトの目的を念頭においてまとめている．すなわち，第5章「絶えざる創業の軌跡：共和産業」，第6章「燃焼科学システムの創造：キンセイ産業」，第7章「『高崎発のものづくり』と産学官連携：山崎製作所」，第8章

「中小プレスメーカーの環境と戦略―斉藤プレス工業とシミズプレス―」，第9章「経営指針と従業員育成：山岸製作所」と第10章「プレス加工・金型メーカーの海外戦略と地域貢献―サイトウティーエム―」である．

各章の記述内容からは，統一性よりも各研究者の研究領域からのアプローチが重視されていることがわかる．ここでは，それぞれの内容を概説するだけでもかなりの紙幅を要するので，読者の皆様に本文の熟読をお願いしたい．単に読物としても得るものがある．ただし，製造業に特有の製造技術や設備等は専門家以外の者にとっては難解であろうと思われる．その部分を読み飛ばしても，躍進を続ける製造業の置かれた環境やそれへの経営者の対応は大いに参考となる．

寄稿「地域の製造業に学んで」は，当該研究プロジェクト発足の引金となった高崎市立高崎経済大学附属高等学校のスーパーグローバルハイスクールの取組内容について，黒田圭一同校教諭がおまとめになっている．今日の先進的な高等学校教育の一端を知ることができるであろう．

「資料編」はすでに述べたとおり，「商工たかさき」に掲載された製造業の紹介記事の転載である．

2011年5月，日本創成会議・人口減少問題検討部会は「消滅自治体リスト」及び提言「ストップ少子化・地方元気戦略」を公表し，地方に大きな衝撃を与えた．同年9月3日には地方創生担当相が置かれ，「まち・ひと・しごと創生本部」（地方創生本部）が発足した．このような政府の地方創生政策は，大学政策にも影響し，2013年には「地（知）の拠点整備事業（COC）」，2015年には「地（知）の拠点大学による地方創生推進事業（COC＋）」へと発展し，2016年度からの国立大学第3期中期計画では，86大学中55大学が「主として地域に貢献する大学」を目指している．

地域を対象とする国の政策や地域と大学の関係は，この20年間で大きく変化した．特に近年，地域関連の学部や研究機関を開設する国公私立大学が急増している．このような中，57年の歴史の産業研究所と16年の歴史の地域政策研究センターを統合し，2年前に開設された地域科学研究所は，過去

の遺産に甘えることなく，常に改革しながら地域貢献の先頭を走って欲しい．

2017年2月

高崎経済大学長

石 川 弘 道

目次

刊行にあたって　　　　　　　　　　　　　　　　石川弘道

総論編

第1章　群馬県と県内都市における製造業の動向
　　　　　　　　　　　………………　西野寿章／村山元展　3

　　はじめに　3
　　1．製造業の動向と工場立地　3
　　2．耕地面積及び人為壊廃の動向　6
　　3．大規模企業の動向と県製造業の特性　9
　　4．高崎市等，県内都市における製造業の動向　12

第2章　アンケートにみる群馬県製造業の動向　…………　米本　清　19

　　はじめに　19
　　1．アンケートの概要と基本的な集計結果　20
　　2．経営状況とその背景　36
　　3．経営の方向とその背景　40
　　4．国内生産とその要因について　43
　　5．クラスター分析による産業の分類　47
　　おわりに　50

第3章　高崎市における製造業の動向と振興策　…………　天羽正継　53

　　はじめに　53
　　1．製造業の動向　54

2. 製造業の振興策　60

　　おわりに　80

第4章　高崎市製造業の諸相 ……………………………………… 西野寿章　83

企業編

第5章　絶えざる創業の軌跡：共和産業 ……………………… 井上真由美　95

　　はじめに　95

　　1. 共和産業とは　96

　　2. 絶えざる創業の軌跡　99

　　3. 筆者の関心事　105

　　4. 量産からの撤退と父との衝突　106

　　5. サービス製造業へ向けて　108

　　6. 米国への進出　110

　　7. ある1日のスケジュール　112

　　おわりに　116

第6章　燃焼科学システムの創造：キンセイ産業 ……… 西野寿章　118

　　はじめに　118

　　1. 創業，焼却炉専門メーカーへ　118

　　2. 乾溜ガス化燃焼システムの開発　121

　　3. キンセイ産業の特許戦略　125

　　4. 高崎市からオンリーワンの技術発信　128

　　おわりに　130

第7章　「高崎発のものづくり」と産学官連携：山崎製作所
　　　　　　　　　　　　　　　………………………………… 佐藤英人　133

　　はじめに　133

1. 山崎製作所の概要と略歴　135
　　2. 高崎市に立地する利点　137
　　3. 人材の確保　140
　　4. 産学官連携の取り組み　142
　　おわりに　145

第8章　中小プレスメーカーの環境と戦略
　　　―斉藤プレス工業とシミズプレス―　……………　藤井孝宗　148

　　はじめに　148
　　1. 中小プレスメーカーを取り巻く環境と課題　149
　　2. 高崎に立地する中小プレスメーカー：ケーススタディ　151
　　3. 中小プレスメーカーの生き残り戦略：ケースからのファクト・ファインディング　159
　　おわりに　164

第9章　経営指針と従業員育成：山岸製作所　……………　永田　瞬　171

　　はじめに　171
　　1. 山岸製作所の概要　172
　　2. ヤマギシテクニカルセンター創設に至る経緯　174
　　3. 人材育成を重視する取り組み　181
　　4. 経営指針を柱とした中小企業経営の意義と課題　186
　　おわりに　191

第10章　プレス加工・金型メーカーの海外戦略と地域貢献
　　　―サイトウティーエム―　………………　矢野修一　194

　　はじめに　194
　　1.「高品質・低価格・短納期」実現に向けた技術力と企業連携　196
　　2. 新領域探索と地域貢献への熱意　203

3. 経営環境の変化を見据えて　206

おわりに　212

寄稿　地域の製造業に学んで　……………………………　黒田圭一　219

資料編

(第4章記載の高崎市の企業紹介)

小島鐵工所　235
深堀鉄工所　237
ワイケー　238
温井自動車工業　240
IPF　241
額部製作所　242
共和産業　244
スターテング工業　245
オオサワ　247
トクデンプロセル　248
小野製作所　250
林製作所　250
丸山機械製作所　251
ユタカ製作所　253
中里スプリング製作所　254
昭和電気鋳鋼　256
秋葉ダイカスト工業所　257
八木工業　259
町田ギヤー製作所　260
イーケーエレベータ　261
エス・エス電機　263
サンシステム　263
太陽誘電　264
トステック　266
成電工業　267
柏ツール　268
小林製作所　269
東製作所　270
山岸製作所　270
エムケイ製作所　271
群協製作所　272
エムスケイ　273
高栄研磨　273
シミズプレス　274
クシダ工業　275
相原製鋲　277
ペリテック　278
三宅製作所　279
群栄化学工業　281
協和発酵キリン高崎工場・バイオ生産技術研究所　283
日本化薬高崎工場　284
羽鳥鐵工所　285
マツモト　285
エスビック　287
水島鉄工所　289
ラジエ工業　291
エコ・マテリアル　293
望月製作所　294
沖デジタルイメージング　296
関東プラスチック工業　297
東邦工業　299
伊藤産業　301
塚田木工所　301
武井木工　302
岡田だるま店　303
藍田染工　303
清水捺染工場／丑丸染

物店／中村染工場 304
伊藤椅子製作所 305
小田川木工所 306
馬場家具 307
小栗製作所 307
安全基材 308
正和 310
オフィス First 310
石井商事 311
岡村鞄製作所 312
雨ザラシ工房 313

島田製作所 313
リード工業 314
大友印舗 315
プレジール 316
京王歯研 317
林製玩所 318
群馬レジン 319
菊屋小幡花火店 319
ファインモールド 320
Art & Zakka coppa-house／デザインジ

ム空想図鑑 321
里見電気製作所／榛名山麓あかり工房里見 322
十文字工房 322
長松管楽器研究所 323
西山剣道具店 324
田胡製作所 324
太洋防水布加工所 325

あとがき ……………………………………………… 西野寿章 327
執筆者紹介

総論編

第1章
群馬県と県内都市における製造業の動向

はじめに

　第二次世界大戦前の群馬県における製造業の中心は，中毛，西毛，東毛において盛んであった養蚕業を基盤とした製糸業と織物業であった．戦後も，一定の時期までは蚕糸業と織物業が群馬県の地域経済を担っていたが，米国における化繊の発達は日本蚕糸業を急速に衰退させた．これに入れ替わるように群馬県内にも，技術革新の成果としての新しい産業が芽生え始めた．その筆頭は，今日の群馬県製造業を牽引している自動車産業である．一方では，化学工業や宇宙産業など，先端技術産業の一端を担う企業の立地もみられ，後述するように群馬県内への企業立地は活発である．それは，首都圏の外縁部に位置する地理的条件と，太平洋側地域と日本海側地域との中間的な地理的位置にあって，物流，人の移動が高速交通網によって可能となっていること，養蚕業が盛んだったことから比較的転用可能な土地があったことなどが企業立地に作用しているように考えられる．以下，急激な円高をもたらした1985年のプラザ合意以降における群馬県の製造業について概観する．

1. 製造業の動向と工場立地

　1981（昭和56）年の群馬県製造業における従業員4人以上（以下同じ）の事業所数は9,474，従業員数は225,224人であった．同年の製造品出荷額は

4兆円余りで,中分類によるトップは輸送機器で23.9%を占め,2位は電気機器22.2%,3位は食料品11.7％と続いた.群馬県製造業の事業所数は1990（平成2）年に10,174まで増加するが,その後は減少し,1995年9,120,2000年8,154,2005年6,852,そして2010年には5,509にまで減少し,従業員数も1990年では265,539人を数えたが,1995年248,281人,2000年236,629人,2005年210,883人,そして2010年では20万人を切って195,678人にまで減少した.事業所数,従業員数共に,1990年をピークとし,減少の一途を辿っている（図1-1）.しかし1981年に4兆円余りだった製造品出荷額は,1990年には7兆6,160億円に増加し,2000年には7兆6,638億円まで増加したが,その後減少し,2010年には6兆9,642億円と7兆円を切った.

群馬県製造業の中核は,2000年までは輸送機器,電気機器であった.輸送機器の群馬県シェアをみると,1981年23.9％,1985年25.3％,1990年22.9％,1995年27.1％,2000年26.8％,2005年30.9％,2010年34.9％と

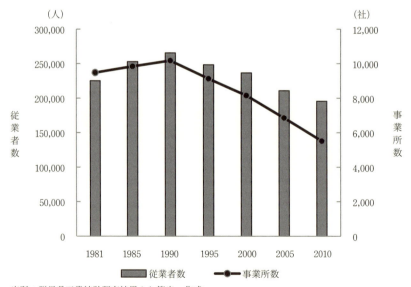

図1-1 群馬県製造業の従業員4人以上の事業所数と従業者数の推移

なっており，電気機器は1980年22.2％，1985年27.7％，1990年30.7％，1995年24.9％，2000年25.2％となっている．1985年と1990年では電気機器のシェアが輸送機器を上回った後，輸送機器が電気機器のシェアをわずかながら上回るようになり，近年では輸送機器が群馬県製造業を代表するようになっている．

この間，群馬県，各自治体では，工業団地を造成し，企業誘致を積極的に行ってきた．工業団地の造成と分譲は多様な事業主体が行っており，例えば高崎市の場合，多くの工業団地の事業主体に高崎工業団地造成組合がなっているケースもあり[1]，群馬県全市町村にある工業団地の把握は容易ではないが，群馬県の工業団地分譲の様子からこの間の動きを概観してみたい．図1-2は，群馬県企業局が分譲した工業団地等の分譲面積を年毎に示し，図1-3には群馬県企業局が分譲した工業団地等への立地企業数を年毎に示したものである[2]．群馬県の団地造成事業は，1962（昭和37）年以降展開され，92の産業団地を造成，分譲している．1963年から2012年までの50年間に企

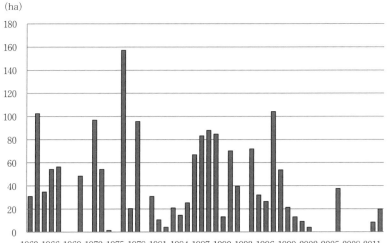

出所：群馬県企業局資料より作成．

図1-2　群馬県企業局が分譲した工業団地等の面積の推移

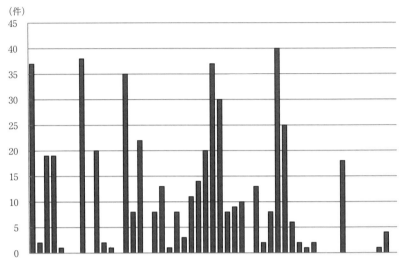

図1-3 群馬県企業局が分譲した工業団地等への立地件数の推移

業局では約1,700haを分譲し，約500社が工業団地に入居している．分譲面積の多い年をみると，1976（昭和51）年が最も多く157.2haが分譲され35社が入居している．また1997（平成9）年は104.1ha，40社，1964（昭和39）年102.4ha，2社などとなっている．これを市町村別にみると，最も分譲面積が多いのは太田市（298.5ha，57社），次いで伊勢崎市（183.3ha，67社），旧新田町（134ha，39社），館林市（109.5ha，16社），邑楽町（102.2ha，22社）などの順となっており，東毛地方から中毛地方に至る地域に多くの工業団地が造成された．

(西野寿章)

2. 耕地面積及び人為壊廃の動向

表1-1は農林水産省統計表の各年次版をもとに，わが国の高度経済成長が

始まって間もない 1960（昭和 35）年から 2007（平成 19）年における群馬県の耕地面積と水田，畑の人為壊廃面積をみたものである．1967（昭和 42）年以降は壊廃の目的別集計が加わり，住宅と工場，鉄道・道路等の内訳が示されている．

さて，県全体の耕地面積から見よう．1960 年には 1 万 2,000ha を超えていた耕地面積は，1985 年に 1 万 ha を切り，さらに 1994 年には 9,000ha を，そして 2003 年には 8,000ha を切るに至っている．特に平成に入っての耕地面積の減少は大きい．水田と畑の人為壊廃面積を比較すると，ほとんどの年で畑の壊廃面積が水田の倍以上となっている．積極的な農地整備が進められた水田と比較して，畑の農地転用の方が容易であったものと考えられる．

畑の住宅と工場への目的別壊廃をみると，やはり住宅目的の壊廃が多いことが分かるが，ただし 1960 年代後半から 70 年代前半には 200〜300ha もの工場への壊廃が行われている．第二次高度成長期の地方への工場分散政策の結果であろうと考えられる．また当時は関越自動車道の建設が進められており，群馬県への工場立地が注目された時期でもある．しかしオイルショック後の 1974 年以降は主として住宅開発による人為壊廃が続くものの，工場への壊廃面積は減少する．しかし平成に入ると，にわかに工場への壊廃が増加している年もある．水田の目的別壊廃面積をみると，畑と同様に 1960 年代後半から 70 年代前半には工場への壊廃が進むが，その時期以外では住宅への壊廃が多くを占めており，平成に入ると若干ではあるが工場への壊廃が増加する．

以上のように，群馬県では全体としては住宅への人為改廃中心ではあるが，1960 年代後半から 70 年代前半には工場への人為壊廃が集中的に進められた．しかし面積的には少ないものの，その後も工場への人為壊廃は進められているのも事実である．また 1990 年代初頭は，恐らく自治体の開発政策と思われるが，工場への人為改廃が増加する．

最後に，この表で気づくのは「その他」の壊廃面積である．群馬県では毎年一貫して 200〜300ha あり，近年には田畑合わせて 600〜700ha にも及ぶ

表 1-1 群馬県における耕地面積および壊廃面積の動向
(ha)

年	耕地面積	水田					畑				
		人為壊廃計	住宅	工場	道路鉄道等	その他	人為壊廃計	住宅	工場	道路鉄道等	その他
1960	122,500	39					180				
1961	123,800	95					230				
1962	123,200	150					460				
1963	123,100	270					520				
1964	121,500	190					500				
1965	120,400	226					875				
1966	119,700	173					591				
1967	119,100	226	99	106	9	12	741	367	91	11	272
1968	118,100	215	98	89	13	15	980	386	106	11	477
1969	116,200	822	326	411	37	48	1,050	558	238	60	194
1970	114,100	784	405	148	28	203	1,450	880	176	31	363
1971	111,400	906	474	224	65	143	2,100	909	347	53	791
1972	109,800	680	480	69	23	108	1,330	846	160	57	267
1973	108,700	457	302	83	18	54	1,470	942	246	21	261
1974	107,400	496	180	211	31	74	997	551	206	14	226
1975	106,500	279	192	44	2	41	862	530	82	11	239
1976	105,800	288	199	32	30	27	698	406	68	38	186
1977	105,400	262	162	30	3	67	803	335	51	12	405
1978	104,400	234	166	20	2	46	958	610	44	14	290
1979	103,800	180	143	12	6	19	576	332	41	12	191
1980	103,100	184	135	12	11	26	640	340	42	14	244
1981	102,100	420	220	91	25	84	671	330	50	53	238
1982	101,000	448	185	37	61	165	708	238	46	182	242
1983	100,700	153	81	17	4	51	434	254	37	11	132
1984	100,200	297	178	50	8	61	471	277	39	19	136
1985	99,500	154	92	26	10	26	621	314	90	23	194
1986	98,100	502	219	39	11	233	898	559	114	31	194
1987	97,300	175	110	36	5	24	697	320	71	47	259
1988	96,500	227	126	69	5	27	602	313	65	20	204
1989	95,200	318	196	87	8	27	948	452	166	17	313
1990	93,900	291	188	70	9	24	973	579	187	37	170
1991	92,700	479	306	148	15	10	779	432	126	25	196
1992	91,900	212	148	49	9	6	642	374	70	51	147
1993	90,600	518	411	56	22	29	830	448	84	28	270
1994	89,500	297	192	87	4	14	885	557	74	16	238
1995	88,700	233	173	55	4	1	578	363	68	19	128
1996	87,900	404	322	76	4	2	551	339	76	30	106
1997	86,700	269	185	58	20	6	1,050	418	135	23	474
1998	85,700	228	160	34	19	15	878	334	82	32	430
1999	83,800	159	111	14	5	29	694	294	52	9	339
2000	81,700	396	170	31	42	153	808	234	27	0	547
2001-02	80,400	527	243	39	31	214	758	264	34	14	446
2003	79,200	415	192	56	53	114	837	216	65	13	543
2004	78,500	243	99	31	14	99	583	220	69	18	276
2005	77,900	213	182	1	0	30	448	273	19	1	155
2006	77,400	163	119	3	0	41	319	228	11	2	78
2007	76,900	250	90	9	0	151	276	182	8	4	82

出所:農林水産省統計表より作成.

年もある．1990年以降の耕地面積の減少が大きいことを指摘したが，恐らくは耕作放棄であろう．本研究の対象ではないが，注意すべき事態である．

（村山元展）

3. 大規模企業の動向と県製造業の特性

　群馬県は，戦前から蚕糸業の盛んな地域であったが，戦後は輸送機器，電気機器などの工業県としての性格を強めることになった．輸送機器の代表メーカーは，太田市の中島飛行機を前身とした富士重工業と前橋市の中島飛行機工場跡に創業したダイハツ自動車工業がその中心であった．輸送機器関連では，桐生市の自動車用電装部品を生産しているミツバや，自動車部品製造の伊勢崎市のサンデン，電気機器では高崎市に起源を持つ太陽誘電や中島飛行機大泉工場に立地した東京三洋電機，高崎市に事業所を設けていた沖電気，前橋市の東芝機器などがその中心にあった．また，世界的なベアリングメーカーであるNSKは前橋市を中心として関連工場を展開している．しかし，プラザ合意以降の急激な円高による生産部門の海外移転や，バブル経済の崩壊とその後の長期デフレ経済に伴う生産拠点の再編成とそれに伴う人員削減，再配置である．円高，バブル経済の生成と崩壊，長期デフレ経済の影響は，群馬県にも影響を与えている．

　群馬県の製造業に関連した動きをみると，まず，中島飛行機前橋工場の跡地にあったダイハツ自動車前橋工場は，2004年11月に閉鎖された．同工場は1960年6月に群馬県工場誘致条例の第1号として，ダイハツ工業（本社・大阪府池田市）の100％出資子会社としてダイハツ前橋製作所が設立され，軽三輪自動車「ミゼット」の専門工場として，関東甲信越地区向けの製造を行った．ダイハツ工業が大分県中津市に新工場を建設するのに伴って新たな生産体制を構築するために閉鎖された[3]．前橋市にあった東芝グループの東芝機器と同社の完全子会社のリビング産業は，2011年3月末で事業を停止すると発表した．東芝機器は，1961年に稼働を始めた東芝電気器具

（現東芝ホームテクノ）前橋工場が1981年に独立する形で設立された．蛍光灯など照明器具を中心にして，暖房器具や扇風機なども製造した．ピークは1992年3月期，その後，照明事業をグループの他社に移管したほか，缶の自動販売機から撤退するなど事業を縮小していた（2010.9.30 日本経済新聞）．また大泉町の三洋電機は，2010年9月に半導体工場を閉鎖して，新潟県に集約すると発表した（2010.9.22 日本経済新聞）．中島飛行機の工場跡に立地した三洋電機の東の拠点は，家電製品の大半の生産を中国に移転したことなどで従業員は最盛期の半分となった．そして，プリント基板大手の日本CMKは，顧客企業の海外生産シフトが進み，過剰になった国内の生産能力を減らすために，伊勢崎市のGステイション工場とKIBANセンター工場の操業を停止するとする（2015.9.30 日本経済新聞）など，製造業の縮小が進んだ．一方，食品部門では，前橋市にはサンヨー食品の本社工場が稼働しており，高崎市には大塚薬品の飲料主力工場が，そして渋川市にはサントリーの飲料主力工場が立地しているなど，群馬県製造業の一端を担っている．これらの大企業の群馬県における生産活動は，雇用や地域経済に大きな影響力を与えてきたし，与えている．スバル360（❶）とミゼット（❷）という一世を風靡した名車が群馬県で生産されてきたことは特筆され，今日も自動車産業が群馬県の製造業を牽引している．しかし，地域経済は大企業だけによって支えられているものではない点に留意すべきであろう．

　表1-2は，群馬県の製造業における従業員4人以上299人以下の中小企業の各シェアをまとめたものである．『中小企業白書2016』によれば，2014年における全国の製造業48万7,061事業所に対する従業員4人以上299人以下の中小事業所の割合は99.3％となっており，群馬県の98.1％は全国平均よりやや低くなっている．また群馬県の従業員4人以上299人以下の中小製造業事業所に勤務する従業者の割合69.1％は，2012年の全国平均68.8％とほぼ同水準にある．そして生産額[4]では，2000年以降，群馬県では生産額は55.5％まで上昇した時期があったものの，2014年では49.0％と過半を割り込んでいるが，1981年から2014年までの従業員4人以上299人以下の中小

製造業事業所の生産額が占める割合の平均は50.8％となっており，過半をわずかに上回っている．データとデータ年が異なるため直接の比較はできないが，2013年の全国における従業員4人以上299人以下の中小製造業事業所の製造品出荷額等の平均は47.9％であったことから，群馬県は中小企業の活動がやや活発な地域といえよう．

このように全国も群馬県も中小企業が地域経済のおよそ半分を担っている点は重要である．高度経済成長期のような内需によって製造業が飛躍的に成長することはなくなり，少子化に伴う日本国内の経済の縮小も否めない．そのため，規模が大きい企業ほど，その存続のために市場規模の大きな国や地域に生産拠点を移動させることがある．

❶群馬県で生産され一世を風靡した富士重工業のスバル360（富士重工業・太田市矢島工場にて西野寿章撮影）

❷群馬県前橋市で生産されたダイハツミゼット（大分県豊後高田市・昭和の町博物館にて，西野寿章撮影）

表1-2　群馬県製造業における従業員4人以上299人以下の事業所のシェア

(％)

年次	1981	1985	1990	1995	2000	2005	2010	2014	平均
事業所数割合	99.1	99.0	98.9	98.8	98.7	98.7	98.4	98.1	98.7
従業者数割合	71.9	67.5	67.4	68.4	68.4	71.9	69.7	67.6	69.1
生産額	55.9	47.1	48.5	48.8	49.2	55.5	52.1	49.0	50.8

出所：群馬県工業統計調査結果より作成．

また収益を上げるために生産拠点を海外に移動させることもある．地域に誕生した中小企業の活動もグローバル化し，生産拠点や関連企業を海外に持つケースもあるが，大企業の活躍の陰になりながらも，地道に地域経済の担い手として存在していることを再認識する必要があろう．

4. 高崎市等，県内都市における製造業の動向

　製造業は，群馬県内の多くの地域に立地しており，例えば，関越自動車道・昭和 IC 付近には大企業が入った工業団地があったりするが，ここでは都市における製造業の動向について概観する．表 1-3 は，1981 年から 1995 年までと，1995 年から 2010 年までのそれぞれの間における製造業の事業所数，従業者数，製造品出荷額の増減率を市別に示したものである．事業所数の動向では，1981 年以降，群馬県全体では減少が続いているが，地域によってやや傾向が異なっている．まず，1981 年から 1995 年までの間に事業所数増加率をみると，増加させたのは安中市，藤岡市，太田市と渋川市であった．増加率では安中市，藤岡市で高く，藤岡市は関越自動車道の開通（1980年）に伴って工場の進出が見られるようになったことと関連しているように考えられる．この間の太田市の事業所増加率は 5.8％に留まっているが，この時の市平均 −4.4％をかなり上回っている．続く 1995 年から 2010 年の間は，バブル経済の崩壊後の長期経済不況期にあり，市平均の事業所増減率は 21.5％の減少となっており，軒並み大きな減少率を示しており，桐生市では 50.3％の減少と半減しており，沼田市，館林市，前橋市，富岡市，藤岡市ではいずれも 30％台の減少となっている．高崎市はわずかな減少を示した一方，太田市と伊勢崎市は増加を示している．

　次に製造業の従業者数の変化を同様に見ると，1981 年から 1995 年までの間は，市平均ではわずかに増加し，安中市，藤岡市，太田市，富岡市の順に増加しているものの，桐生市，館林市，渋川市，高崎市の順に減少させている．一方，1995 年から 2010 年までの間では，市平均は −3.8％と全体で減少

表1-3 群馬県市別 製造業の動向
(%)

	事業所数		従業者数		製造品出荷額等	
	81/95	95/2010	81/95	95/2010	81/95	95/2010
前橋市	−23.6	−37.0	−4.9	−21.5	44.1	−12.9
高崎市	−20.8	−1.7	−10.0	14.8	37.2	−8.1
桐生市	−25.2	−50.3	−13.9	−41.6	55.0	−54.0
伊勢崎市	−16.2	5.7	1.5	13.5	73.1	52.3
太田市	5.8	6.0	11.6	46.6	71.6	58.3
沼田市	−12.7	−39.2	−9.8	−15.5	68.0	−14.7
館林市	−6.4	−38.9	−12.5	−13.2	43.1	33.4
渋川市	3.3	−10.3	−12.1	−10.8	22.7	86.8
藤岡市	27.4	−30.7	25.7	−10.0	60.1	11.0
富岡市	−7.7	−35.2	10.3	−5.9	68.6	20.2
安中市	28.2	−4.4	31.6	1.8	223.1	47.9
平均	−4.4	−21.5	1.6	−3.8	69.7	20.0

注：従業員4人以上．
出所：群馬県工業統計調査結果より算出作成．

させているものの，増減の差が大きくなっている点が特徴的である．従業者数が増加したのは，太田市，高崎市，伊勢崎市，安中市の4市で，逆に桐生市，前橋市，沼田市などで減少させた．太田市の増加率46.6％と桐生市の減少率41.6％は対照的である．渋川市で大幅に伸びたほか，太田市，伊勢崎市の増加率も堅調であり，安中市もこれに続いている．前橋市は沼田市に次いで減少率が大きく，高崎市も従業者数は増加させながらも，製造品出荷額では減少に転じた．こうした動きからバブル経済崩壊後の1995年以降において，従業員数を増加させている都市では，近年の技術革新に追随した新しい地域工業が形成された可能性をうかがわせる．

1981年から1995年の間は，プラザ合意以降の急激な円高に見舞われる以前における先端技術産業部門の発展による日本工業の内発的要素とバブル経済期の需要増加を見込んだ設備投資が旺盛であったが，バブル崩壊の影響が顕在化した1995年以降の動向は，新技術の一般化，新興国の追い上げによって日本工業の内発的側面が削がれ，バブル経済期における過剰投資が反動として地域経済，地域雇用に反映された．群馬県の製造業の動きも，同様の

傾向がみえる一方で，長期経済不況下においても製造品出荷額は伸びを示していることがわかった．その一方で，1980年代以降の経済のグローバル化の進展，あるいはプラザ合意以降の円高の進展は，製造拠点の海外移転，海外進出を促した．群馬県産業経済部産業政策課の調べによれば2016年3月現在では，中国の146社を筆頭としたアジア諸国へ331社が進出し，北米40社，ヨーロッパ34社を大きく引き離し，その多くは製造業が占めている．長引くデフレ経済の下，生産現場や下請け現場を人件費の安価なアジア諸国に持つ企業が増加していることも示し，少子化に伴う国内市場の縮小も企業活動の方向性を変えつつある[5]．

最後に高崎市の製造業の動向を概観しておきたい．図1-4は，1981年以降の高崎市における製造業の事業所数と従業員数の推移を示したものである．事業所数は，1981年では978を数え，その後減少するものの大幅な減少は

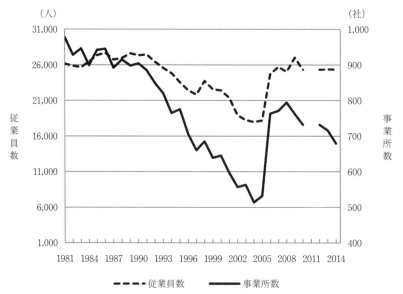

注：2011年は未調査．
出所：群馬県工業統計調査結果より作成．

図1-4 高崎市製造業の従業員4人以上の事業所数と従業員数の推移

見えなかったが，バブル経済期に増減を繰り返した後，1991年以降は1998年に増加したものの減少の一途をたどり，2001年には597事業所，2005年には532事業所まで減少した．2006年の群馬町，箕郷町，新町，倉渕村，榛名町の編入により事業所数が43.4％増加して763事業所となった．その後，2008年の794事業所をピークとして減少し，2014年では679事業所となっている．一方，製造業の従業員数は，1980年代は増減を繰り返した後，1991年の27,452人をピークとして減少し，2005年には18,185人まで減少した．2006年の市町村合併によって24,681人まで戻した後は，横ばい状態となって，2014年では25,317人となっている．さらに，製造品出荷額の推移をみる．1981年における高崎市の製造品出荷額は約5,269億円であった．バブル経済にも後押しされて1991年まで増加し続け，約9,797億円まで増加した．その後は減少が続き，2000年には約6,348億円となり，2005年には約5,622億円と1981年の水準に近づくまで減少している．2006年の合併によって製造品出荷額も増加し，2007年には8,403億円まで増加し，2013年では7,058億円と90年代末の水準となっている（図1-5）．

　高崎市の製造業の構成は，群栄化学（従業員2015年3月末現在316名），関東いすゞ自動車（従業員2016年4月1日現在869人），高崎森永（2014年9月1日現在360名），三益半導体工業（従業員2017年1月23日現在939人）等の従業員300人以上の大企業がある一方，大半の企業は中小企業となっている．図1-6は，2010年における高崎市製造業の従業員規模別の構成を示したものである．2010年における従業員数300人以上の大企業は10社であったのに対して，従業員数299人以下の中小企業が752社あり，中小企業が98.7％を占めている．さらに中小企業の内訳をみると，4～9人の小規模事業所が43.4％を占め，次いで10～19人規模の事業所が21.4％を占め，30～99人規模の事業所が16.4％を占めている．

　前述したように群馬県における企業規模別生産額のおよそ半分は従業員規模4人以上299人以下の中小企業が占めている．これは多くの地方に共通した構造だと考えられる．すなわち，地域経済の担い手として中小企業が大き

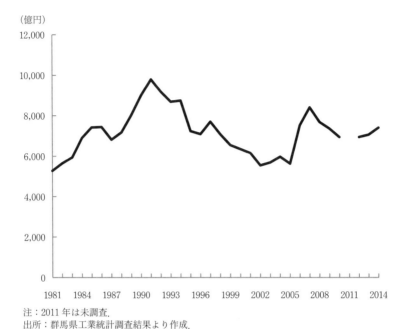

注：2011年は未調査．
出所：群馬県工業統計調査結果より作成．

図 1-5　高崎市の製造品出荷額等の推移

な役割を果たしているということもできる．

　かつて地方の地域振興には大企業の工場誘致が重要視された時代があったが，プラザ合意以降，大企業の製造拠点の海外移転が顕在化し，またデフレ経済の長期化，少子化に伴う国内市場の縮小などによって，もはや国内に大企業の生産現場の誘致は容易なことではない．大都市に本社を持ち，様々な経緯から地方に立地した大企業の工場は，経済動向によって工場の縮小や閉鎖を地域の事情に関係なく断行する．それはいうまでもなく企業の存続が何よりも優先されるからである．昨今の大企業における工場配置の再編成は，そのことを如実に物語っている．一方，地方で創業した中小企業は，大企業に比べると経営安定性に不安定要素が多いものの，地域に根づきつつ，雇用や生産に留まらず，独自の開発技術が地域文化の発展や国際交流につながる

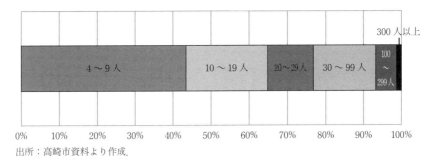

出所：高崎市資料より作成．

図1-6 高崎市製造業の従業員規模別事業所数の割合（2010年）

こともある．高崎市には，どのような企業が立地し，活動しているのか，章を改めて概観する．

(西野寿章)

注
1) 西野寿章「戦後高崎の工業発達史」(高崎経済大学附属産業研究所『産業研究』第39巻第1号，2003年9月) 58-74頁．西野寿章「工業の発展」(高崎市市史編さん委員会編『新編高崎市史 通史編4 近代現代』，2004年) 755-774頁．
2) 群馬県企業局「第5章 団地造成事業」(『平成28年度公営企業の概要』，群馬県企業局ホームページ (http://www.pref.gunma.jp/06/q0700066.html 最終閲覧日2016.12.10) 掲載資料より作成．なお，企業局が分譲している産業団地の中には流通団地も含まれているが，ここでは除外して集計している．
3) ダイハツ工業ホームページ．
4) 製造品出荷額等は，秘匿数値のある年があり時系列で算出できないため，製造品出荷額等に年末在庫額から年初在庫額の差を加えた生産額で算出した．
5) 日本銀行前橋支店「県内製造業における海外進出の影響について」(『群馬県金融経済レポート』2013-01号，2013年6月) によれば，海外進出の決定ポイントは，良質で安価な労働力が確保できる (37.1%)，品質・価格面で日本への逆輸入が可能 (22.1%) などとなっており，海外での事業展開を進めたきっかけとしては，国内市場の縮小化 (44.3%)，新たな事業展開 (38.1%)，取引先の海外進出 (32.0%) などとなっている．

参考文献
松原宏『立地調整の経済地理学』(原書房，2009年)

松原宏・鎌倉夏来『工場の経済地理学』(原書房,2016年)
吉田敬一・井内尚樹『地域振興と中小企業』(ミネルヴァ書房,2010年)

第2章
アンケートにみる群馬県製造業の動向

はじめに

　本章は，近年の群馬県における中小企業を中心とした製造業の動向について，2015年1-2月に高崎経済大学（旧）産業研究所がプロジェクト「現代の地方都市における製造業の存立基盤に関する研究」の一環として県内企業を対象に行ったアンケート調査結果を基にまとめるものである．なお本章は，同アンケートの回収・集計後，同年6月に筆者が所内で行った報告「群馬県における製造業の現状に関するアンケート　集計・分析結果」のうち特徴的な結果を整理し，内容を再検討して加筆修正したものにあたる．
　同アンケートでは企業の基本的な情報（業種・規模など）に加え，主として県内（国内）立地を継続・拡大する条件について探るため，国内外の取引状況や経営環境などに関して重点的に尋ねた．結果として，後の項においても詳述するように，県内の製造業の中小企業は社員の平均年齢が低く，県内立地を意識しつつも県外や海外市場への販売を視野に入れている企業とそうでない企業に二極化しつつあること，国内立地を続けるためにはコスト要因も重要だが，カギとなるのは取引ネットワークの存続であること（一部の企業にとっては，品質管理や人材確保における優位性なども重要であること）などが示された．
　以下，1節においてはアンケートの概要と基本的な集計結果，2節では経営状況，3節では経営の方向，4節では国内立地のそれぞれに関連する背

景・要因についてまとめ，5節ではこれらを考慮した企業の分類を試みる．

1. アンケートの概要と基本的な集計結果

　先述の通り，このアンケートは2015年1-2月に群馬県内の製造業の企業を対象とし，県内10の全商工会議所（高崎・前橋・館林・太田・桐生・伊勢崎・沼田・渋川・富岡・藤岡）のご協力をいただいて，中小企業を中心に約1,200通を送付，259企業から回答を受けたものである．質問は，企業の基本属性のほか，他の企業とのつながり（前方・後方連関），海外進出状況，他機関との連携，経営状況，今後の方向性などに関して行った．なお類似した調査としては，高崎商工会議所が同年11月に管内商工業者に対して行った調査〔高崎商工会議所2016〕が挙げられる．

(1) 基本情報
【産業類型】
　今回の分析においては，経済産業省（工業統計調査）などの類型化を参考としながら，製造業の大分類を以下の3つの類型にまとめた．ここで，結果を明瞭に示すため，複数の分類にまたがる企業は，回答から主な業種を特定するなどしてなるべくいずれか1つの類型に含めるよう努めた（数件程度）．それぞれの類型に該当する企業数は図2-1の通りである．3類型とも一定数の企業を含むが，「生活関連型」と「基礎素材型」が若干多くなっている．なお，生産形態（複数回答）としては「自社ブランド生産」が82社，「OEM生産」が55社，「設計を含む加工・生産等」が102社などとなっている．

【創業年代】
　創業年代はこの項目の有効回答202件のうち，88%が第二次世界大戦後であった．図2-2のように最も多い年代は1960年代であって，2000年以降も12社（6%）あった．古いものとしては，1566年（室町時代）創業の食品製

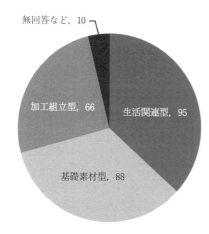

生活関連型：
09 食料品製造業 10 飲料・飼料 11 繊維工業 13 家具 15 印刷 20 皮革 32 その他製造業
基礎素材型：
12 木材 14 パルプ・紙 16 化学工業 17 石油・石炭 18 プラスチック 19 ゴム製品 21 窯業・土石 22 鉄鋼 27 非鉄金属 28 金属製品
加工組立型：
25 はん用機器 26 生産用機器 27 業務用機器 28 電子部品 29 電気機器 30 情報通信 31 輸送機器

図 2-1　産業類型

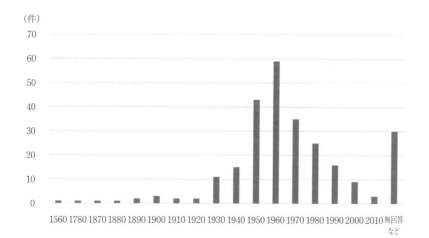

図 2-2　創業年代

造業者や 1787 年創業の企業（業種不明）があった．

【本社所在地】

　回答した企業の本社所在地は図 2-3 のように高崎市が 106 社（有効回答のうち 42％），富岡市が 51 社（20％），沼田市が 25 社（10％）などとなって

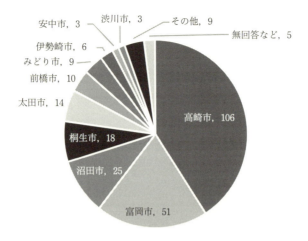

図 2-3　本社所在地

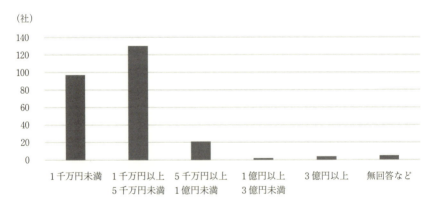

図 2-4　資本金規模

いる．

【資本金規模】

　回答した企業の資本金規模は図 2-4 のようになっており，1 千万円未満が 97 社，1 千万円以上 5 千万円未満が 130 社で，合わせてこの項目の有効回答のうち 89％を占めている．1 億円以上 3 億円未満が 2 社，3 億円以上も 4 社あった．なお，次節以降では，数の少ない 5 千万円以上のカテゴリを 1 つに

まとめ，1千万円未満・1千万円以上5千万円未満・5千万円以上の3つのカテゴリに関して分析を行う．

【本社支社数】

本社支社数はこの項目の有効回答249件のうち229件（92%）が1カ所のみで，2カ所が15件（6%）あり，3カ所以上が5社のみであった（最大は8カ所）．2カ所以上の場合，群馬県以外の立地は東京都が10件で，その他は近畿地方などであった．

海外に支社をもっている企業は5社のみで，所在地は中国・タイ・米国・メキシコ・オーストラリアなどであった（なお後でも示すように，今回のアンケートを通じ，海外拠点を持っている企業は13社のみであった）．

【従業員数】

図2-5のように，従業員数は10人未満が101社，10人以上30人未満が85社で，合わせてこの項目の有効回答の74%を占めた．なお，次節以降では，数の少ない30人以上のカテゴリを1つにまとめ，10人未満・10人以上30人未満・30人以上の3つのカテゴリに関して分析を行う．

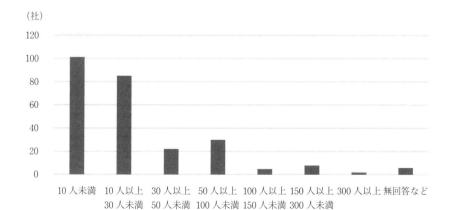

図2-5　従業員数

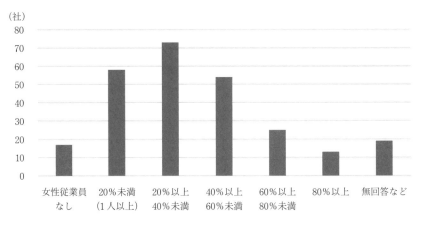

図 2-6　女性従業員の割合

(2) 従業員の雇用状況

【男女比】

女性の比率は平均して 33.2％で，図 2-6 に示すように，20％未満の企業は 75 社で有効回答の 31％，女性従業員のいない企業は 17 社（7％）あった．

【定年制度】

定年制度のある企業は 179 社で有効回答数の 79％であった．定年は 60 歳が 116 社，65 歳が 53 社で，その 2 ケースがほとんど（96％）を占めた．70 歳としている企業が 4 社あった．

【社員の平均年齢】

社員の平均年齢は 40 代が 126 社と最も多かった．20 代の企業が 2 社，60 代以上の会社が 15 社あった（図 2-7 参照）．

【正社員比率】

正社員の比率は（役員以外）0％という企業が事務部門に関しては 15 社，製造部門に関しては 11 社あるなど，低い企業も多数あったが（図 2-8 参照），逆に 100％という企業も事務部門で 106 社（有効回答の 44％），製造部門で 70 社（30％）あった（家族経営などの反映と推察される）．外国人雇用をし

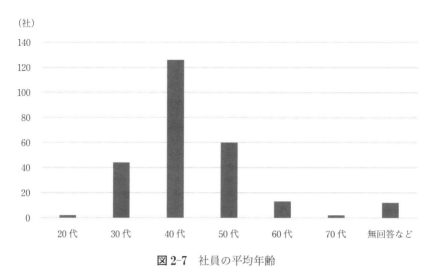

図 2-7　社員の平均年齢

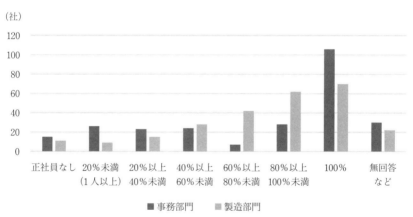

図 2-8　正社員比率

ている企業は 42 社で有効回答数の 17％を占め，多くは国内の製造現場での雇用である．

【社員の募集方法（複数回答）】

　ハローワークに求人を出しているケースが多く，回答した企業の 77％にのぼった．次いで「大学・高専・高校への求人」（20％），「自社ホームペー

ジ」(19％),「インターネット」(9％),「会社説明会」(5％),「その他」(25％) となった.「その他」に含まれるのは,折込求人広告・派遣会社の紹介・縁故採用などである.

【正社員の新規雇用実績】

正社員の新規雇用実績は,最近3年間を通じ新規雇用「なし」が半数近く (2014年度は46％) を占めている.図2-9のように,新規雇用ありの場合も大半は1～2名の採用となっているが,一部大人数のケースもある(最大は25名).2014年度は「1名」採用が若干増えた.

(3) 取引状況

【主な受注先・販売先(複数回答)】

主な受注先は図2-10の通りであった.「その他」には建設業や商社などが含まれている.受注先の国内比率に関しては214社(有効回答数の88％)の企業が「100％」と回答した.それ以外の企業に関しては「10％」から「99.9％」まで多種多様であった.

なお,「受注先」の代わりに「販売先」を訊いた質問項目もあったが,「受

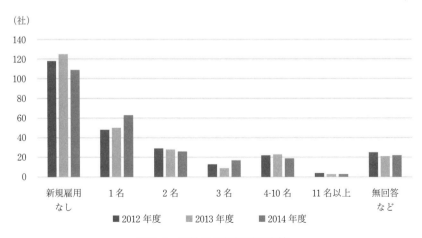

図2-9　正社員の新規雇用実績

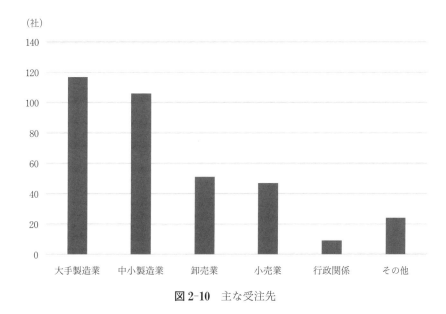

図 2-10 主な受注先

注先」とほとんど同じ結果が得られた．なお，当該項目からは「消費者への直接販売」をしている企業が22社，通販会社へ販売している企業が4社あることが分かった．

【外注先】

外注先の海外比率に関しては205社（この項目の有効回答数の96％）が「0％」と回答した．なお，県内比率に関しては64社（29％）が「100％」と回答した．また，「50％以上100％未満」は96社（43％），「50％未満」は63社（28％）あった．そのうち18社は「0％」と回答している．

【製造拠点（複数回答）】

製造拠点は有効回答数の88％にあたる201社が「1カ所」と回答した．複数拠点を持つ場合の立地場所は全国各地さまざまであった．海外製造拠点は13社が持っていると回答し，うち9社は拠点の所在国として中国を，3社はタイを挙げている．その他，アメリカ・ベトナム・インドネシアなどが挙げられた．海外製造拠点での操業開始は1987-1999年が6社，2000年以降が5

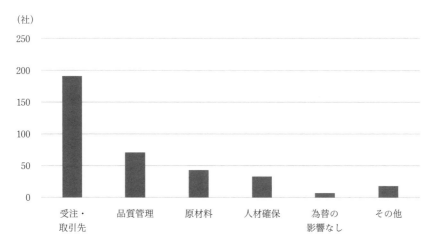

図 2-11　国内に製造拠点を置く理由（複数回答）

社であった（2社は不明）．海外製造拠点を増やす計画について「ある」と回答した企業は6社で，対象としてはインドが2社，その他，中国・インドネシア・ベトナム・カンボジア・ミャンマー・メキシコ・タイが挙げられた．

「国内に製造拠点を置く理由」（複数回答）は図2-11の通りで，「受注・取引先が国内に多いから」と回答した企業が191社（有効回答数の83％），さらに「品質管理を確実に行うことができるから」「原材料の調達が容易」「求める人材の確保ができるから」が続いた．なお，「税制の優遇措置があるから」と回答した企業はゼロであった．

海外製造拠点を持っている企業（13社）のうち，開設理由として「人件費」を挙げたのは7社で，これに「総合的なコスト削減」「関連企業製造拠点の海外進出」が続いた（図2-12）．なお，元々回答欄に用意されていた「長期のデフレ経済」「用地取得」「原材料の調達が容易」を選んだ企業はゼロであった．

【製品販売・納品先の地域（複数回答）】

製品販売・納品先の国内比率が「100％」とした企業は196社（有効回答数の89％）であり，海外へ販売・納品している企業は23社（11％）であっ

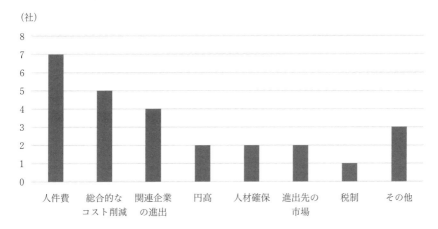

図 2-12　海外製造拠点の開設理由（複数回答）

た（これは，やや有効回答数が減ったものの，上述の「主な受注先・販売先」の項目とほぼ一致する結果である）．海外へ販売・納品している企業のうち9社が中国を，5社がアメリカを販売・納品先として挙げ，その他フランス・韓国・マレーシアなどが挙げられた．

【原材料・部品の調達先（複数回答）】

原材料・部品の調達先の国内比率が「100％」とした企業は182社（有効回答数の80％）であり，海外から調達している企業は46社（20％）であった．うち22社が中国，12社がアメリカ，6社が韓国，4社がタイを挙げ，その他南米や東南アジア，欧州を中心に世界各国の名前が挙げられている．

【連携（複数回答）】

他の機関と連携している企業は75社（有効回答数の31％）で，他企業との連携が45社，公的研究機関とが36社，大学が16社，高専が3社あった．

(4) 経営の状況と方向

【特徴的な時期】

これまで最も収益の高かった時期は図2-13の通りで，2000年代（56社）

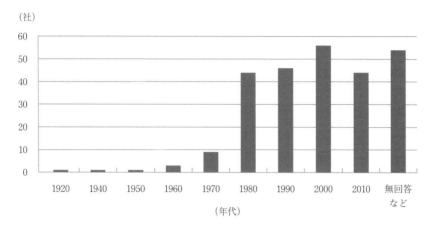

図 2-13　これまで最も収益が高かった時期

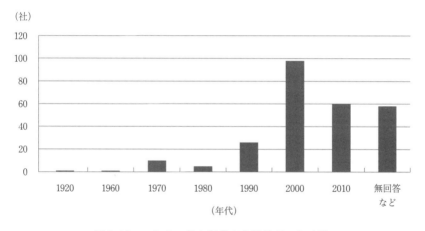

図 2-14　これまで最も経営が危機的だった時期

がやや多くなっている．また，これまで最も経営が危機的だった時期は図 2-14 の通りで，2000 年代が目立っている．リーマンショック後を挙げる企業が多い．

【現在の経営状況】

　図 2-15 のように，現在の経営状況について「安定している」と答えたの

は81社（有効回答数の32%），「やや不安定である」と答えたのは117社（47%），「不安定である」と答えたのは53社（21%）であった．

「安定している」企業の要因としては，図2-16のように「市場の評価」や「市場のニーズに対応」といった製品自体の価値が上位を占めた．また，「やや不安定」「不安定」な企業の要因としては，図2-17のように経済環境の悪さが上位を占めた．安定した経営のために必要な経営戦略としては，図2-18のように，製品自体の価値の向上が上位を占めた（これは，図2-16の結果と整合的である）．

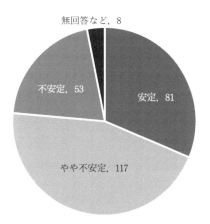

図2-15　現在の経営状況

なお，「必要な人材は確保できている」と回答した企業は117社で，これ

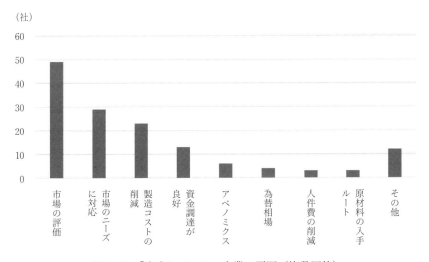

図2-16　「安定している」企業の要因（複数回答）

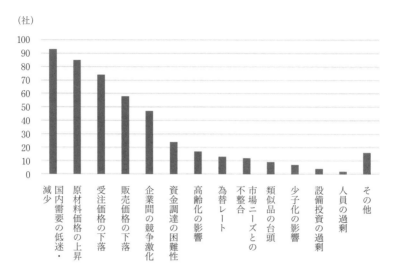

図 2-17 「やや不安定」「不安定」な企業の要因（複数回答）

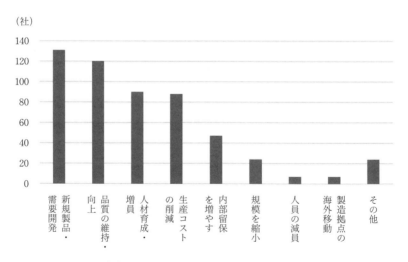

図 2-18 安定した経営のために必要な経営戦略（複数回答）

とほぼ同数の110社は「必要な人材がやや集まりにくい状況にある」と回答している．集まりにくい理由としては，「群馬県内で育成される人材には限りがある」（37社）「東京など大都市圏の企業に比べると賃金が安く，敬遠される」（29社）などが目立っている．

【県内立地の意識】

「群馬県に立地している企業であることを意識している」企業は92社で，有効回答数の38％に過ぎなかった（図2-19を参照）．県内立地のメリットとしては，図2-20のように，東京に近いにもかかわらず賃金が安いという，比較的シンプルな回答が上位を占めた．

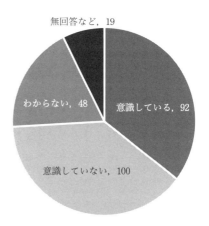

図 2-19　群馬県に立地している企業であることを意識しているか

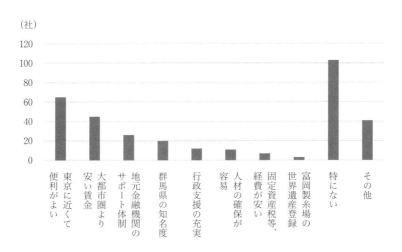

図 2-20　県内立地のメリット（複数回答）

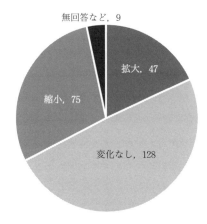

図 2-21　近年の経営の方向

【経営の方向】

近年の経営の方向としては，図2-21のように47社（有効回答数の19％）が事業規模を拡大，128社（51％）が変化なし，75社（30％）が縮小の方向にあると答えている．

拡大の理由としては，図2-22のように製品自体への評価が最上位に挙げられている．また，拡大・縮小双方の要因として，図2-22, 23のように需要面の項目が上位にきている．

【経営上の問題点】

現在の経営上の問題点や課題としては，図2-24のように，経済環境の悪化が上位を占めるとともに，第4位〜第7位には「技術・技能の継承」「従業員の高齢化」など，人的要因も多く挙げられている．

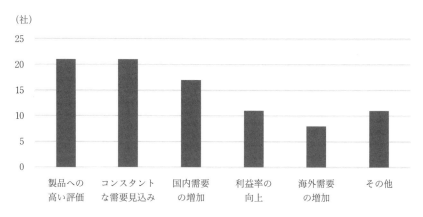

図 2-22　拡大の理由（複数回答）

第 2 章　アンケートにみる群馬県製造業の動向

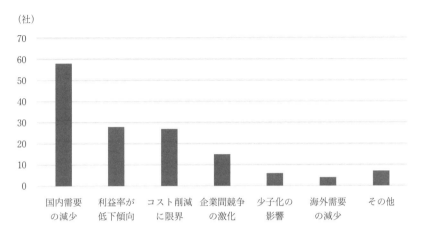

図 2-23　縮小の理由（複数回答）

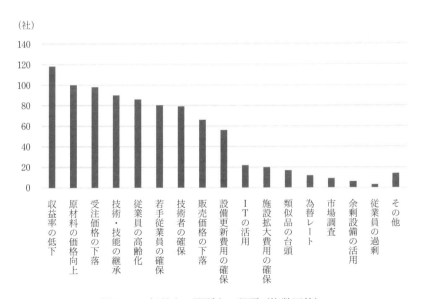

図 2-24　経営上の問題点・課題（複数回答）

2. 経営状況とその背景

本節では，クロス集計により企業の経営状況と他の項目との関係を考察し，経営状況の背景を探る．分析においては〔村瀬他 2007〕を参考とし，SPSSを用いてカイ2乗検定その他を行った．

【従業員数】

経営状況を従業員数別（3カテゴリ）で見てみると，図2-25のように従業員数の少ない企業は「安定」と回答する比率が低く，「不安定」と回答する比率が高くなっている．表2-1のように，比率の差に関するカイ2乗検定の結果は1%有意となった．以下，本節・次節の全ての分析においてクロス集計表を用いて分析を行っているが，本稿では詳細の記述を省略する．

【資本金規模】

図2-26のように，資本金規模に関しても従業員数と同様の傾向が見られるが，カイ2乗検定の結果は（有意水準15%についても）有意でなかった．

【平均年齢】

平均年齢に関しては，明らかに若い企業の方が「安定」と答える割合が多

表2-1　経営状況（従業員数別）にかかるクロス集計表

		経営状況			合計
		安定	やや不安定	不安定	
従業員数	10人未満	21	47	30	98
	%	21.4%	48.0%	30.6%	100.0.%
	10人以上30人未満	32	40	11	83
	%	38.6%	48.2%	13.3%	100.0.%
	30人以上	28	28	10	66
	%	42.4%	42.4%	15.2%	100.0.%
合計	度数	81	115	51	247
	%	32.8%	46.6%	20.6%	100.0.%
				χ^2検定のp値：	0.005

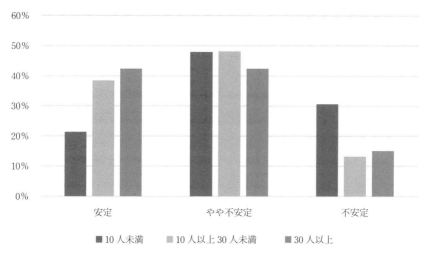

図 2-25　経営状況（従業員数別）

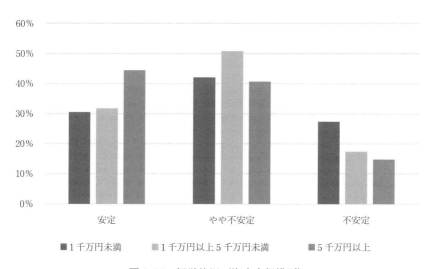

図 2-26　経営状況（資本金規模別）

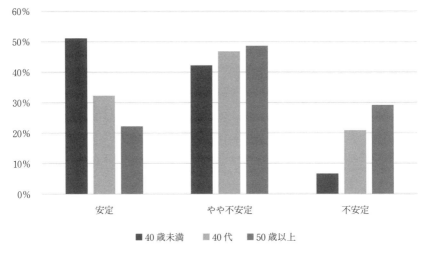

図 2-27 経営状況（社員の平均年齢別）

く，「不安定」と答える割合が少なくなっている（図 2-27）．カイ 2 乗検定の結果は 1% 有意であった．

【産業類型】

産業類型に関しては，「生活関連型」産業において，「安定」と回答した企業の割合が若干低いなどの特徴がみられたが，検定の結果は有意でなかった．

【販売・納品県内比率】

図 2-28 のように，販売・納品先が県内だけ，という企業よりも，県外（や海外）にも供給を行っている企業の方が「安定」の割合が高く，「不安定」の割合が低い．カイ 2 乗検定の結果は 5% 有意であった．

【販売・納品国内比率】

国内比率に関しても，同様の傾向，すなわち海外への供給を行っている企業の方が，安定性が高い傾向（図 2-29）が見られるが，p 値は 0.11 であって，それほど高い有意性が示されるわけではない．

【生産形態】

「自社ブランド生産」「OEM 生産」「設計を含む加工・生産等」別の生産

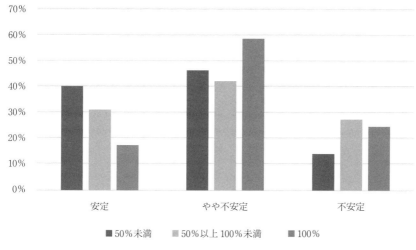

図 2-28　経営状況（販売・納品県内比率別）

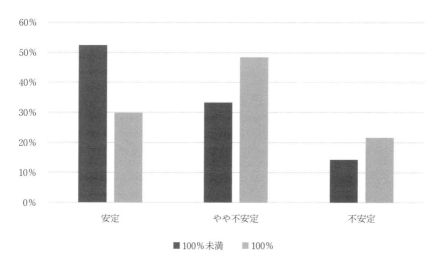

図 2-29　経営状況（販売・納品国内比率別）

形態に関しては,「自社ブランド生産」が若干不利のようであったが,検定の結果は有意でなかった.

【従業員数,平均年齢と経営状況】

最後に,本節において特徴的であった従業員数,平均年齢と経営状況に関して,表2-2のように三重クロス集計表を作成した.従業員数のカテゴリごとに,なおも平均年齢が低いほど安定性が高い傾向が見てとれるが,標本数が下がることもあり,検定結果が（15%）有意となったのは従業員数が10人以上30人未満の場合のみであった.なお,全体の検定は1%有意であった.

3. 経営の方向とその背景

本節では,前節に引き続きクロス集計分析を用いて企業の経営の方向と他の項目との関係を考察する.

【従業員数】

従業員数に関しては,「経営状況」の場合と類似した傾向が見てとれるが（図2-30）,とくに従業員数の少ない企業は「縮小」していると回答する割合が多くなっている.カイ2乗検定の結果は1%有意となった.

【社員の平均年齢】

「経営状況」の場合以上に,差がはっきりと見てとれる（図2-31）.平均年齢の高い企業では「拡大」と答える割合は非常に小さいが,平均年齢の低い企業では大きくなっている.「縮小」に関してはその逆の傾向が示されている.検定は高度に有意であった.

【産業類型】

産業類型の違いに関しては,「経営状況」の場合と同様,有意な差は認められなかった.

【販売・納品県内比率】

図2-32のように,「経営状況」の場合と類似した傾向が見られる（県内の

表2-2 従業員平均年齢と経営状況に関する三重クロス集計表

従業員	平均年齢	経営状況			
		安定	やや不安定	不安定	合計
10人未満	40歳未満	3 42.9%	2 28.6%	2 28.6%	7 100.0%
	40代	9 25.0%	18 50.0%	9 25.0%	36 100.0%
	50歳以上	9 18.0%	23 46.0%	18 36.0%	50 100.0%
	合計	21 22.6%	43 46.2%	29 31.2%	93 100.0%
10人以上 30人未満	40歳未満	11 57.9%	8 42.1%	0 0.0%	19 100.0%
	40代	16 34.8%	22 47.8%	8 17.4%	46 100.0%
	50歳以上	5 31.3%	10 62.5%	1 6.3%	16 100.0%
	合計	32 39.5%	40 49.4%	9 11.1%	81 100.0%
30人以上	40歳未満	9 50.0%	8 44.4%	1 5.6%	18 100.0%
	40代	15 37.5%	17 42.5%	8 20.0%	40 100.0%
	50歳以上	2 40.0%	2 40.0%	1 20.0%	5 100.0%
	合計	26 41.3%	27 42.9%	10 15.9%	63 100.0%
合計	40歳未満	23 52.3%	18 40.9%	3 6.8%	44 100.0%
	40代	40 32.8%	57 46.7%	25 20.5%	122 100.0%
	50歳以上	16 22.5%	35 49.3%	20 28.2%	71 100.0%
	合計	79 33.3%	110 46.4%	48 20.3%	237 100.0%

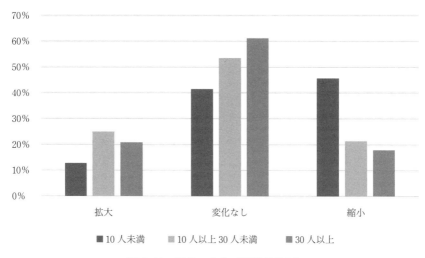

図 2-30　経営の方向（従業員数別）

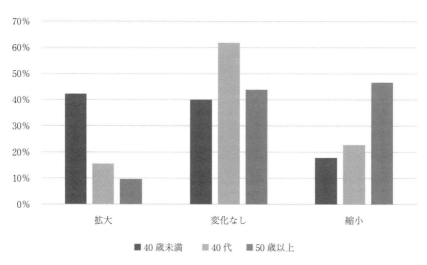

図 2-31　経営の方向（社員の平均年齢別）

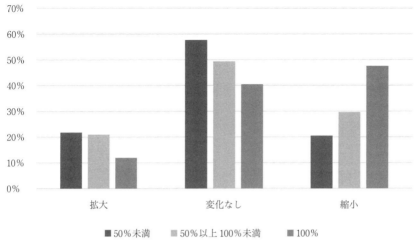

図 2-32　経営の方向（販売・納品県内比率別）

みに供給する企業は縮小傾向）．カイ 2 乗検定の結果も 5％有意であった．また国内比率に関しても結果は 5％有意となった．

【県内立地の意識】

この項目に関しては，「経営状況」の場合は有意にはならなかったが，「経営の方向」の場合は高度に有意となる．群馬県に立地していることを意識している企業は拡大傾向にある割合が高く，意識していなかったり，「わからない」企業は縮小傾向の割合が高い（図 2-33）．

4．国内生産とその要因について

本節では，さらにクロス集計分析を用いて国内生産の条件（国内に製造拠点を置く理由）と他の項目との関係を考察する．

【従業員数】

図 2-34 のように，従業員数の多い企業の方が「品質管理」と「人材確保」に関して有意に高い割合で回答していることが分かる（それぞれ有意水準

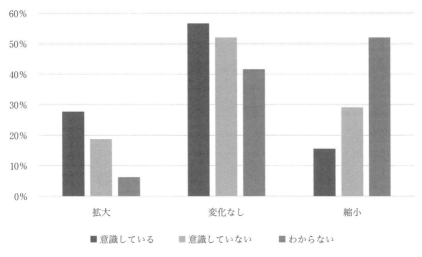

図 2-33 経営の方向（県内立地の意識別）

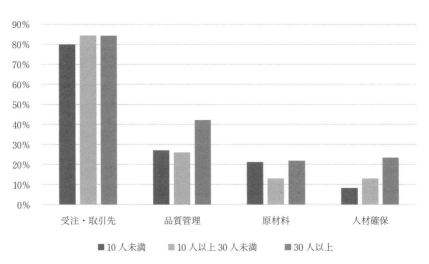

図 2-34 国内に製造拠点を置く理由（従業員数別）

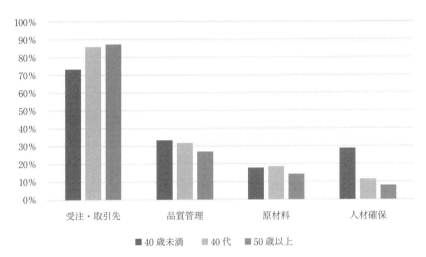

図 2-35　国内に製造拠点を置く理由（社員の平均年齢別）

10％と5％）．また，企業の大きさを資本金規模で測った場合にも，従業員数の場合に類似した結果が得られる．

【平均年齢】

平均年齢別に見ると，若い企業の方が有意（1％）に「人材確保」を重視し，そうでない企業は若干「受注・取引先」を重視しがちであることが分かる（図2-35）．

【産業類型，販売・納品県内比率，販売・納品国内比率】

産業類型に関しては，「生活関連型」が有意に「原材料」を重視していることが分かった．また販売・納品の県内比率に関しては，50％未満（および100％）の企業は，比率が中程度の企業と比べて「品質管理」「原材料」を重視している．また，国内比率に関しては，どの項目についても比率の差が有意とならない．

【生産形態】

生産形態に関しては，「自社ブランド」生産企業が「受注・取引先」を重視する割合は他よりも（有意水準5％で）低く，また，「原材料」を重視す

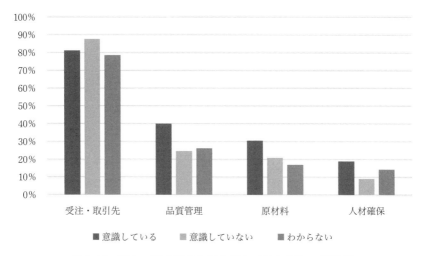

図 2-36　国内に製造拠点を置く理由（県内立地の意識別）

る割合は若干高い．

【県内立地の意識】

県内立地の意識に関しては，意識している企業は有意（10％）に「品質管理」を重視し，やや「原材料」も重視していることが分かる（図 2-36）．

【経営状況，経営の方向】

経営状況に関してはどの項目に関しても有意な差は認められなかった．経営の方向に関しても大きな差は認められなかったが，事業規模を拡大している企業は若干「人材確保」を重視する傾向にあった．

【調達先国内比率，新規雇用実績】

原材料・部品の調達先国内比率に関しては，100％未満の企業は100％の企業と比べて「品質管理」の回答割合が有意に高かった（有意水準5％）．また，新規雇用実績に関しても，高い実績の企業は「品質管理」の回答割合が有意に高かった（有意水準1％）．

【受注先，販売先】

産業別の受注先に関しては，「品質管理」と「原材料」において有意な差

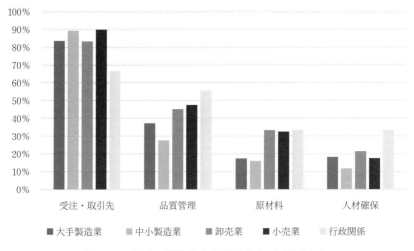

図 2-37 国内に製造拠点を置く理由（受注先別）

（それぞれ有意水準 10％と 5％）が見られ，ともに製造業以外が相手の場合に回答割合が高かった（図 2-37）．また，産業別の販売先に関しても，受注先の場合と類似した傾向が見られた．

【従業員数，平均年齢と国内生産の条件】

最後に，従業員数，平均年齢と国内生産の条件に関して 2 節の最終部と同様に三重クロス集計分析を行った．「品質管理」に関しては各従業員数のカテゴリ内における相違は有意でないが，「人材確保」においては，従業員数が 10 人未満の場合有意（1％水準）であった．つまり，小規模の企業においては平均年齢が低いほどはっきりと「人材確保」を重視していることになる．なお，後者においては全体の検定も 1％有意であった．

5. クラスター分析による産業の分類

この節では，前節までに示された主な変数を用いて，（非階層）クラスター分析を行い企業の分類を試みる．使用した変数は，産業類型，従業員数，

表 2-3　最終クラスター中心

変数	クラスター			
	1	2	3	4
基礎素材型	1	0	1	0
生活関連型	0	1	0	0
加工組立型	0	0	0	1
従業員数10人未満	1	1	0	0
従業員数30人以上	0	0	1	0
平均年齢40歳未満	0	0	0	0
平均年齢50歳以上	1	0	0	0
県内比率50％未満	0	0	1	0
県内比率100％	1	0	0	0
国内比率100％	1	1	1	1
受注・取引先重視	1	1	1	1
品質管理重視	0	0	0	0
原材料重視	0	0	0	0
人材確保重視	0	0	0	0
経営状況安定	0	0	1	0
経営状況不安定	0	0	0	0
経営の方向拡大	0	0	0	0
経営の方向縮小	0	0	0	0

平均年齢，販売・納品県内比率，販売・納品国内比率，国内生産の条件，経営状況，経営の方向である（それぞれ中位の変数などを基準値＝0とおいた）．全ての変数に関して欠損値のある標本を除き，164件のデータを対象とした．使用ソフトはIBM SPSS (PASW Statistics18) である．

クラスター数を4つとした場合，最終クラスター中心は表2-3のように求められた．4つのクラスターを特徴づけると，以下のようになる．

クラスター1（含まれるケース数30）：基礎素材型・小規模・県内販売・高齢化
クラスター2（含まれるケース数54）：生活関連型・小規模・その他平均型
クラスター3（含まれるケース数33）：基礎素材型・中規模以上・海外販

表 2-4 分散分析の結果

変数	平均平方 クラスター	平均平方 誤差	F値	p値
基礎素材型	10.256	0.038	268.618	0.000
生活関連型	11.177	0.027	421.545	0.000
加工組立型	10.831	0.012	928.374	0.000
従業員数10人未満	2.951	0.182	16.174	0.000
従業員数30人以上	2.445	0.171	14.264	0.000
平均年齢40歳未満	0.509	0.151	3.362	0.020
平均年齢50歳以上	1.420	0.191	7.449	0.000
県内比率50%未満	2.433	0.197	12.357	0.000
県内比率100%	1.299	0.140	9.252	0.000
国内比率100%	0.183	0.071	2.563	0.057
受注・取引先重視	0.043	0.127	0.338	0.798
品質管理重視	0.598	0.208	2.871	0.038
原材料重視	0.282	0.131	2.146	0.097
人材確保重視	0.152	0.116	1.312	0.272
経営状況安定	1.776	0.189	9.412	0.000
経営状況不安定	0.738	0.158	4.664	0.004
経営の方向拡大	0.465	0.163	2.849	0.039
経営の方向縮小	0.896	0.187	4.787	0.003

売・安定

クラスター4（含まれるケース数47）：加工組立型・その他平均型

また，分散分析の結果は表2-4のようになった．

図2-38は，横軸に販売・納品県内比率，縦軸に平均年齢をとったグラフ上で結果を表示したものである．クラスター1がやや上方に，3が右下方に位置づけられるのが見てとれる．基礎素材型産業に関しては，平均年齢の高い小規模県内志向のグループと，中規模以上海外志向型のグループに分けて対策をとる必要があることが示唆される．

＊なお，クラスター数を5つにした場合，生活関連型がさらに2つのグループ（海外・品質重視型と一般型）に分かれる．

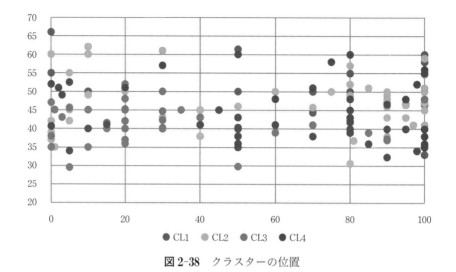

図 2-38　クラスターの位置

おわりに

　本章ではアンケート結果に基づいて，近年の群馬県における中小企業を中心とした製造業の動向についてまとめた．主な結果として，経営状況が安定し，事業規模を拡大しているのは，社員の平均年齢が低く，県内立地を意識しつつも県外や海外市場への販売を視野に入れている企業であることが分かった．また，国内立地を続けるためにはコスト要因も重要だが，カギとなるのは取引ネットワークの存続であって，一部の企業にとっては品質管理や人材確保における優位性なども重要であることが推察された．

　クロス分析による経営状況・経営の方向性・国内立地の背景・要因に関わる分析では，まず経営状況について，従業員数が多かったり，社員の平均年齢が低かったり，県外や国外にも販売・納品しており，県内立地を意識している企業の方が安定している傾向が示された．また経営の方向性については，従業員数が10人未満の企業や県外や国外に販売・納品を行っていない企業は事業規模を縮小傾向であるのに対して，社員の平均年齢が低かったり，県

内立地を意識している企業は事業規模を拡大傾向にあることが示された．また，安定・拡大の要因としては製品への評価が重要で，不安定・縮小の要因としてはコストが重要であって，さらに国内需要の有無はどちらの要因としても重要であることが分かった．

さらに，「国内に製造拠点を置く理由」として最も多いのは「受注・取引先が国内に多い」ことであって，「確実な品質管理」「原材料の調達」「求める人材の確保」が続いた．これに対して，「海外製造拠点の開設理由」として最も多いのは「人件費」であって，これに「総合的なコスト削減」「関連企業製造拠点の海外進出」が加わった．

なお，「国内に製造拠点を置く理由」として，従業員数が30人以上の企業は「品質管理」や「人材確保」をより重視していること，社員の平均年齢が低い企業は「人材確保」を，平均年齢が高い企業は「受注・取引先が国内に多い」ことを重視していること，「生活関連型」産業は「原材料の調達」を重視していること，なども示された．

これらに加えて，販売・納品の県内比率が50％以下（または100％）の企業は，比率が中程度の企業より「品質管理」や「原材料の調達」を重視していること，「自社ブランド」生産を行う企業は，他の生産形態より「受注・取引先」を重視していないことや，県内立地を意識している企業，新規雇用実績の高い企業，原材料・部品調達に関する海外比率が高い企業，受注先が非製造業である企業は，「品質管理」を重視していることなどが示された．

諸変数を用いたクラスター分析からは，4つまたは5つのクラスターに分ける場合，基本的に「基礎素材型」「生活関連型」「加工組立型」の産業類型別に分かれ，さらに「基礎素材型」（および「生活関連型」産業）は輸出・品質志向タイプと一般タイプに分かれることが示された．

こうした結果からは，90年代以降，空洞化が進んでいるといわれる製造業においても，一定の潜在的能力を持って国内外で活躍し，今後における発展の可能性を持つ企業が多数存在することが分かった．県内に立地する製造業，とくに中小企業に対して単に「過去の惰性で操業を続ける，海外に出遅

れた時代遅れの企業」という視点で見るのではなく，若手を雇用し，国内外に高品質の製品を供給して存在感を示すような優良企業に対してはさらなる政策的支援の必要性を感じさせるものであった．群馬県の持つ「東京その他へのアクセスがよいにもかかわらず，比較的諸コストが安い」というオーソドックスな長所を生かしつつ，潜在性のある企業に対して積極的に働きかけるような方策が求められている，と考えられる．

（米本　清）

[謝辞] 本章のアンケート集計・分析は，ご支援いただいた群馬県内 10 の商工会議所（高崎・前橋・館林・太田・桐生・伊勢崎・沼田・渋川・富岡・藤岡）や実際にご回答いただいた 200 を超える企業のご協力があって初めて可能となりました．また調査を計画・実行され，報告会にて多数のコメントを下さった（旧）産業研究所の西野寿章先生をはじめとする諸先生方にも，大変お世話になりました．さらに，アンケートの発送やデータ入力にあたっては，多くの学生の協力をいただきました．ここに感謝の意を表するものです．

参考文献

高崎商工会議所『持続的な経営のサポート体制づくりのための調査報告書』(2016 年)

村瀬洋一・高田洋・廣瀬毅士『SPSS による多変量解析』（オーム社，2007 年）

第3章
高崎市における製造業の動向と振興策

はじめに

　現在の日本社会が直面する重大な問題の1つに人口減少がある．それは地方において特に深刻であるとされ，「地方消滅[1]」といったセンセーショナルな言葉が飛び交ったこともあった．その一方で，「地方分権」や「地域主権」がかねてから主張されており，これからの日本社会においては地方や地域が大きな役割を担うことが期待されている．

　しかし，地方や地域がこうした役割を担うためには，そこに人々の雇用機会や活発な産業があることが望ましい．そして，そうした産業を育成することが，政府，特に地域に密着した政府である市町村にとって，これからの重要な課題なのである．本書が対象とする高崎市の製造業にとっても，それは例外ではない．

　本稿の目的は，以上のような今後の課題について考えるためには，これまでの推移と現状についてまずは理解する必要があるという問題意識から，1985年以降，特に2000年代以降における高崎市の製造業の動向を追い，さらに地方自治体としての高崎市が，その振興のためにどのような政策を行っているのかについて明らかにすることである[2]．

1. 製造業の動向

(1) 高崎市における製造業

まずは高崎市における製造業の動向について，大まかにみていくこととしたい．表3-1は，高崎市における事業所数および従業者数と，それぞれにおいて製造業が占める割合の推移を示したものである．ここから，事業所数，従業者数ともに，製造業が占める割合のピークは1980年代であり，1990年代以降は低下傾向にあることが分かる．

しかし，生産額についてみると，また異なった側面が見えてくる．表3-2は，2000年度以降に限られてはいるが，高崎市における産業別の生産額の推移を示したものである．ここから明らかなように，2005-09年度を除き，現在に至るまで製造業は生産額で首位にあるのである．

図3-1は，製造業の製造品出荷額の推移を示したもので

表3-

年
事業所数	総数
	製造業構成比（％）
従業者数	総数
	製造業構成比（％）

資料：1986・1991・
　　　1994〜1999・
　　　済センサス活
注：1) 構成比（％）
　　2) 第1章の製
　　　その要因は，
　　　調査当局に問
　　　ータでも，統
　　　したズレが生

表3-2　高崎市にお

年度	合計		農林水産業		鉱業		製造業		建設業	
2000	9,312	100.0	29	0.3	0	0.0	2,477	26.6	628	6.7
2001	9,595	100.0	28	0.3	0	0.0	2,694	28.1	568	5.9
2002	9,337	100.0	28	0.3	0	0.0	2,634	28.2	486	5.2
2003	9,468	100.0	25	0.3	0	0.0	2,697	28.5	526	5.6
2004	11,097	100.0	69	0.6	1	0.0	3,216	29.0	657	5.9
2005	11,851	100.0	103	0.9	2	0.0	2,907	24.5	670	5.7
2006	11,761	100.0	97	0.8	1	0.0	3,071	26.1	727	6.2
2007	11,803	100.0	90	0.8	1	0.0	2,917	24.7	698	5.9
2008	11,258	100.0	98	0.9	1	0.0	2,109	18.7	723	6.4
2009	10,863	100.0	91	0.8	0	0.0	2,027	18.7	757	7.0
2010	11,290	100.0	93	0.8	0	0.0	2,953	26.2	716	6.3
2011	11,812	100.0	90	0.8	0	0.0	3,384	28.7	695	5.9

注：2009年度以降の「運輸・通信業」は，原資料の「運輸業」と「情報通信業」の合計．
出所：『群馬県統計年鑑』各年版より作成．

あるが，1991年度をピークとし，その後は2005年度までほぼ一貫して減少していることが分かる．これは言うまでもなく，バブル経済の崩壊とその後の長期不況の影響である．そして2005年度以降は，増加と減少を繰り返し

1 高崎市における事業所数および従業者数の推移

1986	1991	1994	1996	1999	2001	2004	2006	2012
14,585	14,811	14,639	14,597	13,709	13,810	12,893	16,600	17,032
1,680	1,585	1,518	1,442	1,281	1,180	1,073	1,513	1,628
11.5	10.7	10.4	9.9	9.3	8.5	8.3	9.1	9.6
113,079	128,933	129,708	135,939	124,649	132,828	119,595	162,486	168,966
31,559	30,104	30,077	29,279	25,833	23,993	21,321	29,398	32,578
27.9	23.3	23.2	21.5	20.7	18.1	17.8	18.1	19.3

2001・2004年「事業所統計調査」（出所：総務庁統計局，総務省統計局），2006年「事業所・企業統計調査」（出所：群馬県ホームページ），2012年「経済センサス-活動調査結果」（出所：高崎市ホームページ）．
は総数に対するもの．
造業統計の数値は，従業員4人以上の事業所のため，本表とは数値が合わない．
事業所統計等が1〜3人の事業所を含めていることによるものと考えられるが，い合わせても確実な回答は得られなかった．また，同じ「事業所統計調査」データ計書とホームページで公開されている数値が異なっている年度もあった．こうじる要因についても不明である．

ける産業別生産額の推移

（単位：億円，%）

電気・ガス・水道業		卸売・小売業		金融・保険業		不動産業		運輸・通信業		サービス業	
246	2.6	1,998	21.5	686	7.4	967	10.4	438	4.7	1,842	19.8
235	2.4	2,113	22.0	690	7.2	959	10.0	413	4.3	1,895	19.8
233	2.5	2,027	21.7	688	7.4	940	10.1	401	4.3	1,900	20.3
223	2.4	2,028	21.4	672	7.1	913	9.6	437	4.6	1,948	20.6
285	2.6	2,175	19.6	717	6.5	1,153	10.4	525	4.7	2,298	20.7
304	2.6	2,266	19.1	836	7.1	1,247	10.5	521	4.4	2,995	25.3
296	2.5	1,751	14.9	845	7.2	1,265	10.8	518	4.4	3,190	27.1
256	2.2	1,863	15.8	821	7.0	1,330	11.3	523	4.4	3,305	28.0
268	2.4	1,917	17.0	686	6.1	1,453	12.9	558	5.0	3,446	30.6
206	1.9	1,785	16.4	568	5.2	1,502	13.8	905	8.3	3,022	27.8
224	2.0	1,821	16.1	600	5.3	1,534	13.6	859	7.6	2,489	22.0
125	1.1	1,879	15.9	548	4.6	1,537	13.0	878	7.4	2,676	22.7

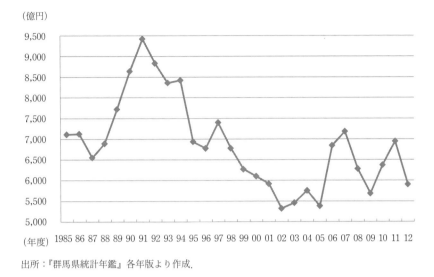

出所：『群馬県統計年鑑』各年版より作成．

図 3-1　高崎市における製造業の製造品出荷額の推移

ながら近年に至っている．

　以上より，高崎市において製造業が，近年においても最も重要な産業であることが明らかとなった．しかし言うまでもなく，一口に製造業といっても多様な種類が存在する．そこで次に，高崎市ではどのような種類の製造業が盛んなのかについてみていくこととしたい．

(2) 製造業の業種別動向

　表 3-3 から 3-5 は，高崎市における製造業の業種別の事業所数，従業者数，製造品出荷額の推移を示したものである．まず表 3-3 をみると，1985 年度から 2012 年度に至るまで，事業所数で一貫して最も大きな割合を占めているのは金属製品である．2 番目に大きな割合を占めているのは，2000 年度までは電気機器であったが，2005 年度以降は食料品となっている．3 番目に大きな割合を占めているのは，2000 年度までは食料品であったが，2005 年度に食料品と入れ替わって電気機器となった．そして 2010 年度には輸送機器

が並び，2011年度以降は輸送機器が電気機器を超えて第3位となっている．

次に表3-4をみると，2000年度までは電気機器が従業者数の約3割を占めて第1位であったが，その後その割合は大きく低下し，2005年度以降は7％前後で推移している．電気機器に代わって2005年度以降に最も大きな割合を占めるようになったのは食料品であり，2010年度以降は2割前後で推移している．2番目に大きな割合を占めているのは，2000年度までは食料品，2005年度以降は金属製品である．そして3番目に大きな割合を占めているのは，2000年度までは金属製品で，2005年度以降は電気機器と輸送機器が，わずかな差で交互に入れ替わりつつ推移している．

最後に表3-5をみると，製造品出荷額で最も大きな割合を占めているのは，2000年度までは電気機器であり，1985年度には4割近く，2000年度でも3割近くを占めていたが，2005年度には1割弱にまで大きく低下している．2005年度以降に最も大きな割合を占めているのは化学であり，2012年度までほぼ2割台で推移している．2番目に大きな割合を占めているのは，1995年度までは飲料・飼料，2000年度には化学，2005年度以降は食料品であり，2012年度には第1位の化学に迫る勢いである．そして3番目に大きな割合を占めているのは，1985年度には食料品，1990年度と1995年度には化学，2000年度には飲料・飼料，2005年度には電気機器，2010年度には金属製品，2011年度には飲料・飼料，2012年度には電気機器となっている．

以上より，1980年代半ば以降の高崎市の製造業においては，食料品，飲料・飼料，化学，金属製品，電気機器，輸送機器が主要な産業であったことが明らかとなった．特に近年（2005年度以降）においては，従業者数，すなわち雇用という点では食料品が，製造品出荷額という点では同じく食料品と化学が重要な産業である．また，産業構造の変化という側面について考えると，2000年度から2005年度にかけて大きな変化があったと言える．すなわち，事業所数，従業者数，製造品出荷額のいずれの面でも大きな割合を占めていた電気機器の地位の低下である[3]．

表 3-3　高崎市における製造業の業種別事業所数

年度	1985		1990		1995		2000		2005	
食料品	78	8.3	65	7.2	64	8.3	59	9.1	54	10.2
飲料・飼料	6	0.6	9	1.0	8	1.0	7	1.1	5	0.9
繊維	30	3.2	20	2.2	9	1.2	9	1.4	4	0.8
木材	22	2.3	22	2.4	15	1.9	11	1.7	9	1.7
家具	43	4.6	39	4.3	38	4.9	27	4.2	18	3.4
パルプ・紙	27	2.9	28	3.1	24	3.1	18	2.8	13	2.4
化学	13	1.4	12	1.3	15	1.9	16	2.5	15	2.8
プラスチック	32	3.4	33	3.7	27	3.5	24	3.7	22	4.1
ゴム製品	8	0.8	8	0.9	8	1.0	5	0.8	6	1.1
皮革	5	0.5	4	0.4	2	0.3	4	0.6	3	0.6
窯業・土石	24	2.5	22	2.4	20	2.6	18	2.8	12	2.3
鉄鋼	16	1.7	17	1.9	16	2.1	12	1.9	12	2.3
非鉄金属	10	1.1	7	0.8	6	0.8	6	0.9	5	0.9
金属製品	167	17.7	143	15.8	124	16.0	109	16.9	97	18.2
電気機器	124	13.2	128	14.2	99	12.8	82	12.7	38	7.1
輸送機器	53	5.6	51	5.6	52	6.7	46	7.1	35	6.6
その他	284	30.1	296	32.7	248	32.0	192	29.8	184	34.6
合計	942	100.0	904	100.0	775	100.0	645	100.0	532	100.0

注：1）各年度の右列の単位は％．
　　2）従業者4人以上の事業所についての数値．
出所：『群馬県統計年鑑』各年版より作成．

(3)　高崎市の工業団地

　次に，製造業にとって重要な拠点である工業団地の動向についてみることとする．表3-6は，高崎市内の工業団地の概要を示したものである．データの確認が取れていない鳥井沢，中里見，鎧沢，滝山，向滝の各工業団地を除けば，最初に分譲が開始されたのは高崎市都市建設設備協会を事業主体とする1959年の八幡工業団地であり，その後，2002年分譲開始の柳沢工業団地まで，計28（未確認の工業団地を含めると33）の工業団地が建設されている．

　注目すべきは，1959年の八幡工業団地から1971年の八幡第二工業団地までは1～3年という短い間隔で分譲が開始されているのに対し，八幡第二工業団地から1978年の倉賀野東工業団地までは7年，同工業団地から1984年の八幡原工業団地までは6年と，それぞれ分譲開始に比較的長い間隔が空い

の推移

2010		2011		2012	
76	10.0	91	11.4	82	11.2
11	1.4	11	1.4	11	1.5
22	2.9	23	2.9	21	2.9
12	1.6	9	1.1	11	1.5
23	3.0	30	3.8	23	3.1
19	2.5	15	1.9	19	2.6
19	2.5	21	2.6	16	2.2
49	6.4	50	6.3	46	6.3
7	0.9	6	0.8	7	1.0
2	0.3	2	0.3	2	0.3
25	3.3	30	3.8	22	3.0
15	2.0	12	1.5	11	1.5
12	1.6	14	1.8	15	2.0
124	16.3	112	14.0	119	16.3
54	7.1	52	6.5	50	6.8
54	7.1	60	7.5	53	7.2
238	31.2	262	32.8	224	30.6
762	100.0	800	100.0	732	100.0

ていることである．これは，1959年から1971年までは，1965年の「証券不況」を挟みつつも高度成長の時代であったのに対して，1971年から1978年の間にはドルショック（1971年）と第一次石油危機（1973年）が，1978年から1984年の間には第二次石油危機（1979年）という経済的なショックがそれぞれ発生したことが影響していると考えられる．その後は，ほぼ1〜3年という間隔で分譲が行われている（吉井岩井工業団地と下大島・町屋工業団地の間のみ4年）．

ただし，高度成長期に分譲が開始された工業団地と，第一次石油危機後の「安定成長期」以降に分譲が開始された工業団地とでは，規模の点で大きな違いがある．すなわち，1971年分譲開始の八幡第二工業団地までは，団地面積の平均は281.4千m^2，工場用地面積の平均は236.1千m^2，立地企業数の平均は21.5社であるのに対して，1978年の倉賀野東工業団地以降は，それぞれ67.7千m^2，58.1千m^2，4.9社と大きな差がある（ただし，未確認の工業団地を除く）．すなわち，安定成長期以降の工業団地の規模は，高度成長期のそれよりも明らかに小さくなっているのである．

ちなみに表3-7は，これらの工業団地の業種別立地企業数を示したものである．工業団地である以上，製造業が最も多いのは当然であるが，その中でも「金属製品・鉄鋼・プレス・めっき等」「機械器具・電子機器・部品等」「食料品・飲料」「化学工業・ゴム・プラスチック」の業種が多いことが確認できる．

表 3-4　高崎市における製造業の業種別従業者数

年度	1985		1990		1995		2000		2005	
食料品	2,624	9.6	2,811	10.3	2,897	12.3	2,910	13.0	2,690	14.8
飲料・飼料	1,125	4.1	1,080	3.9	1,004	4.3	528	2.4	306	1.7
繊維	290	1.1	175	0.6	73	0.3	47	0.2	25	0.1
木材	181	0.7	188	0.7	141	0.6	103	0.5	98	0.5
家具	562	2.1	635	2.3	434	1.8	220	1.0	172	0.9
パルプ・紙	542	2.0	561	2.1	399	1.7	364	1.6	319	1.8
化学	1,139	4.2	988	3.6	976	4.1	988	4.4	1,086	6.0
プラスチック	739	2.7	549	2.0	669	2.8	568	2.5	682	3.8
ゴム製品	146	0.5	254	0.9	262	1.1	202	0.9	129	0.7
皮革	80	0.3	41	0.1	X	X	65	0.3	52	0.3
窯業・土石	541	2.0	560	2.0	519	2.2	475	2.1	323	1.8
鉄鋼	807	3.0	840	3.1	789	3.4	710	3.2	644	3.5
非鉄金属	203	0.7	220	0.8	X	X	224	1.0	323	1.8
金属製品	2,213	8.1	2,075	7.6	1,729	7.3	1,611	7.2	1,489	8.2
電気機器	9,002	32.9	8,468	31.0	6,509	27.7	7,077	31.6	1,404	7.7
輸送機器	1,706	6.2	1,872	6.8	1,780	7.6	1,731	7.7	1,420	7.8
その他	5,448	19.9	6,028	22.0	5,116	21.7	4,579	20.4	7,023	38.6
合計	27,348	100.0	27,345	100.0	23,536	100.0	22,402	100.0	18,185	100.0

注：1) X は事業所数僅少のため秘密保持上公表不可能の分であり，合計は X を含む数字である．
　　2) 従業者 4 人以上の事業所についての数値．
出所：『群馬県統計年鑑』各年版より作成．

2. 製造業の振興策

(1) 歳入・歳出の推移

それでは次に，地方自治体としての高崎市が，製造業に対してどのような振興策を行っているのかについてみていくこととしたい．まずは，その基礎となる歳入と歳出の状況について確認することから始める．

表 3-8 は，高崎市の歳入と歳出の決算額の推移を示したものである．まず歳入についてみてみると，一貫して最も大きな割合を占めているのは市税である．しかし，その割合は低下しており，1990 年度までは 5 割台であったが，その後，2000 年度までは 4 割台，2005 年度から 2015 年度までは 3 割台

第3章　高崎市における製造業の動向と振興策

の推移

(単位：人，%)

	2010		2011		2012	
	5,253	19.4	4,936	18.8	5,348	21.1
	593	2.2	614	2.3	545	2.2
	202	0.7	206	0.8	195	0.8
	130	0.5	109	0.4	130	0.5
	188	0.7	246	0.9	187	0.7
	444	1.6	361	1.4	462	1.8
	1,462	5.4	1,545	5.9	1,258	5.0
	993	3.7	879	3.3	783	3.1
	191	0.7	146	0.6	207	0.8
	49	0.2	50	0.2	50	0.2
	349	1.3	452	1.7	343	1.4
	599	2.2	259	1.0	413	1.6
	501	1.9	543	2.1	517	2.0
	2,959	11.0	2,587	9.8	2,840	11.2
	2,075	7.7	1,965	7.5	1,695	6.7
	1,809	6.7	1,969	7.5	1,681	6.6
	9,223	34.1	9,408	35.8	8,670	34.2
	27,020	100.0	26,275	100.0	25,324	100.0

で推移している．2番目に大きな割合を占めているのは，1990年度までは国庫支出金，1995年度は地方債，2000年度と2005年度は国庫支出金，2010年度は地方債，2011年度から2013年度は地方交付税，2014年度と2015年度は国庫支出金となっている．そして3番目に大きな割合を占めているのは，1990年度までは地方債，1995年度は国庫支出金，2000年度は地方交付税，2005年度は繰入金・繰越金，2010年度から2013年度までは国庫支出金，2014年度と2015年度は地方交付税と，やはり目まぐるしく変化している．しかし総じて言うならば，市税に次いで重要な財源は国庫支出金であると言ってよく，さらにそれに次いで地方債や，近年では地方交付税が重要な財源となっている．特に地方交付税は，1985年度には1.4％を占めるに過ぎなかったが，2011年度以降は常に1割以上を占めるに至っているのである．

　高崎市にとって市税が最も重要な財源であることが明らかとなったが，市税は具体的にはどのような税目から構成されているのであろうか．表3-9は，税目別の市税の決算額の推移を示したものであるが，構成比でみてみると，2000年代は市民税，固定資産税ともに4割台で推移しており，全国の市町村の平均的な姿と同様に，この2つの税で税収の大部分を占めていることが分かる．さらに市民税の内訳をみてみると，個人分の金額が1985年度から2015年度にかけて2倍以上に増えているのに対して，法人分のそれはほぼ

表 3-5 高崎市における製造業の業種別製造品出荷

年度	1985		1990		1995		2000		2005	
食料品	579	8.1	568	6.6	547	7.9	574	9.4	688	12.8
飲料・飼料	1,382	19.4	1,609	18.6	1,388	20.0	862	14.1	258	4.8
繊維	13	0.2	9	0.1	1	0.0	1	0.0	0	0.0
木材	30	0.4	49	0.6	49	0.7	27	0.4	18	0.3
家具	53	0.7	89	1.0	44	0.6	22	0.4	19	0.4
パルプ・紙	94	1.3	120	1.4	61	0.9	48	0.8	46	0.9
化学	574	8.1	946	10.9	946	13.6	1,123	18.4	1,457	27.1
プラスチック	92	1.3	60	0.7	66	1.0	109	1.8	97	1.8
ゴム製品	15	0.2	26	0.3	30	0.4	16	0.3	17	0.3
皮革	10	0.1	0	0.0	X	X	18	0.3	15	0.3
窯業・土石	83	1.2	91	1.1	123	1.8	105	1.7	59	1.1
鉄鋼	169	2.4	209	2.4	194	2.8	168	2.7	231	4.3
非鉄金属	56	0.8	67	0.8	X	X	48	0.8	78	1.4
金属製品	202	2.8	343	4.0	183	2.6	147	2.4	138	2.6
電気機器	2,789	39.2	3,090	35.8	2,038	29.4	1,807	29.6	497	9.2
輸送機器	250	3.5	403	4.7	377	5.4	329	5.4	287	5.3
その他	721	10.1	959	11.1	830	12.0	696	11.4	1,476	27.4
合計	7,113	100.0	8,639	100.0	6,936	100.0	6,098	100.0	5,381	100.0

注：1) Xは事業所数僅少のため秘密保持上公表不可能の分であり，合計はXを含む数字である．
　　2) 従業者4人以上の事業所についての数値．
　　3) 1985年度は合計額が一致しないが，原資料のまま．
出所：『群馬県統計年鑑』各年版より作成．

横ばいである．このことは，表3-2に示されていたように，2000年代の高崎市内における生産額がほぼ横ばいであったことからも首肯されよう．また，個人分が伸びているにもかかわらず法人分が横ばいであるということは，高崎市民がその所得を，市内よりも市外の事業者からより多く得るようになったという経済構造上の変化を反映している可能性がある．

　なお，2011年度から姿を現す事業所税であるが，これは「人口30万以上の都市等が都市環境の整備及び改善に関する事業に要する費用に充てるため，都市の行政サービスと所在する事業所等との受益関係に着目して，事業所等において事業を行う者に対して課する目的税」[4]であり，本税が2011年度に姿を現すのは，同年度に高崎市が中核市に移行したためである．同税の割合は2011年度は全税収の1％程度であったが，翌年度以降は4％を占めている．

額の推移　　　　　　　　　　（単位：億円，％）

2010		2011		2012	
1,281	17.4	1,050	15.1	1,299	22.0
404	5.5	414	6.0	313	5.3
13	0.2	7	0.1	8	0.1
22	0.3	8	0.1	10	0.2
20	0.3	22	0.3	26	0.4
96	1.3	82	1.2	98	1.7
1,714	23.3	1,376	19.8	1,358	23.0
155	2.1	105	1.5	91	1.5
22	0.3	19	0.3	23	0.4
X	X	X	X	X	X
84	1.1	98	1.4	90	1.5
256	3.5	150	2.2	155	2.6
74	1.0	75	1.1	69	1.2
638	8.7	168	2.4	216	3.7
467	6.4	353	5.1	355	6.0
311	4.2	299	4.3	241	4.1
1,787	24.3	2,706	39.0	1,523	25.8
7,357	100.0	6,946	100.0	5,900	100.0

次に表3-8に戻り，高崎市の歳出の推移についてみることとする．最も大きな割合を占めているのは，2000年度までは土木費，2005年度以降は民生費で，民生費は2012年度には3割を占めるに至っている．2番目に大きな割合を占めているのは，1985年度と1990年度は教育費，1995年度と2000年度は民生費，2005年度は土木費，2010年度から2015年度までは商工費となっている．3番目に大きな割合を占めているのは，1985年度は総務費，1990年度は民生費，1995年度は教育費，2000年度は商工費，2005年度から2011年度は教育費，2012年度から2015年度までは土木費と変化している．

ともあれ以上より，「地域における商工業の振興とその経営の近代化等を図るため」に行う「中小企業の指導育成，企業誘致，消費流通対策等」の「諸施策に要する経費である商工費」[5]が，近年の高崎市の歳出において重要な地位を占めていることが明らかとなった．ちなみに2014年度決算において，商工費が全国の市町村の歳出に占める割合は3.2％であるから[6]，近年の高崎市における15％以上という数値はそれよりもはるかに高い．ここから，高崎市が商工業の振興を非常に重視していることが明らかであると言えよう．

表3-6 高崎市内の工業団地一覧

団地名	事業主体	分譲開始(年)	団地面積(千m^2)	工場用地面積(千m^2)	立地企業数(社)
八幡	高崎市都市建設整備協会	1959	402	351	23
大八木	群馬県(企業局) 高崎市都市建設整備協会	1962	348	308	43
倉賀野	日本住宅公団	1963	544	418	8
群南	群馬県(企業局)	1965	190	177	17
倉賀野大道南	高崎工業団地造成組合	1967	128	115	6
将軍塚	〃	1969	170	150	4
岩鼻西	〃	1970	285	228	38
八幡第二	〃	1971	184	142	33
倉賀野東	〃	1978	79	59	13
八幡原	〃	1984	64	64	1
将軍塚第二	〃	1984	15	12	2
宿大類	〃	1985	149	138	9
綿貫	〃	1985	74	63	12
阿久津	〃	1985	15	15	4
群馬保渡田	群馬県(企業局)	1986	77	70	1
吉井	吉井町開発協会	1986	68	58	11
高崎東部	高崎工業団地造成組合	1988	200	164	3
群馬足門	群馬県(企業局)	1988	54	47	14
行力	高崎工業団地造成組合	1991	17	13	6
八幡原第二	〃	1993	65	60	3
高崎複合産業	群馬県(企業局)	1994	160	121	4
浜川	高崎工業団地造成組合	1995	15	11	2
吉井本郷	吉井町	1995	27	24	1
吉井多比良	〃	1995	84	74	1
箕郷	群馬県(企業局)	1996	48	48	1
吉井岩井	吉井町	1996	80	71	1
下大島・町屋	高崎工業団地造成組合	2000	56	42	7
柳沢	群馬西部土地開発公社	2002	7	7	2
鳥井沢	群馬西部土地開発公社	?	?	?	1
中里見	群馬西部土地開発公社	?	?	?	1
鎧沢	群馬西部土地開発公社	?	?	?	1
滝山	群馬西部土地開発公社	?	?	?	1
向滝	群馬西部土地開発公社	?	?	?	1

注:「?」の項目については確認が取れていない.
出所:高崎市.

(2) 商工費にみる高崎市の製造業振興策

　それでは次に，その商工費の中身について見ていくこととしたい．表3-10は商工費の内訳の推移を示したものであるが[7]，1985年度から2015年度に至るまで金融費が最も大きな，そして圧倒的な割合を占めており，2011年度までは9割以上を占めている．もっとも，2012年度以降はその割合を若干低下させ，2015年度には8割を下回っており，その代わりに商工総務費や商業振興費，工業振興費がその割合をやや上昇させている．これらのうち，以下では製造業と関係する商工総務費，工業振興費，金融費の中身について，さらに詳しく見ていくこととしたい．

　まず商工総務費であるが，表3-11は2000年度以降におけるその内訳の推移を示したものである．ここに示されているように，2010年度までは職員人件費が7割以上を占めていたが，翌2011年度には4割台に低下し，2012年度以降は2割台で推移している．これに代わって最も大きな割合を占めるようになったのが，2011年度に登場した中小企業経営安定化助成金であり，商工総務費の前年度からの増加は，ほとんどがこの寄与によるものである．そして，同費は2012年度には7割近くを占めるに至っており，その後も5割前後で推移している．

　中小企業経営安定化助成金は，先にみた2011年度における事業所税導入に伴う中小企業の税負担増を軽減するとともに，「経営の安定化と市民の雇用の場を確保すること」を目的として創設されたものである．助成対象者は，市内で行われている事業にかかわる事業所または事務所で，事業所税を申告納付し，市税等に未納がないという要件を満たしている中小企業者である．なお，中小企業者の定義は，製造業の場合，資本金の額または出資の総額が3億円以下，もしくは従業員数が300人以下（ゴム製品製造業（自動車または航空機用タイヤおよびチューブ製造業，工業用ベルト製造業を除く）の場合は900人以下）である法人および個人事業者である．そして，赤字決算の場合は事業所税相当額の，黒字決算の場合は事業所税相当額の4分の3の助成が行われる[8]．

表 3-7 高崎市内の工業団地の業種

団地名	分譲開始(年)	製造業							その他
		食料品・飲料	機械器具・電子機器・部品等	金属製品・鉄鋼・プレス・めっき等	化学工業・ゴム・プラスチック	窯業・コンクリート	木材・木製品	紙製品・印刷	
八幡	1959	3	5	4	3		1		1
大八木	1962	2	6	3	3	1		2	
倉賀野	1963	4		1					1
群南	1965		1			1		2	
倉賀野大道南	1967		1		1				
将軍塚	1969		2						
岩鼻西	1970		7	13	1				
八幡第二	1971	1	5	12	2				1
倉賀野東	1978		5	3	1			1	
八幡原	1984		1						
将軍塚第二	1984		1		1				
宿大類	1985	4		2	1			1	
綿貫	1985		3	7		1			
阿久津	1985		2		1				
群馬保渡田	1986								
吉井	1986		1	1	2				
高崎東部	1988	1	1		2				
群馬足門	1988	3	1	4	4				
行力	1991	1		2	1	1			
八幡原第二	1993	2							
高崎複合産業	1994		1		1				
浜川	1995	1		1					
吉井本郷	1995	1							
吉井多比良	1995		1						
箕郷	1996					1			
吉井岩井	1996								
下大島・町屋	2000	1	2	1	1				
柳沢	2002			2					
鳥井沢	?	1							
中里見	?		1						
鎧沢	?		1						
滝山	?								
向滝	?								
計		25	48	56	25	5	1	6	3

注:「?」の項目については図表7に同じ.
出所:高崎市産業政策課「高崎市の工業団地」(URL:http://www.npogunma.net/madein-takasaki/in

別立地企業数

建設業	運輸・通信業	卸売・小売業	サービス業	その他	計
1	1	2	2		23
1	5	7	4		34
		1			7
2		1	2		9
	1			2	5
					2
		2		1	24
		1	4		26
			1		11
					1
					2
					8
					11
					3
					0
	1				5
					4
		1			13
					5
					2
	2			1	5
					2
			1		2
					1
					1
					0
		1			6
					2
					1
					1
					1
					0
1					1
5	10	16	14	4	218

dex.htm) より作成.

表 3-8 高崎市の一般会計の

	年度	1985		1990		1995		2000		2005	
歳入	市税	26,740	50.2	36,659	50.1	41,541	46.1	41,994	45.4	47,196	39.9
	地方譲与税	475	0.9	1,656	2.3	2,081	2.3	789	0.9	2,361	2.0
	地方消費税交付金	-	-	-	-	-	-	2,641	2.9	3,005	2.5
	その他交付金	0	0.0	2,137	2.9	1,827	2.0	3,280	3.5	2,949	2.5
	地方交付税	750	1.4	2,314	3.2	1,817	2.0	5,684	6.1	7,717	6.5
	国庫支出金	5,885	11.0	5,500	7.5	7,500	8.3	8,020	8.7	10,099	8.5
	県支出金	1,355	2.5	2,918	4.0	4,742	5.3	3,688	4.0	4,488	3.8
	地方債	2,931	5.5	4,366	6.0	8,333	9.2	3,320	3.6	9,616	8.1
	使用料・手数料	2,338	4.4	2,827	3.9	3,748	4.2	4,180	4.5	4,812	4.1
	分担金・負担金・寄附金	930	1.7	1,143	1.6	1,360	1.5	1,002	1.1	1,136	1.0
	繰入金・繰越金	1,325	2.5	3,402	4.6	3,434	3.8	2,822	3.1	10,458	8.8
	その他	10,569	19.8	10,267	14.0	13,738	15.2	15,010	16.2	14,425	12.2
	合計	53,298	100.0	73,187	100.0	90,123	100.0	92,429	100.0	118,263	100.0
	年度	1985		1990		1995		2000		2005	
歳出	議会費	420	0.8	582	0.8	631	0.7	608	0.7	908	0.8
	総務費	7,112	13.7	8,477	12.1	11,010	12.5	10,068	11.1	15,551	13.4
	民生費	6,763	13.1	8,580	12.2	13,058	14.8	15,437	17.1	27,878	24.0
	衛生費	2,587	5.0	3,761	5.4	4,585	5.2	5,692	6.3	6,710	5.8
	労働費	194	0.4	641	0.9	643	0.7	655	0.7	813	0.7
	農林水産業費	1,947	3.8	2,415	3.4	2,681	3.0	1,984	2.2	2,467	2.1
	商工費	4,233	8.2	7,076	10.1	10,320	11.7	11,951	13.2	11,524	9.9
	土木費	13,722	26.5	19,468	27.7	22,710	25.8	20,375	22.5	18,527	15.9
	消防費	1,312	2.5	1,981	2.8	2,601	3.0	2,887	3.2	3,654	3.1
	教育費	8,536	16.5	11,884	16.9	12,840	14.6	11,882	13.1	17,773	15.3
	災害復旧費	-	-	10	0.0	-	-	62	0.1	5	0.0
	公債費	1,637	3.2	5,390	7.7	7,046	8.0	8,799	9.7	10,321	8.9
	諸支出金	-	-	-	-	-	-	0	0.0	129	0.1
	前年度繰上充用金	-	-	-	-	-	-	-	-	-	-
	合計	51,762	100.0	70,266	100.0	88,131	100.0	90,401	100.0	116,261	100.0

注：1) 1985 年度の歳出は合計欄の金額が一致しないが，原資料のまま．
　　2) 1985 年度の地方交付税は，娯楽・自動車交付金を含む．
出所：『群馬県統計年鑑』『高崎市統計季報』各年版より作成．

歳入歳出決算額の推移

(単位：百万円, %)

2010		2011		2012		2013		2014		2015	
56,225	35.1	57,149	36.4	58,354	38.1	57,765	39.1	59,214	39.3	59,239	38.6
1,444	0.9	1,409	0.9	1,322	0.9	864	0.6	822	0.5	853	0.6
3,597	2.2	3,578	2.3	3,596	2.3	3,565	2.4	4,315	2.9	7,171	4.7
1,657	1.0	1,397	0.9	1,187	0.8	861	0.6	687	0.5	1,352	0.9
13,711	8.6	17,484	11.1	17,408	11.4	17,257	11.7	16,887	11.2	15,447	10.1
17,119	10.7	16,973	10.8	15,940	10.4	15,781	10.7	17,554	11.6	18,663	12.2
9,489	5.9	7,095	4.5	7,181	4.7	3,915	2.6	4,643	3.1	7,108	4.6
17,695	11.1	12,853	8.2	10,326	6.7	8,935	6.0	8,224	5.5	7,756	5.1
5,104	3.2	2,983	1.9	2,994	2.0	2,390	1.6	2,412	1.6	2,358	1.5
1,365	0.9	1,445	0.9	1,461	1.0	2,035	1.4	1,736	1.2	1,678	1.1
5,412	3.4	6,660	4.2	7,449	4.9	7,243	4.9	9,382	6.2	8,171	5.3
27,212	17.0	27,800	17.7	26,093	17.0	27,158	18.4	24,953	16.5	23,516	15.3
160,031	100.0	156,826	100.0	153,311	100.0	147,767	100.0	150,829	100.0	153,312	100.0
2010		2011		2012		2013		2014		2015	
764	0.5	891	0.6	763	0.5	709	0.5	730	0.5	740	0.5
14,647	9.4	13,809	9.1	12,862	8.7	11,205	7.9	10,140	6.9	12,321	8.4
42,578	27.3	44,344	29.3	45,785	30.9	44,794	31.6	47,165	32.0	49,057	33.6
11,902	7.6	10,234	6.8	8,601	5.8	7,132	5.0	8,924	6.1	9,292	6.4
503	0.3	412	0.3	276	0.2	185	0.1	179	0.1	179	0.1
2,815	1.8	2,980	2.0	2,718	1.8	2,200	1.6	3,103	2.1	3,628	2.5
22,891	14.7	23,458	15.5	23,747	16.0	24,803	17.5	23,745	16.1	22,452	15.4
20,160	12.9	18,737	12.4	18,651	12.6	19,726	13.9	21,081	14.3	16,574	11.3
4,306	2.8	4,297	2.8	4,220	2.8	3,869	2.7	3,942	2.7	4,258	2.9
22,605	14.5	19,035	12.6	16,391	11.1	14,547	10.3	15,727	10.7	15,028	10.3
–	–	130	0.1	71	0.0	51	0.0	22	0.0	2	0.0
12,776	8.2	13,009	8.6	14,158	9.6	12,499	8.8	12,695	8.6	12,569	8.6
–	–	–	–	–	–	–	–	–	–	–	–
–	–	–	–	–	–	–	–	–	–	–	–
155,948	100.0	151,337	100.0	148,241	100.0	141,720	100.0	147,453	100.0	146,099	100.0

表 3-9　高崎市の市

年度	1985		1990		1995		2000		2005	
市民税	13,943	52.1	20,157	55.0	18,724	45.1	16,910	40.3	16,324	41.3
個人	8,294	31.0	12,110	33.0	12,478	30.0	11,417	27.2	10,607	26.8
法人	5,650	21.1	8,047	22.0	6,246	15.0	5,493	13.1	5,717	14.5
固定資産税	8,716	32.6	12,493	34.1	17,837	42.9	19,724	47.0	18,437	46.6
軽自動車税	161	0.6	189	0.5	217	0.5	243	0.6	293	0.7
市たばこ税	1,130	4.2	1,376	3.8	1,370	3.3	1,862	4.4	1,845	4.7
電気ガス税	1,144	4.3	−	−	−	−	−	−	−	−
木材引取税	0	0.0	−	−	−	−	−	−	−	−
特別土地保有税	39	0.1	189	0.5	106	0.3	17	0.0	−	−
入湯税	−	−	−	−	−	−	7	0.0	14	0.0
事業所税	−	−	−	−	−	−	−	−	−	−
都市計画税	1,607	6.0	2,254	6.1	3,286	7.9	3,231	7.7	2,624	6.6
合計	26,740	100.0	36,659	100.0	41,541	100.0	41,994	100.0	39,538	100.0

注：1）1985年度および1990年度の市たばこ税は，原資料では「市たばこ消費税」．
　　2）固定資産税は交付金および納付金を含む数値．
出所：『高崎市の統計』『統計季報』各年版より作成．

　次に工業振興費であるが，表3-12はその内訳の推移を示したものである．項目が大きく変化しているため，2010年度以降に限ってみてみると，2010年度と2011年度は産業立地振興事業の産業立地奨励金が大部分を占めており，2012年度以降はビジネス誘致推進事業，その中でも産業立地振興奨励金とビジネス立地奨励金の合計で大部分を占めていることが分かる．

　産業立地振興奨励金は，高崎市内に新たに立地する事業者や，建替えや増設をする事業者に，立地形態に応じて交付されるものである．具体的には，対象業種は全業種（風俗営業法第2条に規定する事業は除く），交付要件は投下固定資産（土地，建物，償却資産の取得額）の総額が5,000万円以上であること，対象施設は事務所（本社），研究所，コールセンター，工場，物流センター，卸売店舗，中心市街地活性化区域内の1,000m²を超える小売店舗である．また，立地に伴って高崎市民を雇用する場合や緑地を設置する場合にも交付される．具体的には，前者は施設の立地に伴い，新たに雇用した常用雇用者で1年以上継続して雇用された高崎市民1人につき20万円を1回交付するというものであり，後者は施設の立地に伴い，緑地および環境施

税収入決算額の推移

(単位:百万円, %)

2010		2011		2012		2013		2014		2015	
23,552	42.7	23,505	41.9	24,626	43.1	24,336	42.6	25,222	43.2	25,655	44.0
17,375	31.5	17,392	31.0	18,230	31.9	18,284	32.0	18,625	31.9	19,619	33.6
6,177	11.2	6,113	10.9	6,397	11.2	6,052	10.6	6,597	11.3	6,035	10.3
25,641	46.5	25,631	45.7	24,131	42.2	24,083	42.2	24,479	41.9	24,074	41.3
592	1.1	609	1.1	625	1.1	647	1.1	673	1.2	699	1.2
2,276	4.1	2,543	4.5	2,522	4.4	2,788	4.9	2,725	4.7	2,648	4.5
–	–	–	–	–	–	–	–	–	–	–	–
–	–	–	–	–	–	–	–	–	–	–	–
–	–	–	–	–	–	–	–	–	–	–	–
39	0.1	36	0.1	35	0.1	35	0.1	35	0.1	35	0.1
–	–	642	1.1	2,312	4.0	2,292	4.0	2,360	4.0	2,331	4.0
3,020	5.5	3,076	5.5	2,882	5.0	2,879	5.0	2,901	5.0	2,874	4.9
55,120	100.0	56,042	100.0	57,133	100.0	57,060	100.0	58,395	100.0	58,315	100.0

設(太陽光発電施設等)の設置に要した費用の2分の1を1回交付するというものである(いずれも限度額は2,000万円)[9]。

もう一方のビジネス立地奨励金は,対象区域である「ビジネス立地重点促進区域」を高崎玉村スマートインターチェンジ周辺と高崎操車場跡地の2地区とし,事業用地取得奨励金,施設設置奨励金,雇用促進奨励金,上下水道料金助成金,緑化推進奨励金,地球環境並びに省電力設備設置奨励金からなる.目玉である事業用地取得奨励金は,新たに取得した土地の取得費の30%を限度額なしで交付するというものであり,施設設置奨励金は,新たに取得した土地,建物,償却資産にかかわる固定資産税,都市計画税,事業所税資産割相当額を,やはり限度額なしで5年間交付するというものである.交付用件は投下固定資産(土地,建物,償却資産)の総額が5,000万円以上であることで,対象施設は事業者の本社・支社,事務所,研究所,工場,倉庫,物流センター,事業者のコールセンター,店舗,スポーツ施設等である[10].

ビジネス立地奨励金創設のきっかけとなったのは,高崎市の地元企業が業

表 3-10 商

年度	1985		1990		1995		2000		2005	
商工総務費	190,766	4.5	266,612	3.8	297,314	2.9	276,958	2.3	310,264	2.7
商業振興費	158,561	3.8	166,902	2.4	139,924	1.4	266,104	2.2	95,609	0.8
工業振興費	13,868	0.3	47,511	0.7	33,851	0.3	62,414	0.5	34,983	0.3
産業振興費	–	–	–	–	–	–	–	–	26,623	0.2
金融費	3,824,468	90.6	6,427,828	91.0	9,561,399	93.0	11,092,874	93.0	10,763,366	94.8
観光費	28,005	0.7	144,841	2.1	231,718	2.3	213,424	1.8	111,457	1.0
計量費	3,838	0.1	5,220	0.1	7,186	0.1	7,076	0.1	6,886	0.1
情報調査費	3,407	0.1	5,480	0.1	4,864	0.0	2,723	0.0	–	–
プレミアム付商品券事業費	–	–	–	–	–	–	–	–	–	–
計	4,222,912	100.0	7,064,395	100.0	10,276,256	100.0	11,921,573	100.0	11,349,188	100.0

出所:『高崎市歳入歳出決算書及び附属書類』各年度版より作成.

務拡大等のために市外に転出する計画を進めていることを知った高崎市長の危機感であった.そこで,群馬県内における高崎市の地価の高さが産業立地の支障になっており,県内で最も良い奨励制度でなければ企業誘致は難しいという判断から,関東近県や同規模の都市における制度を精査した上で「限度額なし」という独自の制度を創設した[11].

ただし,2011 年 10 月の制度開始から 1 年に満たない翌年 7 月には,立地した 3 社で対象地域をほぼ占めており[12],表 3-12 で,2012 年度に 6.7 億円あった歳出額が翌年度には 1.8 億円に急減しているのは,こうした背景があったためと考えられる.先に述べたように,奨励金は 5 年間にわたって交付するという制度になっているため,その後も歳出は行われているが,新たな対象区域が設定されない限り,ビジネス立地奨励金は事実上休止状態にあると言えよう.

最後に,商工費で最も大きな割合を占める金融費についてみることとする.表 3-13 はその内訳の推移を示したものであるが,項目が非常に多く,しかも年度によってその種類が大きく異なっている.しかし,近年減少しつつも,一貫して最も大きな割合を占めているのは特別対策資金預託金(ただし,2000 年度は中小企業特別対策資金預託金)であり,2015 年度においても 5

工費の内訳の推移

(単位:千円, %)

2010		2011		2012		2013		2014		2015	
451,466	2.0	824,642	3.5	1,489,215	6.3	1,733,243	6.9	2,235,273	9.3	1,875,051	8.2
223,964	1.0	219,805	0.9	226,249	1.0	1,066,562	4.2	749,572	3.1	680,959	3.0
190,559	0.8	189,005	0.8	946,886	4.0	590,580	2.3	636,166	2.6	565,083	2.5
36,175	0.2	36,629	0.2	36,060	0.2	30,738	0.1	30,724	0.1	31,049	0.1
21,679,503	94.5	21,835,903	93.0	20,665,708	87.1	21,394,191	84.9	19,901,879	82.8	17,674,517	77.6
353,923	1.5	371,611	1.6	345,939	1.5	362,687	1.4	462,970	1.9	588,705	2.6
9,148	0.0	8,965	0.0	8,757	0.0	8,687	0.0	8,814	0.0	8,846	0.0
–	–	–	–	–	–	–	–	–	–		
–	–	–	–	–	–	–	–	–	–	1,340,217	5.9
22,944,738	100.0	23,486,560	100.0	23,718,814	100.0	25,186,688	100.0	24,025,398	100.0	22,764,426	100.0

割以上を占めている．これに次いで近年大きな割合を占めているものとして，小口資金預託金，ビジネス立地資金預託金，産業活性化支援資金預託金が挙げられる．

　以上のような預託金は「制度融資」と呼ばれるものにかかわる資金である．深澤映司によれば，一般的に制度融資とは，中小企業が民間金融機関から通常の融資よりも低利で資金を借り入れられるように，個々の地方自治体が独自の政策支援を行う枠組みの総称であり，預託金の拠出と公的信用保証という2つの方法により支えられてきた．預託金の拠出とは，民間金融機関が本来よりも低い貸出金利を設定するために収益が減少することを避けるため，地方自治体が無利子で資金を預託するというものである．その場合，民間金融機関に預託金を直接預け入れるのではなく，信用保証協会を経由して間接的に預け入れることが多い．これに対して公的信用保証とは，民間金融機関が地方自治体から預託金を受け入れて行う制度融資に，各地の信用保証協会が保証を付与するというものである．これにより民間金融機関は，信用リスクを意識することなく中小企業向けの貸出しに取り組むことができるのである[13]．

　先に挙げた預託金のうち，ここでは小口資金預託金についてみてみること

表 3-11　商工総務

年度	2000		2005		2010	
商工総務経費	276,958	100.0	310,264	100.0	451,466	100.0
商工業振興審議会委員報酬	204	0.1	222	0.1	–	–
嘱託報酬等	9,758	3.5	8,476	2.7	2,582	0.6
職員人件費	231,444	83.6	230,458	74.3	347,353	76.9
中小企業就職奨励祝金	4,302	1.6	–	–	–	–
再任用職員人件費	–	–	–	–	8,868	2.0
ビジネス誘致アドバイザー報償金	–	–	–	–	–	–
旅費	500	0.2	71	0.0	10	0.0
需用費	6	0.0	13	0.0	205	0.0
図書費	–	–	3	0.0	–	–
役務費	–	–	–	–	–	–
高崎市等広域市町村圏振興整備組合一般会計負担金	169	0.1	108	0.0	143	0.0
高崎工業団地造成組合負担金	–	–	–	–	800	0.2
高崎新観光戦略策定支援委託料	–	–	–	–	–	–
県統計協会賛助会負担金	–	–	–	–	16	0.0
県経済研究所賛助会負担金	–	–	–	–	10	0.0
市商工総合表彰事業負担金	1,615	0.6	839	0.3	1,147	0.3
研修・大会参加負担金	4	0.0	–	–	–	–
商工会議所・商工会事業推進費補助金	13,293	4.8	13,293	4.3	72,982	16.2
中小企業経営改善普及事業補助金	15,129	5.5	15,129	4.9	15,129	3.4
商工業振興基金補助金	534	0.2	5	0.0	949	0.2
県商工会議所議員大会事業補助金	–	–	–	–	–	–
中小企業経営安定化助成金	–	–	–	–	–	–
アドバイザー導入事業補助金	–	–	–	–	–	–
中小企業等機械設備導入支援助成金	–	–	–	–	–	–
事業者用太陽光発電設備導入支援助成金	–	–	–	–	–	–
大雪被害事業用施設復旧支援金	–	–	–	–	–	–
高崎商工会議所創立120周年記念事業補助金	–	–	–	–	–	–
企業スポーツ振興支援金	–	–	–	–	–	–
商工業振興基金積立金	–	–	41,646	13.4	1,272	0.3
商工総務経費（前年度繰越明許分）	–	–	–	–	–	–
計	276,958	100.0	310,264	100.0	451,466	100.0

注：1）市商工総合表彰事業負担金は，2000年度は「市商工総合表彰事業補助金」，2010～12年度は「商
　　2）商工会議所・商工会事業推進費補助金は，2000年度および2005年度は「商工会議所事業推進費
　　3）商工業振興基金補助金は，2000年度および2005年度は「市商工業振興基金補助金」．
出所：『高崎市歳入歳出決算書及び附属書類』各年度版より作成．

第3章 高崎市における製造業の動向と振興策

費の内訳の推移

(単位:千円, %)

2011		2012		2013		2014		2015	
824,642	100.0	1,489,215	100.0	1,733,243	100.0	2,149,194	96.1	1,845,115	98.4
–	–	–	–	–	–	–	–	–	–
5,533	0.7	5,573	0.4	2,584	0.1	4,929	0.2	9,551	0.5
344,725	41.8	367,866	24.7	365,900	21.1	366,126	16.4	380,040	20.3
–	–	–	–	–	–	–	–	–	–
14,752	1.8	14,982	1.0	20,357	1.2	20,072	0.9	25,135	1.3
164	0.0	–	–	–	–	–	–	–	–
159	0.0	20	0.0	69	0.0	16	0.0	–	–
364	0.0	229	0.0	252	0.0	735	0.0	239	0.0
–	–	–	–	–	–	–	–	–	–
2	0.0	–	–	–	–	–	–	–	–
–	–	–	–	–	–	–	–	–	–
600	0.1	–	–	–	–	–	–	–	–
–	–	–	–	1,000	0.1	–	–	–	–
16	0.0	16	0.0	16	0.0	16	0.0	16	0.0
10	0.0	10	0.0	10	0.0	10	0.0	10	0.0
1,147	0.1	1,147	0.1	1,147	0.1	1,147	0.1	1,147	0.1
–	–	–	–	–	–	–	–	–	–
71,982	8.7	70,982	4.8	69,982	4.0	69,982	3.1	69,982	3.7
15,129	1.8	15,129	1.0	15,129	0.9	15,129	0.7	15,129	0.8
1,795	0.2	2,186	0.1	2,165	0.1	1,245	0.1	1,245	0.1
1,000	0.1	–	–	–	–	–	–	–	–
366,732	44.5	1,010,935	67.9	1,031,026	59.5	1,068,128	47.8	1,052,305	56.1
–	–	–	–	3,725	0.2	3,078	0.1	2,995	0.2
–	–	–	–	37,068	2.1	70,091	3.1	103,011	5.5
–	–	–	–	168,817	9.7	116,316	5.2	132,227	7.1
–	–	–	–	13,834	0.8	411,092	18.4	–	–
–	–	–	–	–	–	–	–	11,000	0.6
–	–	–	–	–	–	–	–	40,000	2.1
532	0.1	141	0.0	162	0.0	1,082	0.0	1,082	0.1
–	–	–	–	–	–	86,079	3.9	29,936	1.6
824,642	100.0	1,489,215	100.0	1,733,243	100.0	2,235,273	100.0	1,875,051	100.0

工総合表彰事業負担金」.
補助金」.

表 3-12　工業振

年度	2000		2005		年度	2010		2011	
一般経費	11,703	18.8	1,558	4.5	一般経費	10,436	5.5	2,453	1.3
工業振興懇話会開催事業	221	0.4	173	0.5	工業振興懇話会開催事業	90	0.0	-	-
中小企業アドバイザー派遣事業	4,518	7.2	6,412	18.3	アドバイザー導入支援事業	5,329	2.8	4,157	2.2
産業振興貢献企業表彰事業	2,575	4.1	1,737	5.0	企業表彰事業	1,337	0.7	1,439	0.8
高度自動化機械導入資金利子補給事業	10,876	17.4	-	-	中小企業出展支援事業	2,953	1.5	1,588	0.8
中小企業受注振興事業	613	1.0	674	1.9	産業立地振興事業	170,413	89.4	179,368	94.9
優良中小企業表彰事業	752	1.2	168	0.5	産業立地奨励金	163,583	85.8	174,909	92.5
工業団地創出事業	177	0.3	-	-	企業誘致奨励金	6,830	3.6	4,459	2.4
中小企業倒産防止共済制度加入促進事業	8,140	13.0	624	1.8	計	190,559	100.0	189,005	100.0
中小企業融合化推進事業	451	0.7	-	-					
中小企業経営技術研究事業	139	0.2	-	-					
地場産業振興事業	882	1.4	-	-					
中小企業技術振興情報支援事業	1,039	1.7	926	2.6					
ISO（国際標準化機構）認証取得支援事業	20,329	32.6	21,192	60.6					
研究開発企業育成支援事業	-	-	678	1.9					
産業情報化支援事業	-	-	841	2.4					
計	62,414	100.0	34,983	100.0					

注：中小企業アドバイザー派遣事業は，2005年度は「アドバイザー・講師派遣事業」．
出所：『高崎市歳入歳出決算書及び附属書類』各年度版より作成．

興費の内訳の推移

(単位：千円, %)

年度	2012		2013		2014		2015	
一般経費	14,863	1.6	777	0.1	53,738	8.4	55,178	9.8
アドバイザー導入支援事業	3,144	0.3	−	−	−	−	−	−
企業表彰事業	718	0.1	2,320	0.4	2,542	0.4	2,709	0.5
中小企業出展支援事業	2,069	0.2	3,693	0.6	3,654	0.6	3,648	0.6
ビジネス誘致推進事業	926,091	97.8	583,789	98.9	576,232	90.6	503,549	89.1
ビジネス誘致アドバイザー委員報奨金	90	0.0	33	0.0	−	−	−	−
旅費	625	0.1	367	0.1	288	0.0	741	0.1
需用費	118	0.0	101	0.0	1,075	0.2	208	0.0
メードインたかさき情報拡充委託料	2,386	0.3	−	−	−	−	−	−
観光モニュメント保管委託料	−	−	−	−	500	0.1	−	−
工業情報サイト保守管理委託料	−	−	210	0.0	216	0.0	216	0.0
ビジネス誘致キャンペーン補助金	30,000	3.2	30,000	5.1	30,000	4.7	−	−
高崎シティセールス事業補助金	−	−	−	−	2,000	0.3	−	−
高崎シティプロモーション事業補助金	−	−	−	−	−	−	30,000	5.3
ビジネスマッチング参加補助金	−	−	500	0.1	−	−	500	0.1
産業立地振興奨励金	220,796	23.3	374,830	63.5	390,382	61.4	313,835	55.5
企業誘致奨励金	3,840	0.4	−	−	−	−	−	−
ビジネス立地奨励金	668,236	70.6	177,748	30.1	151,771	23.9	158,050	28.0
計	946,886	100.0	590,580	100.0	636,166	100.0	565,083	100.0

表 3-13 金融費

年度	2000		2005		2010	
小口資金融資審査会報奨金	168	0.0	–	–	–	–
診断士謝金	504	0.0	462	0.0	–	–
旅費	90	0.0	103	0.0	–	–
需用費	803	0.0	572	0.0	593	0.0
融資管理システム保守点検委託料	–	–	454	0.0	403	0.0
備品購入費	–	–	–	–	–	–
図書費	–	–	–	–	–	–
OA機器保守点検委託料	84	0.0	–	–	–	–
小口資金融資保証料補助金	55,552	0.5	51,271	0.5	46,727	0.2
県同和地区中小企業振興資金保証料補助金	982	0.0	6	0.0	–	–
県公害防止施設整備資金利子補給金	697	0.0	–	–	–	–
市公害防止施設整備資金利子補給金	49	0.0	173	0.0	–	–
創業者融資保証料補助金	–	–	–	–	–	–
小口資金融資利子補給金	–	–	4,856	0.0	10,274	0.0
小企業経営改善資金利子補給金	–	–	517	0.0	1	0.0
中小企業振興資金（特別対策）利子補給金	–	–	139	0.0	–	–
中小企業振興資金保証料補助金	–	–	–	–	4	0.0
創業者融資利子補給金	–	–	–	–	–	–
小規模企業制度融資利子補給金	–	–	2,162	0.0	407	0.0
商工貯蓄共済制度資金利子補給金	–	–	256	0.0	156	0.0
産業活性化支援資金預託金	–	–	1,024,756	9.5	1,741,030	8.0
中小企業振興資金（特別対策）預託金	–	–	5,391	0.1	–	–
商業活性化資金預託金（県協調）	–	–	1,952	0.0	–	–
中小企業近代化促進資金預託金	994,179	9.0	0	0.0	0	0.0
中小企業高度化促進資金預託金	21,552	0.2	992	0.0	–	–
中小企業組合育成資金預託金	145,600	1.3	21,767	0.2	–	–
公害防止施設整備資金預託金	5,464	0.0	4,884	0.0	–	–
組合育成資金預託金	–	–	–	–	22,285	0.1
特別対策資金預託金	8,224,373	74.1	7,529,286	70.0	15,398,102	71.0
小口資金預託金	1,300,000	11.7	1,465,750	13.6	1,232,741	5.7
情報化等支援資金預託金	22,632	0.2	15,879	0.1	14,307	0.1
商店街等活性化対策資金預託金	93,722	0.8	76,698	0.7	24,825	0.1
先端技術等振興資金預託金	114,832	1.0	28,397	0.3	–	–
創業支援資金預託金	17,197	0.2	16,093	0.1	232,984	1.1
環境改善資金預託金	43,230	0.4	136,568	1.3	148,463	0.7
売掛債権担保保証短期資金預託金	–	–	2,733	0.0	–	–
ビジネス立地資金預託金	–	–	325,238	3.0	2,316,239	10.7
中小企業振興資金預託金	–	–	–	–	679	0.0
中心市街地活性化対策資金預託金	–	–	–	–	193,732	0.9
新分野進出資金預託金	–	–	–	–	222,265	1.0
観光振興資金預託金	–	–	–	–	–	–

第 3 章　高崎市における製造業の動向と振興策　　　　　　　　　　79

の内訳の推移

(単位：千円，％)

2011		2012		2013		2014		2015	
−	−	−	−	−	−	−	−	−	−
−	−	−	−	−	−	−	−	−	−
−	−	6	0.0	−	−	−	−	−	−
630	0.0	460	0.0	464	0.0	455	0.0	480	0.0
403	0.0	403	0.0	403	0.0	415	0.0	415	0.0
−	−	12	0.0	−	−	−	−	−	−
−	−	6	0.0	−	−	6	0.0	−	−
−	−	−	−	−	−	−	−	−	−
46,042	0.2	143,562	0.7	161,803	0.8	143,217	0.7	138,181	0.8
−	−	−	−	−	−	−	−	−	−
−	−	−	−	−	−	−	−	−	−
−	−	7,749	0.0	17,153	0.1	14,526	0.1	13,674	0.1
8,505	0.0	8,635	0.0	8,078	0.0	7,507	0.0	6,310	0.0
−	−	−	−	−	−	−	−	−	−
−	−	−	−	−	−	−	−	−	−
−	−	2,134	0.0	9,512	0.0	15,454	0.1	19,574	0.1
239	0.0	168	0.0	91	0.0	52	0.0	35	0.0
75	0.0	13	0.0	−	−	−	−	−	−
1,733,580	7.9	1,623,924	7.9	1,525,883	7.1	1,457,128	7.3	1,455,114	8.2
−	−	−	−	−	−	−	−	−	−
0	0.0	0	0.0	0	0.0	0	0.0	0	0.0
−	−	−	−	−	−	−	−	−	−
−	−	−	−	−	−	−	−	−	−
−	−	−	−	−	−	−	−	−	−
18,408	0.1	14,222	0.1	10,130	0.0	20,725	0.1	16,309	0.1
16,090,105	73.7	14,746,699	71.4	13,192,350	61.7	11,533,931	58.0	9,493,426	53.7
986,193	4.5	986,193	4.8	2,899,408	13.6	2,899,408	14.6	2,485,207	14.1
9,678	0.0	5,216	0.0	2,009	0.0	−	−	−	−
20,315	0.1	15,805	0.1	11,295	0.1	6,785	0.0	2,485	0.0
−	−	−	−	−	−	−	−	−	−
359,553	1.6	546,272	2.6	846,297	4.0	1,028,162	5.2	1,125,049	6.4
127,871	0.6	107,945	0.5	77,544	0.4	65,179	0.3	47,563	0.3
1,943,917	8.9	1,891,584	9.2	1,829,653	8.6	1,918,586	9.6	2,036,540	11.5
−	−	−	−	−	−	−	−	−	−
201,389	0.9	253,239	1.2	234,412	1.1	214,338	1.1	198,458	1.1
240,122	1.1	221,985	1.1	485,103	2.3	511,617	2.6	581,919	3.3
10,000	0.0	26,481	0.1	24,042	0.1	20,280	0.1	16,517	0.1

年度	2000		2005		2010	
小口資金融資損失補償金	40,372	0.4	46,012	0.4	73,001	0.3
県信用保証協会出捐金	10,791	0.1	-	-	-	-
中小企業振興資金損失補償金	-	-	-	-	286	0.0
計	11,092,874	100.0	10,763,366	100.0	21,679,503	100.0

注：1）特別対策資金預託金は，2000年度は「中小企業特別対策資金預託金」．
　　2）情報化等支援資金預託金は，2000年度は「中小企業情報化等支援資金預託金」．
　　3）創業支援資金預託金は，2000年度は「独立開業支援資金預託金」．
　　4）環境改善資金預託金は，2000年度は「地球環境改善資金預託金」．
　　5）ビジネス立地資金預託金は，2005，2010，2011年度は「企業立地資金預託金」．
　　6）小口資金融資損失補償金は，2000年度は「小口資金損失補償金」．
出所：『高崎市歳入歳出決算書及び附属書類』各年度版より作成．

としよう．小口資金は信用保証付融資のため，事業者が借り入れる場合には保証料を負担する必要があるが，それを高崎市が信用保証協会に直接支払うことで全額補助する．融資対象者は(a)高崎市内に本店または主たる事業所があり，市内で1年以上同一事業を経営している中小企業者，または(b)市内に主たる事業所があり，1年以上事業を継続していて，構成員の4分の3以上が(a)の要件を備えた中小企業者である中小企業団体である．ただし，農業・林業（素材生産業および素材生産サービス業を除く）・漁業，金融業・保険業（保険媒介代理業および保険サービス業を除く）・不動産業の一部（投機を目的とした土地売買業など），一部の業種のサービス業は対象外である．そして資金の使途は，設備資金（建物や設備を高崎市内に設置するため，または建物の建替えや増改築のための資金等），運転資金（従業員の人件費，仕入の費用，外注費，諸経費等），借換資金（小口資金の借入金残高の範囲内）となっている[14]．

おわりに

以上，高崎市の製造業の推移とともに，地方自治体としての高崎市がその振興のためにどのような政策を行っているのかについてみてきた．その結果，高崎市が様々な振興策を行っているだけでなく，他の地方自治体と比較して

2011		2012		2013		2014		2015	
38,878	0.2	62,995	0.3	58,561	0.3	44,109	0.2	37,261	0.2
－	－	－	－	－	－	－	－	－	－
－	－	－	－	－	－	－	－	－	－
21,835,903	100.0	20,665,708	100.0	21,394,191	100.0	19,901,879	100.0	17,674,517	100.0

も歳出に占める商工費の割合が高く，商工業の振興を非常に重視していることが明らかになった．しかし，産業振興において重要なことは，ただ単にその金額を増やすことだけではない．

　現在，高崎市は 2013 年度から 2017 年度にわたる「第 5 次総合計画（後期基本計画）」の下にあるが，そこでは工業の振興について「国際化・情報化に伴う産業構造の多様化に対応するため，創造すべき新産業・新分野の検討及び研究開発支援，企業支援などの各種支援策により，新産業及びベンチャー企業の育成を図ります」[15]とされている．

　ここで述べられているように，産業構造は常に変化するものである．したがって，そうした変化に柔軟に対応できる産業振興策でなければ，いくら金額を増やしたところで，それに見合う成果は得られない．また，第 5 次総合計画では産業構造の多様化の必要性についても述べられているが，産業構造が多様であれば，経済的なショックに景気が左右されにくくなり，地域の経済の耐性は高まることになる．

　すなわち，製造業に限らず，これからの高崎市の産業振興策には，変化への柔軟な対応と多様性の創出という観点がさらに重要になってくると考えられるのである．

（天羽正継）

注

1) 増田寛也編著『地方消滅―東京一極集中が招く人口急減』(中公新書, 2014年).
2) 終戦後からバブル経済崩壊までにおける高崎市の工業の変遷をまとめた研究として, 西野寿章「戦後高崎の工業発展史」(高崎経済大学産業研究所『産業研究』第39巻第1号, 2003年9月) がある.
3) ちなみに, 2006年1月に倉渕村, 箕郷町, 群馬町, 新町と, 同年10月に榛名町と, 2009年6月に吉井町との間で市町村合併が行われたが, 2005年度と2010年度の間に事業所数, 従業者数, 製造品出荷額のいずれでも大きな変化はみられない. すなわち, 市町村合併は高崎市の産業構造に大きな影響を与えなかったと言える.
4) 総務省ホームページ掲載資料「事業所税の概要」(http://www.soumu.go.jp/main_content/000427405.pdf 2017年1月24日閲覧).
5) 『平成28年版地方財政白書』60頁.
6) 『平成28年版地方財政白書』資料編52頁.
7) ただし, 出所となる資料が異なる関係で, 合計値と表3-8における商工費の数字がやや異なっている.
8) 高崎市ホームページ「高崎市中小企業経営安定化助成金」(http://www.city.takasaki.gunma.jp/docs/2014011800090/ 2017年1月24日閲覧).
9) 高崎市ホームページ「産業立地振興奨励金制度」(http://www.city.takasaki.gunma.jp/docs/2014011800441/ 2017年1月24日閲覧).
10) 「全国一のビジネス立地政策が始動!―優良地場企業の市外流出を食い止め企業誘致に新戦略」『高崎新聞』(http://www.takasakiweb.jp/toshisenryaku/article/2011/12/2001.html 2017年1月24日閲覧).
11) 同上.
12) 井草祐美「群馬県高崎市における産業振興のあり方に関する考察」(高崎経済大学地域政策学会『地域政策研究』第15巻第4号, 2013年3月) 97頁.
13) 深澤映司「地方自治体の中小企業向け制度融資が直面している課題」(国立国会図書館『レファレンス』第57巻第2号, 2007年2月) 78-79頁.
14) 高崎市ホームページ掲載資料「小口の設備資金・運転資金のご利用をお考えの皆さまへ 小口資金のご案内」(http://www.city.takasaki.gunma.jp/docs/2014011701892/files/koguchi.pdf 2017年1月24日閲覧).
15) 『高崎市第5次総合計画 後期基本計画 平成25年度～平成29年度 (2013年度～2017年度)』86頁.

第4章
高崎市製造業の諸相

　第1章において，群馬県製造業における製造出荷額等のおよそ 1/2 は，従業員 299 人以下の中小企業が担っていることがわかった．製造業といっても多様であり，伝統的な製造業もあれば，最新のコンピュータ技術を駆使した製造業もある．また，我々の生活の中で直接使用する製品を製造している製造業もあれば，我々が使用している製品の一部分を製造している製造業もある．自動車を例に取ってみても，多様な部品から組み立てられており，その内のどれか1つでも欠けると動かなくなる．

　高崎市の製造業事業所は，およそ 700 ある．統計では知り得ない高崎市製造業の特性を知るために，この章では，高崎商工会議所が毎月発行している「商工たかさき」に掲載されてきた企業紹介記事やそこで働く人々のインタビュー記事を手がかりに，高崎市にどのような製造業が存在し，どのような製品を製造しているのかを概観することにする．なお，本章で扱う企業は，2000 年以降の「商工たかさき」に掲載された企業である．したがって，全ての製造業種を網羅しておらず，不十分な点は否めないが，高崎市で活動している製造業の特性は把握できるように思われる．本書の資料編には，この章で扱う各企業の「商工たかさき」の記事が収録されている．併せて，参照いただきたい[1]．なお，代表者名，年齢等は，掲載当時のまま転載している．

＊　＊　＊　＊　＊

　高崎市の製造業において，近世に起源のある歴史的企業がいくつかあるが，最も古いのが小島鐵工所である．1809（文化 6）年に創業した小島鐵工所は，

戦後，自動車産業等の隆盛により，油圧プレス機専門メーカーとして確固たる地位を築いた．同じ鉄工業の**深堀鉄工所**は，ガソリンスタンドの地下に埋められている貯蔵タンクをはじめとして，燃料地下タンク，化学・食品貯槽タンク，各種産業プラントの設計，施工を手がけている．群馬県製造業の過半を占めるのは，輸送機器製造業，すなわち自動車の製造である．これに関連して，高崎市にも多くの自動車関連の製造業が活動している．**ワイケー**は高所作業車の設計・製造・販売，そして全国の指定サービス工場をネットし万全のアフターサービス体制を敷き，**温井自動車工業**は，軽自動車に消防機械を取り付けた特殊な消防車，走りながら放水できる全自動ポンプ付の水槽車など，車両に消防機械を取り付けたオーダーメードの消防車を製作している．次に自動車部品のメーカーをみると，**IPF**は自動車用フォグランプ製造で業界をリードし，全国にその名を知られた一大ブランドとなっており，**額部製作所**は大型トラックや小型乗用車用の燃料噴射ポンプ，コンプレッサーなど，ミクロン単位の精度が問われる心臓部のパーツ生産を行っている．また，**共和産業**では，専用工作機メーカー時代に培った技術と知識を活かして，自動車部品などの量産品，レース用エンジン部品，ロケット，航空機用部品など，時代の最先端を行く様々な分野へも進出している（第5章参照）．**スターテング工業**は国内シェア8割，世界シェア5割を占めるリコイルスターターを製造しており，**オオサワ**では，ある自動車メーカーの足回りに100％使用されるボールジョイントを製造している．**トクデンプロセル**は，様々な太さの電線を巻きコイルを作る技術に優れており，身近な製品では自動車ランプや監視カメラの部品に用いられている．髪の毛よりも細い電線と特殊電線を巻く技術は日本でトップクラスである．**小野製作所**は，除雪車や工事車両に使われるランプの製造を主要事業としている．**林製作所**では，電気機械や航空機などの精密板金加工を行い，林製作所では0.15ミリの薄板から16ミリの厚板材を高精度でレーザー加工している．**丸山機械製作所**は，新聞店で使用する新聞折込広告丁合機の全国シェア20％を製造しており，鉄道関連の車両を引っ張る車両移動機の全国シェア100％を誇る．**ユタカ製作所**で

は鉄道車両用電気連結器の国内シェア 90％を製造している．

　工業製品の一部分を製造する企業をみると，**中里スプリング製作所**が生み出す製品は最先端の医療現場で使用される医療用クリップから，ワイヤーアート，アクセサリーに及んでおり，**昭和電気鋳鋼**では，重要保安部品に代表される特殊用途の，難易度の高い鋳鋼素材を素早く提供しており，土木鉱山・建設機械向け部品をはじめとして，鉄道車両向け部品，建設機械向け部品，自動車向け部品，道路インフラ整備向け部品，解体機械向け部品などを製造している．**秋葉ダイカスト工業所**では，独自の真空鋳造法による高品質鋳造を行い，ランプリフレクターやドアミラーベース，フットレストなどの蒸着・塗装・メッキを施した内外装部品，そしてモーターやポンプ，ブラケット，さらには CVT 油圧回路やステアリングギアボックス，パーキングブレーキ，パワーステアリングなどの保安部品まで生産している．**八木工業**は，1889（明治 22）年に興した農機具鍛冶屋をルーツに大正期の籾すり機製造，昭和初期の鉄鋳物製造業を経て，ベアリング生産が主力となっている．高度経済成長期には鍛造から機械加工までの一貫生産システムを築き，国内屈指の技術を磨き上げた．トラック後輪等に使われる円すいころ軸受，内外輪の搾出鍛造では並ぶものがなく，一般乗用車でも，同社の製品が欠けることで走れなくなる車は多いという．**町田ギヤー製作所**は，戦後の荒廃した街で各種歯車の設計・加工・販売を目的に創業し，2015 年に航空宇宙及び防衛業界向け品質マネジメント規格である「JISQ9100」認証を取得したことから知名度と信頼感が劇的に向上し，英ロールスロイス社製ヘリコプターのエンジン部品を受注して，航空宇宙産業参入への大きな一歩を踏み出している．

　イーケーエレベータは，一品物エレベーター製造を行い，主力製品は小荷物専用昇降機と荷物用の大型エレベーターとなっている．小荷物専用機は主に厨房用，給食の配膳用に造られたもので，県内各地の小中学校，保育所，幼稚園，民間ホテル，レストランなどに納入実績を持っている．**エス・エス電機**は，通信機器の制御装置や信号機，太陽光発電のパワーコンディショナー（出力変換機）など様々な電子機器に使われているトランスを製造し，サ

ンシステムは産業用ロボットの研究開発・設計・製造を一貫して行っており，海底・宇宙の探査ロボット，また，独自に医療介護分野のロボットの開発・製造へと進出していきたい意向だ．

創業者が高崎市榛名町出身の**太陽誘電**は，高性能なセラミックコンデンサの開発と量産化に成功し，世界3位の技術力を持ち，スマートフォンで使われているコンデンサは，シャープペンシルの芯先よりも小さく，ミクロン単位の技術を研究開発するとともに，高品質な生産ラインを構築している．**トステック**は，LED蛍光灯を自社開発し，品質と低価格で大手に挑んでいる．**成電工業**は，LEDランプの製造と共に電気制御や半導体など従来からの技術を応用し，自社工場内で葉もの野菜の栽培に乗り出し，農業にも参入し，市内のホテルや軽井沢のレストランなどに出荷している．

工業製品製造をサポートする部品製造企業も多い．**柏ツール**は，機械加工用工具の開発・製造を行う会社として創業し，特殊切削工具のノウハウを活かし，自社製品の開発にも取り組んでいる．その代表例が"KTエコタイン"で，Jリーグで使用されるサッカー場の5割以上で"KTエコタイン"が使用されている．**小林製作所**は，ダイカスト，プラスチック金型の設計製作を行い，**東製作所**は，高硬度材の切削加工をメインに金型製造，精密部品製造を行っている．**山岸製作所**は，コンピュータも及ばない金属加工を匠の技で行い，薄肉切削加工，内外径深溝加工，ステンレス加工，アルミ加工などを行っている（第9章参照）．**エムケイ製作所**では，レーザー彫刻で多層彫りに挑戦しており，**群協製作所**は，レーザー加工機の先端部，レーザーノズルの製造・販売で国内シェアNO.1の実績を持っている．**エムエスケイ**は，建築機械部品や半導体関連部品をはじめとした精密部品の加工を主に手掛け，**高栄研磨**では，製造現場で使用され，欠けたり摩耗したりした超硬ドリル等産業用切削工具を再研磨して蘇らせている．**シミズプレス**は，パイプ鋼のスエージング加工（絞り加工）のスペシャリストとして知られ，唯一，デザイン性に優れた加工技術を持っている．そして部品加工にとどまらず，「デザインパイプ」を独自開発し，販売も行っている．東日本大震災後は，太陽光

発電装置のパイプ鋼，また病院のトイレやベッドサイドの手すりなどの製作も行っている（第8章参照）．**サイトウティーエム**は，自動車用金属プレス部品を生産している（第10章参照）．

　クシダ工業は，電気設備や上下水道設備などインフラ設備で業界をリードしており，配電盤や制御盤の設計製造を行い，メガソーラー用の配電装置の開発に伴う生産システムの構築に取り組んでいる．**相原製鋲**は，ネジの専門メーカーだったが，建物の床下に使う支持脚の製造も行っている．**ペリテック**は，工業製品の頭脳とも言える電子基板が正常に作動しているか，またはどこに異常があるかなどを解析するための"テスター"をオーダー受注し，国内大手メーカーや研究機関などへ提供している．**三宅製作所**は，国内の大手ビールメーカーのビール醸造プラントをはじめ，ウィスキー醸造プラント，ブランデー醸造プラント，ワイン醸造プラントを製造し，醸造プラントの国内シェア9割を占めている．

　群栄化学工業は，創業当時，当時の食糧難を見かね，甘藷から採った澱粉糖の製造販売を始めた．その後，工業用フェノールレヂンの製造を開始して，世界有数の化学メーカーへの道を歩み始めることになった．世界有数のフェノールレヂンの専門メーカーとなり，自動車の電子制御を行う基板や半導体，高熱の油を通すオイルフィルター，猛烈な摩擦力が加えられるブレーキライニング，ディスクパッドなどにフェノールレヂンが使われている．またヘルシー志向に乗って，澱粉糖製品部門が再び始まった．**協和発酵キリン**で生産されている医薬品は，医療機関で使用され，人工透析やがん治療など高度医療に貢献している．**日本化薬**の前身は，1916年に創業した日本火薬製造株式会社であるが，現在は火薬ではなく化薬，すなわち医薬品を生産している．高崎工場は最先端の発酵技術，合成技術，製剤技術で抗がん剤を中心に医薬品を製造するハイテク工場となっている．

　羽鳥鐵工所は，衝撃吸収の技術を高め，プレス機の主要部品であるダイクッションと呼ばれる機構や，地震の際の揺れを抑える免震装置などを手掛けている．**マツモト**は，ネギの皮むき機，葉切り機，枝豆もぎ取り機などの各

種農業機器，省力化装置を開発している．

　エスビックは，渋川市から子持村に広がる軽石層を軽量ブロックの主要原料としてブロック製品を製造し，全国シェア11％を占めている．水島鉄工所は，下水道用鉄蓋，通信・電力用鉄蓋，工作機械用部品，特殊車両用部品，農業・河川用水門の設計施工と鋳物製品全般に亘るが主力はマンホールの鉄蓋製造の老舗メーカーである．

　産業廃棄物処理に関連して，ラジエ工業はPTPと呼ばれる薬のカプセル剤や錠剤などのプラスチックシート包装材の60％を再生することでシェア，技術において国内トップメーカーとなっており，再生品は，良質で安価なこともあって床材メーカーに流通させている．キンセイ産業は乾溜ガス化燃焼システムを開発し（第6章参照），エコ・マテリアルは，携帯電話やパソコンなどの電子部品，工場から排出される金属スクラップのリサイクル技術を確立している．

　望月製作所は，繊維産業の機械の修理などを行っていたが，現在は国内で2社だけしかないストラップのひもやリボンなど，細くて長い布テープなどの素材に特化した専用印刷機を製作している．沖電気工業と沖データから分社した沖デジタルイメージングは，世界初のエピフィルムボンディング技術によって，LEDプリンターのプリントヘッドの開発，設計，製造，販売を行っている．

　我々の生活に密着した製品を製造している企業も多い．関東プラスチック工業では，黄色い重厚なプラスチック桶の中央に内外薬品の頭痛薬「ケロリン」の宣伝が印刷され，銭湯や温泉で使われているいわゆる「ケロリン桶」を50年間製造し続けている．また，子育て家庭でお馴染みのキャラクター「ミッフィー」の絵柄が入ったメラミン食器も代表的な製品となっている．東邦工業は，プラスチック成形に必要な金型製作，さらには組み立てまで行う一貫生産システムを全国に先駆けて確立した．しかし，プラスチック成形だけでは会社が伸びないと考え，関連工場との工程別の分業体制を見直し，製品の企画・デザインから金型設計，金型製作，成形，塗装，シルク印刷，

完成組み立てまで一貫生産システムを構築し，商品はノートパソコン，プリンタ，デジタルカメラ，携帯電話，DVD プレーヤー，液晶テレビなど精密機器のボディー部分となっている．

　伝統的な地場産業に目を向けると，**伊藤産業**における鎌倉時代より継承された欄間や障子などの装飾に多く用いられてきた組子文化の継承，**塚田木工所**における組子細工の継承があり，**武井木工**においても，ぬくもりや安らぎのある木工製品の提供，緻密な細工が施されたオリジナル建具の製作に積極的に取り組んでいる．また伝統文化に関連しては，**岡田だるま店**は，明治時代から伝わる高崎独自の縁起物である"張子獅子頭"を製作し，**藍田染工**では，武士の礼装である裃から発達したと言われる江戸小紋を守り抜き，**清水捺染工場，丑丸染物店，中村染工場**では，1598（慶長 3）年に井伊直政が箕輪から高崎城に移った際，染物職人も移住して以来の高崎の染物文化を守っている．

　家具や日用品，身の回りにある製品に目を向けると，**伊藤椅子製作所**では，椅子やソファを張り替え，新品同様の座り心地に甦らせ，**小田川木工所**では，店舗用木製什器，オーダー家具を製作し，**馬場家具**では，日本初のフットレスト連動型リクライニングソファを開発・製造した．**小栗製作所**は，ソファ・椅子の製造会社であるが，何とか愛着のある椅子をより長く使ってもらいたいという思いから椅子のリフォームにも取り組んでいる．**安全基材**では，乗車用ヘルメットの国内トップブランド，アライのヘルメットの骨格である帽体を製造し，**正和**では，看板製造一筋で 45 年，独学でアクリル加工の技術を身につけ，看板や什器製作の分野に加え，デザイン性の高いアクリル製インテリア小物を品目に加えた．**オフィス First** では，防犯・防災機器販売を行っており，ガラスを強化する防犯フィルムの取り扱いに合わせて，フィルム貼りの優れた施工技術を有する．**石井商事**は，製鋼原料の仕入れ・販売業として創業し，金属の再資源化と取り除いた後の不要物の有効利用に取り組んできたが，鉄粉を利用した住宅建材，高性能制振遮音材の製造，炭素繊維と鉄材を使って河川や湖沼を浄化する仕組みを開発した．

岡村鞄製作所では，手作りの銃ケースや装弾を入れるバッグを製造し，国内で革・布製の銃ケースを製造している数少ない事業所となっている．雨ザラシ工房では，オリジナルの鞄やバッグ，財布，ブックカバー，椅子などを製造している．島田製作所では，ボールペンや万年筆，シャープペンなど筆記具の製造を行い，得意技術である深絞りプレス加工によって製作されるステンレス製2色ボールペンは人気商品となっており，リード工業では，イラストや写真，社名やロゴマークが側面に印刷されたキューブ型や晴れ着女性やペットの写真が印刷された直方体型のブロックメモを製造し，一側面が糊づけされ紙が1枚ずつサッとはがせるメモ帳の全国屈指のメーカーとなっている．大友印舗は，明治期から続く印鑑の専門店で，手彫りにこだわり印を刻んでいる．プレジールは，「眠り製作所」のブランドで安眠枕を販売している．京王歯研は，NC制御工作機械など，自動車部品工場のような大型設備を整え，さらには各インプラントメーカーのデータを扱えるように，様々な講習会などにも積極的に参加し，最先端の技術と知識を習得している．

林製玩所では，高崎市最後の玩具職人が昔ながらの電動ろくろを使って，けん玉やコマを精魂込めて作り上げ，成田空港や浅草など様々な観光地のみやげ物店で扱われ，日本を代表する民芸品として人気を集めている．群馬レジンは，国内に数社しかない玩具のカラーボールを製造している．菊屋小幡花火店は，四重芯という五重の輪になる花火を日本で初めて開発したパイオニアで業界内でも屈指の技術力と独特の花火感を持つと言われている．ファインモールドは，キャラクター人形，FRP（繊維強化プラスチック）の製品の企画，設計，造形，製造，販売を行っている．Art & Zakka coppa-houseでは，木っ端の小さな家アート「coppa-house」（コッパハウス）の他，雑誌などのリユースペーパーを折って作る紙袋，同じ紙でコラージュしたマグネットやボトル，木製や布製のバッジなどなど，暮らしの片隅に置いておくと，心に小さな明かりを灯してくれる製品を製作している．里見電気製作所では，長年の電気部品の製造で培ってきた技術を生かして，ステンドグラスランプを製造している．十文字工房では，鉄を自在にあやつり，実用品から

エクステリアまで世界に1つの作品を作っている．**長松管楽器研究所**は，群馬交響楽団でクラリネット奏者を務めていた所長が理想の音を出すために最良のマウスピースの開発を行っている．

スポーツ関係に目を向けると，**西山剣道具店**では，採寸して仕立てるオーダーメードの防具を製作しており，**田胡製作所**は，主に各種機械部品の切削加工を手掛け，多品種少量の製品づくりで3万点を超える加工実績を持つ．その技術を活かし繊細な動きを伝えるゴルフパターづくりを行っている．**太洋防水布加工所**は，救命用やレジャー用のゴムボートの製造を手がける事業所として創業し，今はサーフィン用ウェットスーツの受注生産を行っている．

＊　＊　＊　＊　＊

以上は，2000年以降に「商工たかさき」に掲載された製造業の紹介記事からまとめたものである．全ての製造業企業を網羅したわけではないが，高崎市に立地している製造業は，まさに一社一社に独自性のあるオンリーワン企業であることがわかる．資本力や事業規模に違いはあっても，我々の生活の成り立ちは，これらの企業の技術革新なしにあり得ないことを理解すると同時に，地域経済の担い手として，地域に貢献してくれていることを改めて認識した．

(西野寿章)

注
1) 高崎市立高崎経済大学附属高等学校のスーパーグローバルハイスクール協力企業の一部については，ホームページの掲載記事を参考にして，地域科学研究所で作成した原稿を元に当該企業において加筆，修正を経た記事を収録した．

企業編

第5章
絶えざる創業の軌跡：共和産業

はじめに

　筆者が共和産業株式会社（以下，共和産業）の鈴木宏子社長と初めてお会いしたのは，群馬県企業局の主催するある会合においてである．それはいまから2年前，2015年の6月であった．この会合で鈴木社長は，同社の歴史や近年の取り組みについて報告されていた．彼女は3代目の社長である．その彼女が，事業を継続するには絶え間ない創業が必要であると主張されていたことが筆者の印象に残った．半年後にまた企業局主催の会合でお会いした．今度はある案件について委員たちが意見を述べることになっていた．様々な意味で経験の乏しい筆者の発言と比べると，彼女の発言は的確で，またそれによって企業局の職員たちの信頼を勝ち得ているように見えた．

　すでに説明されているように，本書の「企業編」の趣旨は，高崎市（群馬県下）における活力ある企業を取り上げて紹介する，あるいはその強みを分析するということである．筆者にもそのうちの1章が割り当てられることになったが，そのとき真っ先に思い浮かんだのが鈴木社長の共和産業のことである．本稿執筆のための協力を依頼すると快く承諾していただいた．以下の記述は，主に2016年12月1日および28日に同社で行われたヒアリングの記録にもとづいている（以下，敬称を略します）．

共和産業外観　　　　　　　　鈴木宏子社長

1. 共和産業とは

　共和産業は高崎市島野町890番地にある．芝塚町の上越新幹線を背にして駒形線（国道27号線）を前橋市に向かって進むと関越自動車道の高崎インターチェンジが見えてくる．同社が位置しているのは，その100メートルほど手前にある大きな区画のなかだ．かなり大きな区画で，ほかに巨大な自動車販売会社と，いつ来ても駐車場が車で一杯の商業温泉施設がそのなかで営業をしている．

　同社の正門は駒形線沿いにある．門をくぐるとすぐ左側に本社社屋（技術本館と呼ばれている）が見え，その隣は駐車場になっている．社屋は2階建てのレンガ造り風で来訪者にこぢんまりとした印象を与える．しかしその裏側には，面積にしてこの社屋の3倍はあろうかという第一工場が置かれ，さらにその隣や奥には合わせて5つの工場が並んでいる．各工場内にはマシニングセンター（❶）と呼ばれる最新の汎用工作機械がずらりと並んでいるという．

　現在，共和産業で主につくられているのは，開発試作部品と呼ばれる様々な小ロットの金属加工部品だ．それらを大きく分けると自動車用部品，航空宇宙関連用部品，液晶・半導体関連部品ということになる．いまの社長の代になって集中的に経営資源が投じられるようになった分野だ．これらの部品

❶マシニングセンター（共和産業提供）

は前述のマシニングセンターによって製造される．これは非常に高価な機械で，横から斜めから刃物を入れて非常に複雑な形状の部品をつくることができるので，顧客の試作要請に忠実に応えることができるのだという．ところでこのマシンを扱うのにどのくらいの技能が必要なのだろうか——ふとこのような考えが頭をよぎった——筆者のような文系の人間でも動かすことができるだろうか．しかしこのような疑問は，そもそも試作品の製造フローを理解していないところから生まれたといってよい．試みに顧客の依頼を受けるところからスタートしてこのフローを確認してみよう．

　試作品の顧客は，すでに述べたように自動車や液晶・半導体の部品，あるいは航空宇宙関連の部品を求めて共和産業にやってくる（同社のほうから提案することもある）．そうした要望は同社の技術課と生産技術課に回され，そこでCAD/CAMを使った工程や治具などの設計ならびに加工のための数値制御のプログラミングが行われる．建築でいえば建築士によって図面が引かれる段階，スポーツでいえば監督やコーチによって作戦が練られる段階といったところだろう．設計図やプログラミングは，つぎに製造課に回され，

表 5-1　共和産業株式会社の概要

創立	1946（昭和 21）年 10 月 28 日
資本金	9,600 万円
従業員数	107 名（2016 年 6 月）
年間売上額	2,248 百万円（72 期 2014.10〜2015.9）

そこで段取りと加工という 2 段階の工程を経ることになる．段取りというのは，加工を施される素形材を設置したり，使われる予定になっている治具を設置したり，プログラミングの誤りを発見して修正したりする工程のことで，また加工というのは，そのような段取りを経たうえで，マシンを使って実際に試作品を加工する工程のことである．ここで先のマシニングセンターが登場するのである．なおこうしてできた加工品は，さらに品質保証課に送られ，非接触三次元測定機などによってその完成度が評価される．そしてそれらはまた製造課に戻され，バリ取り，洗浄などの仕上げが施され，最後に梱包されて出荷を待つことになる．

　先の疑問はナンセンスであったことがわかる．そもそも 1 人でマシンを扱っているわけではないのだ．一連の作業に携わる人は総勢で 80 名ほど（ただし重複している可能性あり），実際にマシニングセンターを動かす加工の工程だけでも 20 名はいる．たしかに高崎市内の産業技術専門学校で 20〜30 時間の講習を受ければ，初歩的なプログラムを組んだりマシニングセンターを少し動かしたりできるようになるかもしれない（ただし講習料はけっして安くはない）．しかし他の部署との協働が不可欠なこの製造フローのなかで，筆者の初歩的な技能が深刻なボトルネックになることはまちがいないだろう．のちに述べるような同社の多品種少量生産に筆者が対応できるようになるには，もしかすると数年，あるいはそれ以上の経験を積まなければならないはずなのだ．

　以上で同社の現在地，社屋と工場，そして主たる製造活動を紹介してきた．残る基本的な情報については表 5-1 を参照してほしい．

2. 絶えざる創業の軌跡

いまでこそ高度な技術を必要とする試作品の製造に携わっているが，1975（昭和50）年までの同社はじつは商社であった．創業者である祖父の代の話だ．その後，2代目（宏子社長の父）のときに商事部門は他社に譲渡され，それまでサブの扱いであった製造一本でやっていこうということになった．そして現在の多品種少量生産にいたるのだ．歴代社長の経歴とともに，この業容の変遷を追いかけてゆきたい．

*

創業者は現社長の父方の祖父にあたる人で，鈴木義雄さんという．義雄の評伝によれば，彼は1899（明治32）年に現在の京目町，かつての京ヶ島村の裕福な農家に生まれ，あまり勉強はしなかったけれども試験はできるタイプで，ケンカも強く，小学生のときは音楽の授業が好きだったらしい[1]．小学校を卒業すると親代わりだった長兄の支援もあって県立前橋高校の前身である前橋中学に進学し，剣道に夢中だったのでやはり勉強はあまりしなかったけれども，上位の成績で卒業することができたという．

義雄が共和産業を興すのは，まだずっと先の話だ（47歳のときだ）．卒業後の1920（大正9）年，彼は前橋市内にあった明治商業銀行に就職した．同行は3年後に買収されて安田銀行前橋支店となったが，そのころから彼は貸付担当として次第に頭角を現し始めた．評伝によると，そこで彼の企業経営を見る目が鍛えられたという．貸付担当として成功するには，融資先企業が置かれている複雑な状況を分析して総合的な判断を下さなければならない．さらに案件が大きくなるにつれ，貸付担当にかかる重圧も増してくる．貸付担当に必要な能力について，評伝では古美術商のたとえが用いられている．──古美術商としてやっていくには鑑識眼を鍛えさえすればよいというものではない，失敗すれば損をする覚悟で自分で売買をしなければならない，その真剣勝負を経ているかどうかでアマとプロの差がつく──ということなの

だそうである．

　この点にかんして義雄が株式投資にも強い関心を示したことは，彼の企業経営への関心が並みの水準ではなかったことを物語っている．評伝はいう．「銀行業務の中で鍛えた鈴木の眼力に狂いはなく，その（株式）投資は着実に成果をあげ，企業に対する鑑識能力をますます高めるとともに，後日，経営者として出発するにあたっての軍資金を蓄積していったのである」（25頁）．

　ここで一気に時間を進め，共和産業の創業の場面に移ることにしよう．経緯はこうである．1938（昭和 13）年，義雄は長く勤めてきた安田銀行を退職し，知りあいだった人の興した軍需工場の取締役となっていた．それはもともと三鷹市にあった．しかし空襲による大都市の軍需工場の壊滅を恐れた軍部によって地方への分散疎開を命じられ，彼は高崎市並榎町と群南村のふたつの工場の責任者となった．しかし新工場の操業開始前に敗戦を迎えて計画はあえなく頓挫，戦後まもなく再起を図るも，同社の福井工場が焼失し，新たな門出は見送られることになってしまった．仕入れ先と販売先はすでに目途がたっており，有力企業との販売契約も取り付けてある．彼は同社の社長と相談し，独力で会社を興すことに決めた．こうして 1946 年，資本金 3 万 7,500 円のベンチャー企業が高崎で産声をあげたのである．

　共和産業がはじめは商社として工具類を扱っていたということについては，義雄の工場経営の経験が関係している．実際，旋盤やボール盤などの手動式の工作器具が，戦前からつきあいのあったメーカーに供給されていたからだ．しかし彼は，商機は製造業にありと早くから判断していたようである．同社の製造部門の設立は 1954 年だ．そして 60 年代に入ってからは自動車部品の量産を始めている．事実上，ここで商社から製造業へのシフトが本格化したということができるだろう．

　最後に創業者に対する筆者の印象を述べておこう．現社長によれば，祖父は根っからの商人だったということである．それがもし先の古美術商のたとえで示されていたことを意味するならば，筆者にもそのように感じられた．

時代の要求を機敏にとらえて事業計画にまとめあげる手腕はたいしたものである．だがそれと同時に，事業経営の怖さを人一倍理解していた人物だったということもできよう．評伝にはつぎのように書かれている．「銀行マンとして，戦前の大恐慌，戦時下から敗戦にかけての経済の大変動をも身を以て体験してきた鈴木は，好況の時には不況時に備え，不況の時には好況時に備えるという心がまえを忘れたことがない．高度成長のもとで増大した収益は，技術の高度化，幹部社員の育成に集中的につぎこまれたから，石油ショック以降の引き締め基調の中でも，好況に浮かれた過大投資によって金利負担に悲鳴をあげている多くの企業のような苦労はせずにすんでいる」(45頁)．

　この堅実さは，筆者の考えでは，ランダムネスに左右される証券取引に義雄が肩までどっぷりつかっていたことからもたらされた（のかもしれない）．最悪の事態に備えてつぎの出口を確保しておくことは，この世界で生き残るための条件だ．このように考えると，彼が共和産業の創立から2年後に証券会社を設立したのもうなずける．つまり彼は，事業経営と投機は本質的には似たものであると認識していたのではないだろうか[2]．

＊

　現社長の父，2代目社長の鈴木泰而(やすじ)さんの評伝はまだつくられていない．したがって現社長からうかがった同氏のエピソードや彼の社長時代の会社にかんする記事を紹介することで満足しなければならない．

　筆者は泰而の学生時代の逸話を聞いた．明治大学在学中に，父つまり義雄の証券会社でアルバイトをしてけっこうな収入を得ていたという話だ．見よう見まねで投資を覚えた彼は，学生たちから集めた金を運用してもうけを分配するビジネスをやっていた．学生なのに高級スーツを着ていたので，母に不思議がられたという．商売の才覚があったというべきだろう．

　大学卒業後は富士機械株式会社に就職し，主に営業を担当していた．やがて父の経営する共和産業に入社し，ここでも営業畑で経験を積んだ．

　先の評伝によれば，1974年時点における共和産業の事業内容はつぎのようである．当時同社には製造部門と商事部門があり，それらは独立採算の事

業部として組織されていた．製造部門では①自動車部品，②電機機械部品，③自動機器，④工作機械専用機および搬送機，⑤熱処理加工の製造や設計が主たる活動であった．他方で商事部門の活動内容は記述されていない．つまり評伝のなかでは，同社は製造業として認識されているのである．ところが実際のところ，製造部門は全体としてみればサブの扱い，つまり商事部門のための補助部門にすぎなかった．商品を売るためのデモンストレーションを担当する部門にすぎないと社内では思われていたのである．

　この状況を変えたのが，翌年，義雄に代わって社長となった泰而である．名実ともに製造業でありたいと願った彼は，収益の大部分をあげていた商事部門を切り離して他社に譲渡してしまった．これは非常に大きなかけではあったが，彼には成算があった．——自動車や電機機械の部品の量産は好調だし，新分野，つまりすでに製造がスタートしている工作機械専用機の分野が大変有望ではないか——．どうやら彼は，これまでに積みあげられた技術を生かして，共和産業を専用工作機械のメーカーにしたいと思っていたようなのである．

　泰而が共和産業の社長として行ったことは，つぎのようにまとめられる．一言でいえば，すでに進みつつあった製造業へのシフトを完成させ，さらにそれを加速させた，というような感じだ．しかしもう少し詳しくいうと，1980年代半ばまでは同社を部品の量産も行う専用工作機械メーカーへと導き，そしてその前後から汎用工作機械（マシニングセンターのこと）を使った試作品製造の分野へ方向転換を図ったということになるだろう．最後にこの方向転換の経緯を説明しておく．日々の活動のなかから次世代の事業の芽を見出す具体例だと思うからだ．

　専用工作機械というのは，ある特定の製品を正確に速く大量につくるための機械ということができる．同社が80年代半ばまでつくっていたのがこれだ．当然，顧客は自動車なり家電製品なりの部品を大量生産するためにこれを購入するわけである．ところがちょうどそのころから日本のメーカーの海外移転が目立つようになり始めた．プラザ合意後の円高がその背景要因だと

考えられる．さらに自動車についていうと，下請け会社の多くは多品種少量生産を求められるようになったらしい．そうすると専用工作機械の需要は下火になってくる．共和産業としては次世代のビジネスを模索しなければならない．そしてその次世代のビジネスというのが，汎用工作機械を用いた試作品製造なのである．

　新分野は専用工作機械を納入した顧客の工場で発見された．というのは，同社は工作機械を納入するに先立って，その顧客が立ち上げようとしている製造ラインのことも理解しておかなければならなかったからである．このことは，新ラインの構想というような，工作機械の需要の背後にあるメタ情報を知るということに等しい．そしてそこでは，顧客が求めている潜在的なニーズを見出す可能性が生じる．たとえば，顧客企業の技術担当者や試作担当者との関係が深まり，あるとき彼らから「こういうのをつくりたいんだけど共和さんつくれますか」とか，「専用機でつくる前に本当にそういう精度が出るのか試してくれないか」というような要望が出てくるかもしれないのである．共和産業の場合，このような顧客のニーズに応えたことが，汎用工作機械による試作品製造というビジネスにつながったわけである．

*

　現社長である鈴木宏子さんの評伝もまだつくられていない．以下の記述は基本的にご本人へのヒアリングにもとづく．

　共和産業に入社するまでの宏子の略歴はつぎのとおりである．すなわち県立高崎女子高校を卒業後，コロラド州のデンバー大学で経営学と会計学を学び，ロサンゼルスの著名な会計事務所で働いていたところを父の泰而に呼び戻されて同社に入ったとのことである．

　入社後は経理畑を歩むことになった．携わったのは主に原価管理と会計システムの合理化である．そのころの業績を宏子はつぎのように語った．「私が入ったときは経理って大福帳とそろばんだったんです．私はそろばんができなかったので，オフィスコンピューターとかソフトを入れていって…．また大福帳ってよくわからないんですよね．でも日本の会計原則は全部イギリ

スやアメリカから来てますから，原則さえわかればいいかなと思って…．それで会計ソフトを入れていったんですね」．

　また給料の現金払いも改めたという．「あと細かいことでいうと，お給料も現金で渡していたんですけど，それも給振にして，その代わり社内にキャッシュディスペンサーを導入しました．現金へのアクセスがないと従業員が不便ですからね．で，銀行と交渉して社内 CD 機を入れてもらったんです．給料の袋詰め作業って手間がかかりますよね？」．

　しかし宏子が 30 歳になったあたりから，泰而が体調を崩したこともあり，父の補佐として少しずつ営業を任されるようになった．時期的には専用工作機械の製造販売から撤退したあとのことだ．取引先の世代交代も始まりつつあった．父より若い世代の担当者とのミーティングが増えてきたのである．そして 1990 年代に入ると，彼女は生産管理や品質管理のプロジェクトにも関与するようになっていった．

　宏子が社長に就任したのは 2000（平成 12）年である．就任直前に発行さ

❷自動車開発試作部品(左)とロケット・航空機・宇宙関連部品(右)（共和産業提供）

表 5-2　宏子社長就任後の投資実績

年月	内容
2002 年	同時 5 軸制御横形マシニングセンターの第一次シリーズ化完了
2004 年 1 月	第五工場新設（液晶製造装置関連）
2007 年 4 月	第六工場新設（R&D 関連の開発・試作部門）
2014 年 9 月	ヤマザキマザック製立形複合加工機設置完了
2015 年 2 月	ファナック製高生産型マシニングセンター　ロボドリル 2 台設置完了
2015 年 12 月	牧野フライス製作所製マシニングセンター 7 台設置完了
2016 年 10 月	牧野フライス製作所製マシニングセンター V77 設置完了

（出所）共和産業ホームページとヒアリングをもとに筆者作成．

れた『商工たかさき』を見ると，すでに同社が試作品加工分野へ大きく舵を切っていたことがわかる．同誌は同年6月に稼働を始めた第四工場に触れ，さらにこの時点での泰而の考えを報じている．「これにより（共和産業は），量産品加工と試作品加工の比重を従来の半々から，大きく開発，試作品加工側にシフト，先端の超精密部品加工を専門とするメーカーへの転身を遂げることになる」[3]．彼女が社長としてかかわってきた投資実績を見ても，それらが試作品加工メーカーとしての地位の確立を目指すものであったことは明らかだ（表5-2）．したがって彼女は，基本的には父の路線を踏襲したということができるだろう．ただし彼女は，実際には父が考えていたよりもラディカルに行動した．リーマンショック以降，同社は量産部門から撤退し，完全に試作品加工メーカーへと転身してしまったのだ．

その決断は，おそらく商事部門を切り離したかつての父の決断と同じくらい重かったはずだ．量産の撤退をめぐって父との対立があったとも聞いている．だがこれまでの文脈からすれば，そこに不自然なところは何もない．本章の冒頭で紹介したように，同社の歴史を絶え間ない創業の歴史と規定したのは，ほかならぬ彼女だからである．

3. 筆者の関心事

ここで共和産業三代記の文脈から離れ，同社の現在を描写することにしよう．以下はそのためのイントロダクションである．

冒頭でも述べたように，筆者は現社長に2度のヒアリングを行った．1度目に筆者が投げかけたのは，ある意味では型どおりの質問であった．たとえば，①同社が70年の歴史を持つ企業であること，②その歴史のなかで事業内容を大きく転換した時期があったこと，③その転換期における同社とステークホルダーとの関係性のこと，などにかんする質問だ．あるいは「長寿企業の特性」というようなアプローチでヒアリングをさせてもらおうと考えていたといってもよい．しかしヒアリングを終えたとき，そのような形式的な

ことではなく，もっと具体的でもっと現実的で，もっと切実な話を聞かされたのだ，と筆者は実感した．すなわち，経営者の直面している課題，将来の方向性の模索，現在の社内の諸資源の状態とその配分，経営者の負っている責任などについてである．

そこで2度目のヒアリングでは，細部の確認にかんする質問とともに，現社長の代になってなされた業容の転換，すなわち量産部門からの撤退と，それ以前から追求されてきた多品種少量生産への資源の集中をめぐる意思決定の問題を中心に，社長として考えてこられたことを尋ねてみることにした．

併せて，彼女のある1日のスケジュールについても聞いてみた．その趣旨は，H・ミンツバーグの『マネジャーの仕事』にもあるように，経営者の仕事がいかに多彩であるかということ，また経営はサイエンスではなくアートであるということを感覚的につかんでみたいと思ったからである[4]．

4. 量産からの撤退と父との衝突

設備投資などの大きな案件については，会長であり同時に大株主でもあった泰爾の意向が強く働いていたそうである．しかし量産からの撤退という宏子の決断は，こういういい方が適切かどうかは別として，ある意味では会長の頭越しになされたといえる．父自身も普段から量産をやめたいと口にはしていたようだが，本気ではなかったようなのだ．彼女は，ある取引先メーカーとの契約を終わらせたときの様子を語ってくれた．量産撤退の引き金を彼女が引いたときの話だ．

「やっぱりリーマンショックというのが，時代のものすごい変動を垣間見るチャンスだったんですね，私にとっては．で，やっぱりそのときに決めたんです．で，あるメーカーの量産契約を返上してきたんです．でも父に「まさかおまえ，本当に返上したのか」って本当に震えてしまうくらい怒られて…．「どうすんだ，これだけキャッシュフローがあるんだろう？」っていわれたんです」．

泰而の主張は当然であったともいえる．なぜなら量産は，その会社に安定した収益をもたらすからだ．普通のメーカーは，試作品や発明品を量産する方向に持っていく．実際，同社でも祖父の代に，ボールジョイントという自動車の足回り部品を改良し，そこから量産に入っていった経緯がある．

だがそうした量産ビジネスは，あくまで一般論だが，絶え間ない技術革新の進む領域や需要減退に由来するデフレ経済のもとでは逆に大きなリスクを抱え込むことになる．量産のための大規模投資がそれらのせいで無駄になってしまうシナリオを無視できないからだ．宏子が社長になったとき，すでに同社をめぐる環境は音を立ててこの方向へ突き進んでいた．彼女は経営者としてそれを肌で感じていたはずだ．

2008年のリーマンショックは，幸か不幸か，共和産業にとって量産撤退に現実味を与える事件でもあった．

「リーマンショックのときには量産の仕事が75パーセントも落ちたんです．量産メーカーだと普通はやっていけないじゃないですか．でも私たちには多品種少量生産というのがあって，結果的に黒字を計上することができたんです」．

「多品種少量生産というのはマシニングセンターを使って行うわけですが，仕事を取ってくればそこは稼働させることができるんです．量産ラインだとこうはいきません．工程能力を25パーセントに抑えても，そのライン自体は簡単には変えられないんですね」．

「要するにあの時代，新車は動かなかったんですけどアフターパーツは動いていたんです．それでその仕事を取ってくることによって，量産部門の人たちをマシニングセンターのほうに移動させて…．要は仕事さえ取ってくれば利益が出る，それで黒字になったわけなんです」．

つまり量産部品の受注が75パーセント減少しても，多品種少量生産によって黒字化を達成できたのだ．すでに経営環境は量産に不向きな状況になっている．技術革新の間隔は短い．金融危機もまた起こらないとは限らない．これ以上，量産にすがりつく必要があるだろうか．

またリーマンショック後の状況は，量産撤退に有利な条件を形成していた．通常，量産メーカーはその部品の供給責任を負わなければならない．つまり何らかの原因で需給が逼迫しているときには，量産を撤退しようとしてもその代わりを引き受けてくれる会社を見つけることができない．だから結果的に量産をやめることができないのである．

　「でも（リーマンショックのあとは），量産の仕事をやりたいっていう会社がけっこう簡単に見つかるので，なんかチャンスかなと思ったんですね．ここで降りないと一生降りられないような気がして…」．

　ただし彼女によれば，量産手法を捨てたわけではないという．それは不安がる従業員を説得するための口実に使われもしたが，理由はもっと現実的なことである．すなわち，これまでのような（たとえば）月産15万台とか20万台の量産を目指すことは，すでに述べたような理由からリスクが大きい．大量生産ではなく中量，あるいはローボリュームの生産というのが現実的だ．現在はその受注を狙っているのである．要するにビジネスの手法を現実に合わせているだけなのであって，チャンスがあればいずれ量産も行われるのである．それに量産によってもたらされるキャッシュフローは，次世代の投資への原資となるのだから，それを軽視する経営者はいない．

5. サービス製造業へ向けて

　多品種少量生産でやっていくということは，共和産業の活動をどのように変えるのだろうか．宏子はサービス製造業という考え方を筆者に教えてくれた．

　量産から多品種少量生産への変化をビジネスという観点から素朴に考えれば，以前と同程度の収益をあげるためには品種の数を増やさなければならない．以前にひとつの部品を20万点つくっていたとすれば，これから一品ものしか受注しない場合，20万種の部品を扱わなければならないということになる．もちろんこれは極端なたとえである．しかし方向性としてはそうい

うことなのだ．

　サービス製造業というビジネスモデルをもう少し正確に表現しよう（なお技術開発系の諸活動はここでは無視する）．まず共和産業の保持している加工技術が商品である．社員はこの技術が可能にすると考えられることをできるだけ多くの潜在的な顧客に対して提案してゆく．もちろんそのためには，現場に入り込んで顧客の情報を共有しなければならない．そしてそれらのなかで見込みのある案件に対して投資が行われ，ようやく製造・販売ということになる．

　モデル内の一連の活動のなかで，サービスの提案と顧客との情報共有，つまり営業活動に相当な比重がかかっていることがわかる．実際彼女によれば，量産時代には「系列間での営業や受注待ちの営業」でよかったけれども，多品種少量生産を始めてからは得意先の開拓に並ならぬ努力を傾注しなければならなくなったという．

　したがって営業活動は大きく変わらざるを得なくなった．新しい取引先を毎年1社は開拓しようというスローガンのもとで，まずは営業担当の意識改革が行われた．

　「たとえば「営業で必要な情報は何だと思う」って聞いても，わからない人が多かったんですよ．「それはあなたの競争相手のことですよ，まずはその会社を全部リストアップしてください」っていいましたね．…参入するっていうことは，ある意味，相手から仕事を奪い取るわけですから．まず，そういうところから始めていったんですね」．

　ところでこのような基本的なことのほかに，営業の戦略とでもいうべき思考法があるようだ．同社では「技術の水平展開」と呼ばれているようだが，それは現在同社が保持している技術の他分野への応用可能性とその製品化の模索というような複雑な思考のことではないかと思われる．おそらく営業担当者はこれを身につけることを期待されているのではないだろうか．

　「多品種少量生産に移っていくときに「技術の水平展開」という考え方がでてきました．あるメーカーの製品に使われている部品を見たときに，あれ

は誰がつくっているのだろうかというような…，四六時中そんなことばっかり考えていましたね．うちの加工技術で対応できないか，そのための設備は何か，ソフトはどんなものが必要か，そういうふうにしてターゲットを絞ってそして参入していくっていう（ことをずっとやっていました）」．

なお彼女は，製造現場にもサービス製造業という考え方を浸透させようとしている．全社的に営業（セールス）を意識させたいという意向なのだろう．

「現場はつくることがセールスなんだっていうことなんです．顧客のニーズ，つまり何のために何を必要とされてるのかをわかってないとモノはつくれないですよね，というところを理解してもらうために，とりあえずセールスという言葉を使ってみたんです．…一人ひとりのスキルと実力が売り上げの重要なファクターだっていうことをわかってもらおうと思ったんですよ」．

6．米国への進出

2015年10月，共和産業はシリコンバレーに事務所を構えることになった．翌年6月にはミシガン州ノバイに現地法人が設立された．以下では同社の今後の発展に寄与するであろうこの海外展開の経緯を紹介する．

発端は2013年に遡る．この年同社は，ある商社を通じてもたらされた上海GMへの試作品供給ビジネスに携わったのだ．同社初の試作品海外輸出であった．このときに宏子が得た感触とは，太田市の国際貨物ターミナルを使えば短納期を達成できるということや，そこそこ割に合う仕事であるというようなことだったそうである．ただし，なぜGMがミッションケースというコア部品の試作を依頼してくるのかという疑問は残った．

しかし翌年，デトロイトで開催された自動車技術博覧会に参加したとき，その疑問は解消した．現地のエンジニアたちによれば，リーマンショックでダメージを負った米国のビッグスリーは，合理化につぐ合理化でコア部品の試作ですらもはやインハウスでやっていない，つまり内製していないというのである．

その後，試作品輸出の可能性を思案しているうちに，彼女はジェトロが輸出をサポートしてくれるらしいことを知った．ジェトロのプロジェクトに採用されると2年にわたって情報提供やマーケティングなどのサポートを得られるというのだ．そこでプロジェクトにエントリーすると，──詳細は不明だが──エントリーの支援のためにジェトロ本部から職員がやってきた．そしてヒアリングなどの手続きを踏んでいるうちに，シリコンバレー・イノベーション・プログラムというのがあるので応募してみてはどうかと彼女に勧めたのである．

　このシリコンバレー・イノベーション・プログラムとは，簡単にいえば日本の中小企業がシリコンバレーで起業できるように支援するジェトロの別のプログラムである．彼女は急遽TED風のプレゼンビデオを提出するとあっさり一次審査に合格し，そして六本木での1週間のブートキャンプを経て，めでたく採用ということにあいなった．採用されると現地事務所の無料レンタルや，売り込みのノウハウを教えるメンターのサポートという特典が付く．さらに現地の投資家や企業にプレゼンすることができる．

　シリコンバレーにはテスラモーターズやグーグル，それに医療系メーカーなどがあり，宏子は実際にそれらの企業でプレゼンすることができた．そして加工技術の水平展開に有利な環境であると感じられたので，彼女はこの地に共和産業の事務所を構えることに決めたのである．

　そうこうしているうちに本命のジェトロのプロジェクトにも採用された．そしてジェトロの勧めで，今度はデトロイトのある展示会へ出品することになった．そこで様々な情報を得られるというのが理由だ．たしかにそのとおりで，たまたま同社の反対側のブースで展示していたドイツメーカーから有益な情報を引き出すことができた．彼らがいうには，自分たちはビッグスリーに試作品を供給している，素形材から加工までをドイツで行ってから米国へ輸出している，ということらしい．それはまさに共和産業が目指すビジネスモデルであった．ただし機密保持の問題があるので，米国企業は現地法人を置いている試作品メーカーとしか取引しないということらしい．

表 5-3　米国進出までの経緯

2014 年 9 月 16-18 日	デトロイトで開催された Electric & Hybrid Vehicle Technology Expo2014 に出展
2015 年 9 月 24-25 日	ジェトロ・イノベーション・プログラムに選出
	シリコンバレーで開催された Tech Match Japan に参加
10 月	カリフォルニア州にシリコンバレー事務所を開設
10 月 20-22 日	デトロイトで開催された Engine Expo2015 に出展
2016 年 4 月	ミシガン州にノバイ事務所を開設
6 月	米国現地法人設立

（出所）共和産業ホームページとヒアリングをもとに筆者作成．

　設置したばかりのシリコンバレーの事務所には法人格が付与されていない．ジェトロのアドバイスでセールスレップ（個人事業主のセールスマン）を使ってやってみる手はあるかもしれないということになり，急遽ブースに"Looking for an Engineer Sales Rep"と書いた模造紙を張り付けると 20 名がやってきた．その後，やはり現地法人を立ち上げたほうがよいという方向に話が進み，2016 年 4 月にミシガン州ノバイに事務所を開設，そして同年 6 月には法人格を取得した．現法の社長には日本でリクルートした人物が就くことになった．

　そういうわけで同社はいま，米国にふたつの足掛かりを置いている．ひとつは主に医療系製品にも技術の水平展開を図ろうとするシリコンバレーの事務所，もうひとつはビッグスリーへの試作品供給ビジネスを模索しているミシガン州の現法だ．しかしどうしてこんなに速く動けるのだろう，ほかにも仕事を抱えているはずなのに？「（いろんなことを同時にやっているので）いつもガチャガチャしてるんですよ」と彼女は平然としていうが，そのバイタリティーには驚かされる．なお表 5-3 にこの間の経緯をまとめた．

7．ある 1 日のスケジュール

　経営者の仕事は長い間ブラックボックスのなかにあった．ミンツバーグの労作『マネジャーの仕事』によって，われわれは彼らの仕事や役割をかなり

❸カリフォルニア州シリコンバレー事務所(上)と，ミシガン州ノバイ事務所(右)（共和産業提供）

体系的に知ることができるようになったといえる．というのは，1930年代以降，POSDCORBという用語によって経営者の仕事が理解されたことになっていたからだ．POSDCORBとは計画化，組織化，人員配置，指揮，調整，報告，予算化の英語の頭文字をとってつくられた用語である．このマニュアルの索引のような用語が現実の経営者の仕事を人々に理解させることは，おそらくなかったのであろう．

　ミンツバーグが『マネジャーの仕事』でやった仕事とは，経営者に与えられている役割群を明らかにして，これまで経営者の仕事の目的と見なされていたものとそれらを結び付け，さらにその目的を達成するために用いられる手法をも描いてみせたということなのではないか，と筆者は考えている．経営者の実際の活動を観察することによって現実的な経営者の仕事を描くことが可能になったということもできよう．

　現実的という意味で筆者がもっとも面白いと思った箇所は，第三章の「マ

ネジャーの仕事にある明確な特徴」だ．それによれば経営者は，山のような仕事を間断のないペースで行い，その活動は断片的で短時間で変化に富み，また現実的な活動を優先させる傾向がある．これまでの記述からも示唆されていると思うが，共和産業における宏子社長のはたらきは，ミンツバーグの描写を裏付けているように筆者には見えた．

　筆者は以下で彼女の1日のスケジュールを紹介することにしたい．すでに述べたようにその趣旨は，経営者の仕事がいかに多彩であるかということ，また経営はサイエンスではなくアートであるということを感覚的につかんでみたいと思ったからである（筆者自身の好奇心を満たすという意味もないわけではない）．いずれにせよ，これで社長の仕事の全貌を描けるわけではないものの，読者の理解の一助となるかもしれず，あえて本書の趣旨から外れてしまうことも恐れずに試してみたいと思った次第である．

＊

社長：朝起きるのはもう決まってるんですよ．4時半ぐらいかな．

筆者：早いですね，随分．

社長：そうですね．で，まずBSのニュースとかひととおり見るんですよ．12チャンネルの『モーニングサテライト』とか，あの辺をとっかえひっかえ見てるんですね．

筆者：それはやはり世界情勢を．

社長：そうですね．BSはけっこうあの時間にやってるので．CNNとかBBCとかもダイジェストでやるじゃないですか．そういうのをちょっと見ながら，その間，新聞を読んだりもします．それで会社が8時10分から始まるんですが，朝礼って出ないんですよ，私．みんな各職場でやってるので．で，たいていは営業に出ちゃうんですね．たとえば新規開拓もありますし，さっきいったように20社クライアントリストのどこかに行くみたいな感じですよね．わりと昼間は会社にいないですよね．

筆者：会社にはあまりいらっしゃらない？

社長：いないですよね．あと会合とかもけっこうありますよね．

筆者：本当にタフなんですね．

社長：会社にいるときは来客の対応とか．で，帰ってくると社内会議をやったりするんです．営業のみんなも帰ってくるので．だから夕方5時以降の会議がけっこう多いんですよ．たとえば定例だと安全衛生委員会とか，営業会議とか，品質会議とか，そういうのがどちらかというと5時以降からあります．夜の会議もわりと多いですね．あとは土曜日の午前中とか．

筆者：土曜日の午前中に会議ですか．

社長：あと，うちは二直制のシフトなんです．一直が大体8時10分から夕方5時10分で，二直は5時10分から夜中の2時ぐらいまであるんですね．で，その後は無人化で加工を流すんですけど，たとえば何かの会議をするときは5時以降が都合がいいんです．5時ごろに全員がそろうじゃないですか．なので安全衛生委員会とか，あとは改善プロジェクトの発表会とかを毎月やるんですけれども．そういうのは全部5時以降なんですよ．だから営業から帰ってきて5時から8時まではけっこういろんなことがあります．で，8時から10時とか11時ぐらいまではデスクワークみたいな感じですかね．本当にそんな感じですね．それでうちに帰ってご飯食べて，1時に寝るみたいな．

筆者：ほとんど寝る間もないですね．

社長：大体3，4時間ぐらいですよね．多分平均でそんな感じですよ．だからやっぱり多種少量生産の宿命は「常に営業」みたいなところがあって….細かいことをいうと，もっといろんな雑務がいっぱいあるんですけど，でも基本的な時間の使い方っていうのはそんな感じです．で，そこにいま，月に1週間の海外出張が入ったので，さらにめちゃくちゃな状況で訳が分からないっていう（ような状態です．

おわりに

　高崎市に拠点を置く企業の紹介という本稿の性質上，ここであらためて書くべきことはないと思う．共和産業のロケーション，事業内容，歴史，そして現社長の取り組みをなるべく具体的に記述したつもりだ．

　筆者がここで繰り返しをいとわずに強調しておきたいことがあるとすれば，それは経営者の実際の仕事について，またその観察から仄見えてくる経営者のメンタリティーについてである．本稿の登場人物である宏子社長の実際の仕事やこれまでの決断，さらに彼女のバイタリティーから，読者は何かを感じとったはずだ（と思いたい）．経営者の仕事は，今回の観察から判断する限り，やはりアートなのであってサイエンスではない．いいかえれば，直観と判断力（とリスクを負う勇気）を頼りにする仕事なのであって，理性が働く余地はそれほど大きくないように思われた．やってみなければわからないという側面があるのだ．あるいは，それは自転車の構造を知らなくても実際に自転車に乗れるような知識に似ている，ということもできるだろう．

　しかしなぜそうなるのだろうか．これについては，ミンツバーグの著書のなかにあったロープのたとえから示唆を得ることができると思う（ただしマープルズの見解の引用である）．

　「…マネジャーの職務をいろいろな長さの繊維でより合わされたロープとして描くことが有益だろう．各々の繊維は解かれるべき課題のことであり，そしてその長さとは時間だ．それぞれの繊維は，観察可能な「出来事」のなかで一度ならず現れる．マネジャーの職位が高くなるほど繊維は長くなり，また課題が絡み合うほど「出来事」のなかでそれが観察される機会が増す．もっとも重要な経営者の技術とは，多くの「出来事」に現れ，また長期にわたって続くような，そうした課題を数多く手掛けることなのかもしれない」[5]．

　経営者の仕事の複雑で総合的な性格をうまく表しているように思う．あえて一言でいえば，経営者とは様々な課題（場合によっては解決の手法すら定

かではない課題）を次々と課される役回りを務める存在なのだろう．

　宏子社長に接することで，筆者は初めて以上のことを認識するにいたったのである．

（井上真由美）

［謝辞］ここにあらためて鈴木宏子社長のご協力に感謝申し上げます．

　注
1) 産業研究所編『異色の経営者――鈴木義雄の足跡』（産業研究所，1975 年）．
2) なお，農業と投機も密接な関係にある．
3) 「"超高精密"最先端を追求――共和産業（株）」『商工たかさき』（No.573, 2000 年 9 月）6-7 頁．
4) H・ミンツバーグ（奥村哲史・須貝栄訳）『マネジャーの仕事』（白桃書房，1993 年）．
5) Marples, D.L. (1967) Studies of Managers: A Fresh Start?, *Journal of Management Studies*, 4(3): 287.

第6章
燃焼科学システムの創造：キンセイ産業

はじめに

　高崎市に世界で唯一の「乾溜ガス化燃焼システム」を開発し，世界から注目されている焼却炉メーカー・キンセイ産業がある．この「乾溜ガス化燃焼システム」の開発によって処理の難しい廃棄物が燃焼処理され，エネルギーの節約と環境保全に貢献している．この技術は，他の焼却炉メーカーの追随を許さない先進的技術となっており，しかも開発された技術は，基本特許を中心に，その周辺を改良特許，周辺特許，応用特許で取り囲む特許群を形成することに成功し，独占的状況を作り上げている．特許は，日本に留まらず，アメリカ，EUをはじめ，アジア諸国でも取得し，国内外に広くキンセイ産業の技術は広がっている．中小企業の経営には，様々な困難がつきまとうが，キンセイ産業は不屈の精神で様々な困難を克服してきた．その結果，売り上げは順当に伸び，毎年，新規採用も行われている．また経営者と社員および社員の家族とのコミュニケーションを大切にする社風には注目すべきものがあり，中小企業の発展モデルの1つと捉えられる．

1. 創業，焼却炉専門メーカーへ

　高崎市矢中町にある株式会社キンセイ産業（代表取締役社長・金子正元氏，従業員80名（2017年1月現在），資本金5,000万円）は，焼却炉メーカー

として世界的に注目を浴びている企業である．キンセイ産業は，新潟県見附市から高崎市にやって来た金子正元氏28歳の時に設立された．工業高校電気科を終えた金子氏は，家庭の事情から叔父の経営する撚糸工場に勤務して経理を担当していた．ある時，叔父から高崎市の電気機械メーカーが電気に詳しい人材を求めているとの話があり，高崎市に来たという．電気の専門家として，その企業に貢献し，短期間で役員に就任した．

金子正元社長（筆者撮影．以下同）

金子氏は，1967（昭和42）年に特殊電気工事と電気製品を本業とした有限会社金正産業を設立した．創業時のメンバーは6名であった．創業当時の金正産業は，電気工事のみならず，自動車修理，塗装，内装，看板の作成など，話が来た仕事は何でも引き受ける「万屋」であったという．創業当時は，仕事を受注しても見積ができず，会社運営は困難を極め，社員の給与の支払いも滞る事態となって，社長所有の家財を現物支給したこともあったという[1]．こうした創業期の苦労は，今日，社員とその家族を大切にするキンセイ産業の社風を作り上げている．

キンセイ産業工場棟

1971年，東京事務所を開設し，株式会社とし，社名を当時としては珍しいカタカナによるキンセイ産業[2]に変更した．この頃の顧客から「このままでは器用貧乏になるのでは，何か1つに仕事をしぼってみてはどうか」とアドバイスを受けたことがきっかけとなって焼却装置製造事業に乗り出すことになった．

キンセイ産業の無煙式焼却炉

キンセイ産業は，1967年に一般普及型焼却炉を発売していたが，焼却炉メーカーとしての最初のヒット商品は，「無煙式」の焼却炉であった．焼却炉に関して特別の知識があったわけではなかったそうであるが，「無煙式」焼却炉の開発は，公害問題や大気汚染問題が顕在化した時代のニーズに合っていた．1972年に New KRR 無煙式焼却装置を開発し，ヒット商品となった．1972年3月に東京で開催された TOKYO 国際公害防止ショーには，独自に開発した高性能水冷式焼却炉を出品している．1973年の第一次オイルショックによって石油製品の価格が急騰し，顧客の活動は大幅に縮小し，キンセイ産業の受注も極端に減少したが，顧客から「廃棄物を熱エネルギーとして活用できないか」という相談を受け，連続乾燥・焼却を可能にしたキンセイ産業オリジナルのロータリーキルン PB 型を開発した[3]．

1977年に発生した第二次オイルショックは，キンセイ産業の開発の柱である乾溜ガス化燃焼システムの開発に結びついたという．原油価格の高騰によって，顧客から温水や蒸気といった熱エネルギーの有効利用の相談を受けるようになり，工場設備に適応可能な大容量の温水，蒸気の回収に適した装置の開発という新しい領域に踏み出すことになった[4]．当時，熱利用のエネルギー源として廃タイヤが注目され，廃タイヤから発生する熱エネルギーで温水，蒸気などを安定供給できる装置が求められるようになったという．高騰する原油から発生する熱エネルギーを，廃棄物が発生する熱エネルギーに代替させることが開発の視点であった．しかし，計算通りの温水・蒸気量が得られないなど，開発は容易ではなかったそうであるが，当時，その廃棄が問題となっていた廃タイヤをエネルギーに有効利用する画期的な取り組みで

もあった．このことがキンセイ産業の運命を決める「乾溜ガス化燃焼システム」開発の第一歩となった．金子社長は，研究開発過程において，燃焼は可燃性ガス，酸素，熱源の燃焼3要素が合わさった化学反応であるとの確信を強くしていったという．

2. 乾溜ガス化燃焼システムの開発

キンセイ産業が独自に開発し，基本特許となった「乾溜ガス化」の「乾溜」とは，不揮発性の固体有機物を空気を断ったまま強熱して熱分解すると同時に，その分解生成物を揮発性有機化合物と不揮発性物質に分けることをいう[5]．キンセイ産業の乾溜ガス化燃焼システムの特徴は，分解燃焼の原理を化学的に解明し，その燃焼の過程をコントロールすることで，従来の焼却炉とは全く異なる新しい燃焼装置を開発した点にある．通常の焼却炉の場合，熱分解と可燃性ガスの燃焼が同じ炉内で行われるため，いわば焼却の混沌が発生し，可燃性ガスの燃焼をコントロールし，完全燃焼させることはほとんど不可能となるが，金子氏の開発した燃焼装置は，燃焼物を過熱によって分解し，可燃ガスを発生させる場所（乾溜ガス化炉）と，発生した可燃ガスを燃焼させるための燃焼炉を分離し，それぞれ効率の良い乾溜と燃焼を起こす技術を組み込むことで，高い熱エネルギーなど従来になかった燃焼効果を導き出した[6]．すなわち，廃棄物を直接燃焼するのではなく，ガス炉で蒸し焼きした後，発生したガスを燃焼炉に送り込み処理するのである[7]．

キンセイ産業の乾溜ガス化燃焼装置の開発目標は，①産業廃棄物処理問題の解

キンセイ産業が開発した乾溜ガス化燃焼装置

決，②地球環境の大幅な改善，③廃熱の有効利用にあり，そのため，①産業廃棄物の完全燃焼技術の確立，②超低公害焼却技術の確立，③超低燃量での焼却技術の確立，④連続操業技術の確立が必要とされる開発技術であった[8]．

乾溜ガス化燃焼は，いくつもの焼却装置メーカーが研究をしていたそうであるが，その難しさから研究開発を断念するメーカーが続出したという．金子社長は，ゼロの状態から燃焼の原理を学び直し，焼却装置を再構築することに挑み，実用化は不可能と思われていた乾溜ガス化燃焼システムを開発した．この開発は，業界におけるキンセイ産業の揺るぎない地位を築いたといえ，今日の同社の発展に結びつく，画期的な開発であった．キンセイ産業のGB型乾溜ガス化燃焼システムは，1つの容器の中で廃棄物を蒸し焼きにして熱分解し，ガスを発生させ，800℃以上の任意の設定温度で効率よく燃焼させる．ガス発生炉（Gas炉）と燃焼炉（Burner炉）から成り立っていることからGB型と名づけられている．その開発契機は，大量に温水を必要とする介護病院の給湯設備の管理を請け負っていた住宅設備会社の社長がNew KRR無煙式焼却装置の評判を聞いて，キンセイ産業に温水のとれる炉の開発を要請したことにあった[9]．

キンセイ産業の乾溜ガス化燃焼装置が，環境法の規制値をはるかにクリアしている点は特筆される．$1m^3$あたりの煤塵の量は，規制値では0.15gであるのに対して，キンセイ産業の焼却装置では0.005gと規制値の1/30であることをはじめ，NO_X（窒素酸化物）の値は規制値が250ppmであるのに対してキンセイ産業の焼却装置では102ppmと規制値の2/5，またCO（一酸化炭素）は規制値100ppmに対して0.01ppm，ダイオキシン類については規制値の1/100の排出量に留まるなど，環境保護

キンセイ産業の乾溜ガス化燃焼装置

に大きな威力を発揮している[10]．
キンセイ産業が開発した乾溜ガス化焼却装置は，産業廃棄物処理，プラスチック，汚泥，鶏糞などの処理の困難な廃棄物を燃焼処理している[11]．独自の技術開発は食品分野にも及んでおり，2009年6月に東京ビッグサイトで開催された展示会FOOMA

組み立て中の廃棄物処理装置

JAPAN（旧食品機械工業展）に出品した際，鰹節を製造している会社から「もっと付加価値の高い鰹節製品を作りたい．キンセイ産業の技術を応用した乾燥装置を作れないか」との依頼があったことから，食品の製造装置の開発も手がけた．キンセイ産業にとって初めてのことであり，試行錯誤が繰り返された．鰹節は，温度が高い状態で加熱し過ぎると，美味しいダシの素となっている旨味成分がなくなってしまうため，乾燥温度の加減に注意を払ったという．その結果，独自の「気流乾燥装置」が開発され，鰹節以外に卵の殻，茶葉，オカラ，海老，繊維等の用途があり，こうした分野にもキンセイ産業の技術が活用されている[12]．

東日本大震災が発生し，エネルギー問題が顕在化した2011年には，すでに導入済みの乾溜ガス化燃焼装置に発電システムを取り付ける試みも行われている．小型炉の発電効率が1％であるのに対して，キンセイ産業の発電装置は5％の高いレベルを実現し，廃棄物で発電することで二酸化炭素（CO_2）排出量がさらに抑制され[13]，熱エネルギーの有効利用の1つとして注目される．

乾溜ガス化焼却装置は，国内では270基が販売されており，花王やダスキン，日本たばこ産業や武田薬品，明治製菓，ブリヂストン，第一製薬，豊田自動織機，横浜ゴム，日清紡，三井化学，三菱電機などに納入され，海外では中国，韓国，台湾，タイに納入した実績を持っている．そして，アメリカ，

表6-1 キンセイ産業 主な特許取得年表

取得国（件数）	取得年	発明の名称
日本 (47)	1995	廃棄物の乾溜ガス化方法及びその装置
	1996	廃棄物の乾溜ガス化焼却処理装置
	1997	廃棄物の乾溜ガス化焼却処理装置
	1998	廃棄物の焼却処理方法
	1999	廃棄物の乾溜ガス化焼却処理方法
	2001	乾溜ガス化焼却処理装置
	2004	廃棄物の焼却処理方法
	2005	焼却処理装置
	2006	廃アスベストの溶融処理方法
	2007	廃棄物の焼却処理方法
	2011	燃焼ガス発生装置
	2013	乾溜ガス化焼却処理装置および焼却処理方法
	2014	廃液処理装置および廃液処理方法
	2016	畜糞焼却処理装置
アメリカ (7)	1993	Apparatus for Incinerating Waste Material
	1995	Apparatus for Incinerating Waste Material
	1997	Method of Incinerating Waste Material by Dry Distillation and Gasfication
	2004	Waste Incineration Disposal Method
	2008	Method for Incineration Disposal of Waste
	2014	Dry Distillation and Gasification Typed Incinerator
EU (4)	1996	Apparatus for Incinerating Waste Material
	1997	Apparatus for Incinerating Waste Material
	2004	Waste Incineration Disposal Method
	2011	Method for Incineration Disposal of Waste
中国 (8)	1999	廃料焚化装置
	2002	通過干餾和气化焚焼廃物的方法
	2005	廃物焚焼処理方法
	2015	乾溜ガス化燃焼処理装置
タイ (3)	2002	廃棄物の乾溜ガス化処理方法
	2002	廃棄物の乾溜ガス化燃焼処理装置
	2003	廃棄物の乾溜ガス化燃焼処理装置
マレーシア (2)	2002	Method of Incinerating Waste Material by Way of Dry Distillation and Gasfication
	2002	Apparatus for Incinerating Waste Material
シンガポール (4)	1997	Apparatus for Incinerating Waste Material
	1999	Method of Incinerating Waste Material by Way of Dry Distillation and Gasfication
	2001	Apparatus for Incinerating Waste Material

内容
基本特許 燃焼灰化を円滑かつ確実に行う装置 完全燃焼 乾溜終了時でも完全燃焼 二組のガス炉及び焼却炉を交互に連続運転 排気を焼却炉へ導入 高温空気で焼却炉を予熱 自動運転制御（異常燃焼抑制制御） ガス化炉にて廃アスベスト溶融 ダイオキシン類を抑制でき処理サイクルを短縮 木チップ炭化で内燃機関用燃料を発生する装置
基本特許＋灰化＋逆火 完全燃焼
自動着火
低コストでダイオキシン類防止 焼却炉で灰溶融
完全燃焼 基本特許＋灰化＋逆火 低コストでダイオキシン類防止 焼却炉で灰溶融
完全燃焼 二組のガス炉及び焼却炉を交互に連続運転 低コストでダイオキシン類防止
二組のガス炉及び焼却炉を交互に連続運転 完全燃焼 自動着火
二組のガス炉及び焼却炉を交互に連続運転 自動着火
自動着火
二組のガス炉及び焼却炉を交互に連続運転
基本特許＋灰化＋逆火

インド，中国，韓国，台湾の企業とはライセンス契約も結んでいるなど，国内外に広くキンセイ産業の技術が広がっている．

3. キンセイ産業の特許戦略

キンセイ産業における乾溜ガス化燃焼技術の開発は，他の焼却炉メーカーの追随を許さない先進的技術となっている．表6-1は，キンセイ産業が取得している特許を国別にまとめたものである．日本では47件の特許を取得している．さらに海外でも，アメリカ7件，EU 4件，中国8件，タイ3件，マレーシア2件，シンガポール4件，台湾5件，韓国8件，インドネシア4件，インド2件，フィリピン1件の特許を取得している．また図6-1には，キンセイ産業の特許取得件数を年別に示した．最も特許取得件数が多いのは1999年の12件であるが，1992年から2016年までの間，年平均4.4件の特許を取得している．

キンセイ産業では，1991年の乾溜ガス化燃焼に関する基本特許の出願を皮切りとして，乾溜ガス化燃焼に関連した開発技術の特許出願を時系列に沿

取得国（件数）	取得年	発明の名称
台湾 (5)	1992 1993 1996 1997	廢棄物之乾餾氣化焚燒處理裝置（一）（二） 廢棄物之乾餾氣化用焚化處理裝置 廢棄物之乾餾氣化焚化處理方法 廢棄物之乾餾氣體化燒却處理裝置
韓国 (8)	1998 1999 2001 2006	廃棄物の乾溜ガス化焼却処理装置 廃棄物の乾溜ガス化焼却処理方法 廃棄物の乾溜ガス化燃焼処理装置 廃棄物の焼却処理方法
インドネシア (4)	1999 1999 2001 2002	廃棄物の焼却装置 乾溜ガス化による廃棄物の焼却装置 廃棄物の乾溜ガス化焼却処理装置 廃棄物の乾溜ガス化焼却処理装置
インド (2)	2014 2016	廃アスベストの溶融処理方法 廃アスベストの溶融処理方法
フィリピン (1)	2009	廃棄物の焼却処理方法

出所：キンセイ産業資料より一部抜粋して作成．

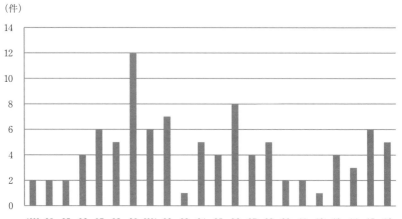

出所：キンセイ産業資料より作成．

図 6-1　キンセイ産業の年次別特許出願件数

内容
基本特許＋灰化，逆火防止 完全燃焼 二組のガス炉及び焼却炉を交互に連続運転 自動着火
基本特許＋灰化，逆火防止 二組のガス炉及び焼却炉を交互に連続運転 完全燃焼 低コストでダイオキシン類防止
基本特許＋灰化＋逆火逆火 自動着火 完全燃焼 二組のガス炉及び焼却炉を交互に連続運転
高温空気で焼却炉を予熱

って継続的に行い，先行特許が満了した後も，以後の特許によって基本の技術思想が保護されるような特許ポートフォリオを構築していった．こうした取り組みによって，他社に参入の余地を与えず，キンセイ産業の特許戦略は多くの知的財産部門を抱える大企業にもあまり見られない高度なものと評価されている[14]．キンセイ産業は，基本特許を中心に，その周辺を改良特許，周辺特許，応用特許で取り囲む特許群を形成することに成功している．こうしたキンセイ産業の特許戦略は，開発・特許化と事業の成長がうまく回ったからこその，貴重な事例で，このようなケースは極めて稀だと言われている[15]．

しかし，乾溜ガス化燃焼に関する特許の取得は容易なことではなかった．日本でGB型乾溜ガス化燃焼装置の特許出願を行ったのは1988年のことであったが，特許を取得したのは1995年のことであった[16]．同様の特許は，1992年に台湾，1993年にアメリカで取得しており，同時期に出願したものの日本での取得に長期間を要している．1988年に出願した基本特許である「廃棄物の乾溜ガス化方法及びその装置」は拒絶され，弁理士が審判を特許庁に請求したところ，「この発明は本当に実施できるのですか」といわれ，この発明を信用していないことが分かったという．実際の製作図面や実施データなどの資料を特許庁に見せたところ，早速，特許審決が出て，特許の取得となった[17]．基本特許は出願から20年の2008年に満了となったが，こうしたキンセイ産業の特許戦略は，中小企業が大企業に対抗していく戦略としても注目される．

4. 高崎市からオンリーワンの技術発信

キンセイ産業の販売高は，1998（平成10）年度は約20億円であったが，2003年には約60億円，2005年には100億円を突破した．本稿で紹介してきたキンセイ産業オリジナルの乾溜ガス化燃焼システムの優れた技術が評価されたからである．「無煙式」焼却炉の開発は，大気汚染が社会問題となっていた高度経済成長時代の焼却方式として市場に評価され，廃棄物をエネルギー源として活用する乾溜ガス化燃焼システムは廃棄物処理に留まらず，食品製造分野にまで応用され，発電技術も付加されるようになって，現代のエネルギー問題，環境問題に対応したシステムとして進化している．このようなキンセイ産業の発展は，新規雇用を生み出している．図6-2には2006年度以降の新規採用者数をまとめた．多少の波があるものの，毎年平均で6人を

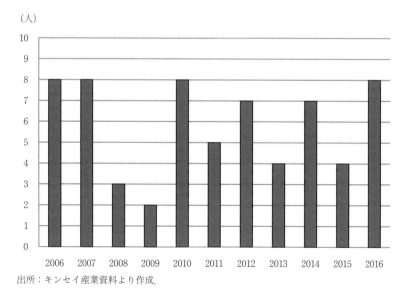

出所：キンセイ産業資料より作成．

図6-2 キンセイ産業における近年の新規採用者数の推移

新規雇用し，主に群馬県内の大学，高校の新規学卒者が採用されている．

　キンセイ産業は，1997年にアメリカで乾溜ガス化燃焼システムの特許を取得している．2007年にプリンストン社とライセンス契約を結ぶと，2009年にはアメリカ東部オハイオ州クリーブランド市のゴミ発電プロジェクトにおいて，キンセイ産業の乾溜ガス化技術が注目され，キンセイ産業の技術がアメリカでも活かされている[18]．また，2015年にはタイ・プーケット市において，国際協力機構（JICA）が公募した2014年度第1回中小企業海外展開支援事業の採択案件として，キンセイ産業が医療廃棄物適正処理案件化調査業務を行っている．タイは，医療廃棄物処理体制が十分に整備されていない上，1日当たりの排出量は各自治体で500kgから1t程度の少量という特有の事情から，小型焼却炉の導入実績の多いキンセイ産業の提案が最適と判断されたことによる[19]．このようにキンセイ産業の技術は世界に広がりつつある一方，2013年にはリサイクルに回せないプラスチックや農業ビニールを熱分解し，発生したガスで温水回収や発電により採算性を担保する新しいビジネスを提案して，日本国内の廃棄物処理に貢献しようとしている[20]．

　このようなキンセイ産業の発展は，社会的にも高く評価されるようになった．表6-2には，キンセイ産業と金子社長の功績をたたえた受章，表彰の数々をまとめた．1998年の日本産業機械工業会第24回優秀環境措置受賞を皮切りとして，群馬県，文部科学省，発明協会，中小企業庁，日本商工会議所など，多くの受賞，表彰がある．かつて，「この発明は本当に実施できるのですか」と言われた特許庁からも知財功労賞が贈られている．また，金子社長個人への表彰もあり，2015年には群馬県功労賞，旭日双光章を受章している．

　金子社長は，起業2年目の暮れに当てにしていた集金がクレームで出来ない状況となり，暮れの決済，社員の給料の手当が支払えない事態に陥り，某銀行の支店窓口では融資を断られ，「万事休す，一瞬目の前が真っ暗になったことを思い出す」そうであるが，ある方に同じ銀行の幹部に融資をお願いしていただき，ピンチを乗り切ることができたことから，この方の恩に報い

表6-2 キンセイ産業 受賞・表彰年表

受賞年	受賞・表彰名
1998	(社)日本産業機械工業会第24回優秀環境措置受賞
2003	文部科学大臣賞受賞
2005	群馬県総合表彰功労賞受賞
	文部科学省・創意工夫功労者賞受賞
	(社)発明協会・平成17年度地方発明表彰
	中小企業庁長官奨励賞受賞
2006	(社)中小企業研究センター・第39回地区表彰
	(社)発明協会・平成18年度全国発明表彰
	日本商工会議所会頭発明賞受賞
2009	(社)発明協会・奨励功労賞受賞
2011	日刊工業新聞社・第6回モノづくり連携大賞中小企業部門賞受賞
2012	特許庁・知財功労賞　経済産業大臣表彰
2013	金子正元代表取締役　発明奨励功労賞受賞
2015	金子正元代表取締役　群馬県功労賞受賞
2015	金子正元代表取締役　旭日双光章受章
2016	平成27度群馬県優良企業表彰

出所：キンセイ産業資料より作成．

るためにも「石にしがみついても事業は成功させよう」と誓ったそうである．創業時にガソリン代の支払いを待ってくれた倉賀野町のガソリンスタンドへの恩義も忘れていない[22]．金子社長は，創業期の社員との苦労，ピンチを助けてもらった様々な方々への恩義を忘れない．社員とその家族を大切にする社風は，キンセイ産業の歴史が作り上げてきたと言ってもよい．本稿で見てきたように，ピンチをチャンスに変え，決してあきらめない金子社長の焼却炉への探究心が乾溜ガス化燃焼システムを生み出してきた．近年，キンセイ産業独自の燃焼システムが評価され，売り上げも順当に伸び，長年の苦労が報われ始めたように見える．

　おわりに

　キンセイ産業のキャッチフレーズは「夢をかたちに，声を技術に」である．顧客の要望として「夢」，「声」を感じ取り，「かたち」「技術」として満足い

ただける商品を開発，提供していくことが使命だという[21]．キンセイ産業は，顧客のニーズに応えることからオンリーワンの技術を開発し，世界にその技術が広がりつつある．顧客からの，焼却物に合わせた装置への要求に応えるために様々な研究を行ってきた．あるとき，100万円で受注した装置の開発に200万円を要したことがあり，経理部長から「これでは会社になりません」と言われたそうだが，金子社長は「当然であるが200万円かけても買ってもらえなかったら200万円の投資だけで終わる．100万円いただけるのだから堪えてください」と言ったというエピソードがある[23]．中小企業の経営は平坦ではないが，こうした話からも，金子社長の"ものづくり"への姿勢とこだわりが垣間見える．

　金子社長は「人生，思うようにいかないことがたくさんある．そんな時に何かに夢中になり，"志"という木を植える．苦労を重ねることによって成長する．時間が経つと苦しさが楽しさになる」と語る．電気を専門とし，化学が好きな青年が，ボストンバッグ1つで新潟から高崎にやってきた．21歳の時であった．会社を設立し，顧客のアドバイスによって万屋から焼却炉の専門メーカーとなり，環境に負荷をかけずに廃棄物処理をし，その過程で発生するエネルギーをうまく活用するオンリーワンの技術を開発した．その開発過程において，多くの失敗も経験してきたが，ピンチをチャンスに変えるという金子社長の経営哲学は，キンセイ産業の"ものづくり"に活かされている．金子社長は，失敗に寛容である．「志を持って働いてくれる社員がキンセイ産業の財産，ものづくりは人づくり」だと金子社長は言う．それは，毎年開催される社員研修旅行や社員の家族も招いての家族会を通して，コミュニケーションを大切にする社風に反映されている．そして，地域に根づく企業として，本社周辺の清掃活動が全社挙げて行われている．高崎発のオンリーワンの技術は，国内外へと広がり，日本の地方都市と世界の架け橋の役割も担っている．

（西野寿章）

[謝辞] 本稿をまとめるにあたって，長年にわたりご教示をいただいている株式会社キンセイ産業・代表取締役社長・金子正元氏，常務取締役，開発企画部長・金子啓一氏には，多大なるご高配をいただきました．記して感謝申し上げます．

注

1) Kinsei Communication 2011 Vol. 61.
2) 当時，群馬県ではカタカナを企業名に使用した企業はなく，キンセイ産業がその草分けではないかと言われている（Kinsei Communication 2011 Vol. 62）．
3) 同上．キルン（kiln）とは，加熱する器具や物質を直接に燃料や加熱ガスと接触させる方式をキルン（窯）という（ブリタニカ国際百科事典）．
4) Kinsei Communication 2011 Vol. 62.
5) キンセイ産業資料．
6) 石田正泰・石井康之『企業経営に資する知的財産』（経済産業調査会，2016 年）39 頁．
7) ぐんま経済新聞 2013.4.11（Kinsei Communication 2013 Vol. 71）．
8) キンセイ産業資料．
9) Kinsei Communication 2014 Vol. 74.
10) キンセイ産業資料．
11) 前掲 6），37 頁．
12) Kinsei Communication 2012 Vol. 66.
13) Kinsei Communication 2011 Vol. 63.
14) 前掲 6），40 頁．
15) 佐藤辰彦『知財ノート』（新潮社，2016 年）73 頁．
16) キンセイ産業『三十五年の歩み』（2002 年），52 頁．
17) 前掲 15），71-72 頁．
18) Kinsei Communication 2011 Vol. 64.
19) 週刊循環経済新聞 2015.4.13（Kinsei Communication 2015 Vol. 76）．
20) Kinsei Communication 2013 Vol. 72.
21) 同上．
22) Kinsei Communication 2012 Vol. 66.
23) Kinsei Communication 2012 Vol. 69.

第7章
「高崎発のものづくり」と産学官連携：山崎製作所

はじめに

　総務省『国勢調査』によれば，日本の総人口は2007年の1.34億人をピークに，本格的な人口減少の段階へ突入した．とりわけ，年少人口（0～14歳）の減少が深刻で，1985年の約2,604万人（総人口の21.5％）から，2015年には約1,595万人（同12.5％）となり，この30年間で約4割，減少したことになる．人口減少とともに少子化が進行することは，すなわち，日本の未来を担う若い働き手が不足することにほかならず，社会経済的な衰退は免れない．この深刻な労働力不足といかに対峙するのか，まさに緊要の課題といえる．

　将来的な労働力不足に備えて，不足する労働力を外国人に求めるべきとの見解がある．すでに2008年以降，インドネシア，フィリピン，ベトナムと経済連携協定（EPA）を締結し，外国人看護師および介護福祉士候補者の受け入れが開始されている．2016年9月までに3,800名を受け入れた実績は，人材不足が顕著な業種に限られるものの，事実上，外国人労働力の受け入れを容認したに等しい[1]．2014年6月18日には「出入国管理及び難民認定法」が一部改正され，高度な専門的能力を有する外国人に，幅広い在留活動を認めるなど，いわゆる「高度人材外国人」の受け入れに向けた法整備も進められている．

　有能な外国人を受け入れることは，単に不足する国内の労働力を補強する

にとどまらず，彼らが帰国後，出身国の経済発展に貢献する可能性を具備していることから，日本が外国人労働力を受容することで国際的に果たす役割は小さくない．

その一方，これまで周辺的な労働力に位置づけられてきた女性，高齢者，障害者など，国内の勤労意欲旺盛な労働者を活用する試みもまた，きわめて重要である．たとえば，男女雇用機会均等法の改正による育児休暇取得率の拡大，高年齢者雇用対策としての雇用安定助成金の支給，障害者雇用率制度による法定雇用率の設定などは，国内に潜在する有能な人材を開拓するための制度である．働きたい人が自由に職を選択し，就業できる環境の整備が求められている．

ところで，日本経済は長らく製造業によって牽引されてきたといって過言ではない．第2次世界大戦後，鉄鋼業，造船業，機械工業などの重厚長大産業が，いわゆる太平洋ベルト地帯に集積し，高度経済成長を達成した．しかし，1985年のプラザ合意後の円高進行によって，国内の生産部門の多くは，安価な労働力と工場用地を求めて，中国や韓国をはじめとするアジア諸国へ相次いで移転した．近年でも，2008年のリーマンショックによる世界同時株安の発生は，先行きの不透明な経済情勢を露呈する結果となり，国際分業体制が確立されて久しい昨今，より一層，国内製造業は困難な舵取りを余儀なくされている．

総務省『労働力調査』の職業大分類別就業者数の推移をみると，「製造・制作・機械運転及び建設作業者」の就業者数は1992年の1,726万人をピークに減少傾向にある[2]．東日本大震災が発生する直前の2010年には，すでに1,278万人まで減少し，全就業人口に占める割合は，辛うじて20％台を維持しているに過ぎない．高度経済成長期を経て，日本の主要産業がソフト化・サービス化したことによって，工場などの製造部門で従事する就業者が減少し，代わって管理部門や販売部門で従事する就業者が増加の一途を辿っている．

以上のように，少子化に伴う労働力不足と製造部門の海外移転が，国内製

造業に深刻な打撃を与えていることは，もはや論を俟たない．ただし，地場産業をはじめ，日本国内に根ざし，培われた技術，技能，アイディア，発想力などの，いわゆる「暗黙知」が工場閉鎖とともに雲霧消散すれば，その損失は一工場の閉鎖に終始しない甚大な損失となる．

そこで本章では，厳しい経営環境にありながらも，高崎市における「ものづくり」の精神が脈々と受け継がれ，成長を続ける山崎製作所の事例を通じて，今後の中小製造業のあり方を検討する[3]．

1. 山崎製作所の概要と略歴

有限会社山崎製作所（資本金500万円，山崎将臣社長）は，高崎市吉井町木暮に立地する精密板金加工業であり，祖父の時三郎氏が1957年に同市上双葉町で創業した（❶）．創業当初から培われてきた熟練を要する精密な加工技術（切断，曲げ，溶接）を活かし，主に試作品の製作や各種部品の多品種少量生産を展開している．とりわけ前者は，設計図面がなくイメージ図の段階であっても試作品を製作する技術に定評がある．近年では，レーザー加工機（アマダ社製 LC-1212 αⅣ NT）や高精細3Dプリンタ（キーエンス社製 AGILISTA-3200）などを導

❶山崎製作所の生産拠点工場（筆者撮影）

❷レーザー加工機で生産された製品（筆者撮影）

❸レーザー加工機で作成された将臣氏の金属製名刺（筆者撮影）

入して，より精度の高い板金加工を手がけている（❷）．2016年10月現在の従業員数は11名（うち3名が役員）と少人数ながら，23歳の若手から60歳以上のベテラン職人までが，お互いに切磋琢磨し合いながら製品開発に取り組む，アットホームな企業である．

　創業のきっかけは，時三郎氏が株式会社市川プレス（現・株式会社IPF）の工場長を勤め上げた職人であり，その実直な人柄と高い技術を買われ，市川プレス在職時の上司に独立・起業を勧められたことを嚆矢とする．創業当時は，主に自動車用品のプレス加工を群馬県下の企業から幅広く受注し，安定した経営が続いたという．1970年に時三郎氏から父・豊氏に社長職が移ると，プレス加工のみならず，精密板金加工も手がけるようになり，テレビモニターやシャーシ（chassis）などを製造した．新規事業の立ち上げや生産量の増加に伴い，工場用地の物理的なキャパシティが不足するようになる．すでに，創業地の上双葉町周辺では高崎駅から至便であることから宅地化が進み，工場を操業するには不利な環境になりつつあった．そこで豊氏は1995年に新工場を現在の所在地に建設し，生産拠点を高崎市中心部から郊外部へ移転させた．新工場の稼働以降も積極的な設備投資がなされ，製品開発の多様化が図られていく．その最たるものが，先述したレーザー加工機の導入である．最新の加工機と熟練の加工技術を融合させて小ロット単位の精密板金加工を本格化させた結果，2006年には「群馬県1社1技術保有企業」[4]に，2010年には「平成21年度高崎市優良中小企業」にそれぞれ選定された．

　現社長の将臣氏が製作所を継承したのは2015年11月のことである（❸）．30代半ばの青年実業家でありながら，会社経営に傾注し，かつ，後述する

産学官連携に向けた取り組みを進めている．

　将臣氏が製作所を継承することになった背景はいささかユニークである．都内の大学院で工学の修士号を取得後，大手メーカーに就職して，4年半の会社員生活を経験した．入社5年目に昇格人事とともに地方への転勤異動の内示を受けたのを機に，地元高崎市へのUターンを決意したという[5]．理科系の大学院を修了したとはいえ，家業の金属加工とは無縁であったこともあり，社長就任までの3年間は生産工程から設計・製図，会計処理まで，製作所のありとあらゆる業務を経験し，そのノウハウを徹底的に学び取った．

　自社での業務を概観する中で浮き彫りとなった問題は，①昔ながらの人間関係を重視するあまり，顧客企業の新規開拓に消極的であったこと，②「よい仕事をすれば，自ずと結果がついてくるといった職人気質」では，高い採算性が見込めないことの2点であった．社長就任後に，これらの改革に着手し，まずは下請け企業からの脱却を目標に掲げる．単に受注した製品を納入するだけでは，高い収益は期待できない．むしろ，自社製品を開発して国内外に販路を拡大しなければ，企業としての発展は望めない．しかし，たとえ最新の加工機と熟達した技術があったとしても，中小製造業の1社では選択できる対応策に限りがある．そこで将臣氏は，企業（同業種・異業種他社），高崎市，大学との連携を模索し，新たに構築したネットワークを活用しながら，「高崎発のものづくり」を志すようになる．山崎製作所をはじめ，高崎市には高い技術を有する中小製造業が多数立地している．これら同業種あるいは異業種他社が保有する技術力と，行政が持つ機会・資金，大学の研究室が持つデザイン力を融合すれば，中小製造業の1社では実現困難な新製品の開発が可能となる．この産学官連携の取り組みは本章第4節で詳述する．

2. 高崎市に立地する利点

　前節では山崎製作所のプロフィールを紹介して，同社が1957年に高崎市で創業した精密板金加工業であることを示した．本節では山崎製作所が高崎

市に立地する利点を整理し，その存立基盤を明らかにする．

　山崎製作所が高崎市に立地する利点は大きく3つある．

　1つは，取引企業（受発注先）との関係である．まず，受注先の所在地をみると，受注先企業90社のうち，「群馬県内に所在する企業」が70社（77.8％）と最も多く，以下，「栃木県・茨城県に所在する企業」が10社（11.1％），「東京都区部に所在する企業」と「東京都市部，千葉県，埼玉県，神奈川県に所在する企業」がそれぞれ5社（5.6％）と続く．群馬県内に所在する企業のうち，20社（22.2％）は高崎市内の企業であることから，受注先企業が山崎製作所と同一市内に多数存在していることがわかる．

　つぎに，発注先の所在地をみると，発注先企業55社のうち，「群馬県内に所在する企業」が45社（81.8％）ときわめて多く，続く「栃木県・茨城県に所在する企業」と「東京都区部に所在する企業」の5社（9.1％）を大きく離している．群馬県内に所在する発注先企業のうち30社（54.5％）は，高崎市内に立地する企業であることから，発注先企業も受注先企業と同様に同一市内に多数存在している．

　つまり，山崎製作所が高崎市に立地することは，同一市内の企業とより多く取引関係を構築できる点と，その近接性を活かし輸送費を安価に抑えることができる点で有利に作用する．とくに後者に関しては，東日本大震災の発生以降，建築，土木，運輸業従事者が不足する傾向を強めており，トラック運転手の手配がつかないなど，受発注品の輸送に支障を来すケースが散見されるという．このような状況が長期化するならば，納期までの製品出荷が困難になるなど，輸送をめぐる問題はより深刻になると予測している．輸送をめぐる問題を回避するためには，取引企業とのさらなる接近が効果的である．そこで山崎製作所は将来的な計画として，取引企業が集中する工業団地[6]への工場移転を検討している．

　2つは，頻繁に利用する関連施設の立地である．業務上，頻繁に利用する施設を尋ねたところ，とくに，社会保険労務士事務所，大学，ラボは利用頻度が高いという．社労士事務所は労務関係の手続きで社労士と面談するため，

生産拠点工場の近くに事務所があれば，より便利である[7]．大学とラボについても，新製品の開発や新規事業の立案などで利用機会は多い．大学は異業種・同業種交流の場として機能しており，たとえば，大学教員・スタッフとの交流，共同研究・製作の遂行などで成果を上げている．加えて，従業員の確保にも期待しており，インターンシップの受け入れや企業説明会の実施など，新規学卒者の獲得につなげたい意向を持っている．

3つは，従業員の通勤と居住環境である．従業員の居住地は11名中6名が高崎市内に居住しており，うち2名は生産拠点工場と同じ吉井町内に居住している．市外であっても隣接する富岡市に居住しており，全従業員の平均通勤時間はおおむね30分であるという．総務省『住宅・土地統計調査』によれば，2013年における高崎市内の通勤時間（中位数）は24.1分であることから，山崎製作所で勤務する従業員の通勤時間は，市内通勤者とほぼ等しい．ちなみに，東京都区内への通勤者が多い東京都町田市の通勤時間が58.0分であることを勘案すれば，山崎製作所で勤務する従業員の通勤時間は，東京都のベッドタウンの通勤者と比べて2分の1で済む[8]．なお，通勤手段は全従業員，自家用車を利用しているので，自宅から工場までdoor-to-doorで出退勤できることも従業員にとって大きな利点である[9]．

このように山崎製作所の従業員は比較的短距離通勤であることが理解できる．そこで，従業員の居住形態を続けて尋ねたところ，若手従業員は賃貸住宅に，中堅以上の従業員は持ち家にそれぞれ居住しているという．福利厚生の一環としての社宅や寮はないが，勤務地が高崎市内で固定されている上，転勤異動の心配がない．そのため，結婚や第一子誕生などのライフイベントと同時期に持ち家取得を決断しやすい[10]．

以上のように，山崎製作所が高崎市に立地する利点を整理すると，①取引企業との近接性が確保できること，②企業以外の機能，とりわけ，社労士事務所，大学，ラボへのアクセスがしやすいこと，③従業員が職場の近くに居住できるので，通勤や持ち家取得の点で，ゆとりを持った生活が可能であることが考えられる．

③については，ラッシュを伴う長時間・長距離通勤（痛勤）が当然な東京都内と比較すれば，山崎製作所の通勤環境は，まさに雲泥の差である．昨今，従業員のライフワークバランスが見直され，ゆとりある職場づくりが議論の俎上に載せられている[11]．煩わしい通勤に無駄なエネルギーを消費することなく，職住近接による短時間通勤が可能な山崎製作所は，たとえば，子育て中の世帯や高崎市へのＵターン・Ｉターンを希望する求職者などの受け皿になり得る．人材不足が避けられない状況の中で，ゆとりある職場づくりは，多様な人材を確保するための軽視できない条件になるだろう．

3. 人材の確保

　本章の冒頭で述べたとおり，少子化に伴う人口減少によって，今後，人材の確保はより困難になると予想される．そこで本節では，現在，山崎製作所が取り組んでいる人材確保のあり方を考察する．

　従業員のリクルーティングにはいくつかのルートがあるが，確度の高い採用方法のひとつに知人による紹介が挙げられる．知人や友人の人脈を活かした採用では，将臣氏の新社長就任に呼応して，自ら入社を申し出た意欲的な友人が数名いたという．このような知人や友人の伝手による縁故採用は，採用側からすると，候補者の人柄をよく周知しているので，採用しやすいメリットがある．

　また，個人的な人間関係のみならず，山崎製作所が加盟している高崎青年会議所や高崎プレス工業協同組合などは，人的ネットワークを広げる格好の場であり，これらの組織が人材の安定した確保に寄与している．

　本章第1節で述べたが，山崎製作所では最新の加工機を導入して，段階的にFA化を推進している．一部の加工機は数値を入力するだけで自動的に切断等ができるので，従業員の技術を必要としない作業は少なくない．たとえば，切断加工に従事している従業員のＡ氏（20歳代）は，前職がガソリンスタンドの店員という経歴を持つ．当然のことながら，金属加工の専門的な

知識や経験はないものの，実直な人柄が買われて入社2年目にして，この工程の作業を任されている．同様に曲げ加工に従事している従業員B氏（40歳代）の前職は理容師である．曲げ加工はプレス機を細やかに調整しながら，慎重に金属に対して圧力をかけなければならない．緻密で熟練を要する工程であるが，理容師の経験で培った手先の器用さが買われて，入社8年目で曲げ工程を任されている．

このように，FA化される以前であれば，熟練工の存在やOJTによる長期的な人材育成が不可欠であったが，自動加工機の導入によって，必ずしも従業員に熟練した技術が求められない．むしろ，仕事が丁寧であったり，性格が実直であったり，時間管理が正確であるなど，一般の社会人に求められる基礎的な資質と素養が重視されるようになる．

ただし，今後必要とされる人材の資質や素養を改めて尋ねたところ，「高いスキルを持った熟練工よりも，むしろ，さまざまな業務に丁寧かつ迅速に対応できる人材が欲しい．願わくは，マニュアル化された仕事をただこなすのではなく，自らが新しいアイディアを提案できる創造性豊かな人材を求めたい」と述べ，縁故による採用方法には限界があると指摘している．

クリエイティビティに富む人材が，必ずしも高学歴とは限らないが，たとえば，理工系の四年制大学を卒業した新卒者を採用することは容易ではない[12]．文部科学省『学校基本調査』によると，2015年度に理工系大学を卒業した者（57,610人）の職業大分類別就職者数は，専門的・技術的職業従事者が42,016人（72.9％）と最も多く，次いで販売従事者が6,431人（11.2％），事務従事者が4,849人（8.4％）と続く．工場などの生産工程従事者は，わずか439人（0.8％）に過ぎず，大学で専門的な知識を学んだ人材が卒業直後に，生産工程に従事することは希有といえる．加えて昨今の好景気が空前の「売り手市場」を形成しており，学卒者が就職先として大手企業の事務職を選択する傾向は続くとみられる．

4. 産学官連携の取り組み

　以上のように，経営環境が厳しさを増す中で，中小製造業が独自に製品開発や人材確保を試みることは負担が大きい．多くの中小製造業が直面しているこの問題に対して，山崎製作所では，どのように対応しているのであろうか．本節では業種業態の垣根を越えたネットワーク構築の取り組みとして，高崎ART製造プロジェクトQUALOE（以下，カロエと略す）と，高崎まちなかコミュニティサイクル「高チャリ」を例に考察する．

(1) 高崎ART製造プロジェクトQUALOE

　カロエとは，2011年5月に開催されたビジネスデザインセミナー（群馬県立女子大学高橋綾教授主催）で知り合った5名の若手経営者が，「メイドイン高崎」のものづくりを目指して結成した組織である[13]．高崎市内に立地する中小製造業が，それぞれ得意とする技術を出し合い，国内外で注目されるオリジナリティの高い製品を生み出している．将臣氏は発起人の1人であり，結成直後，5社から始まったプロジェクトの輪は，2015年10月までに14社となり，その輪は着実に広がっている．表7-1は加盟企業のリストであるが業種をみると，金属加工業をはじめ，木工業，建設業，住空間デザイン，Web制作など，多種多様な強みを持つ企業から構成されていることがわかる．

　カロエの活動で腐心しているのが，技術力とデザイン力の融合である．従来，中小製造業の役割は受注した製品（主に部品類）を納期までに高い精度で生産することであった．そのため，下請けを主とする中小製造業には高い技術力こそ求められる一方で，デザイン力はほぼ不問であった．たとえ高い技術力があったとしても，それはあくまで，取引企業間にのみ共有される情報であり，取引関係のない企業には共有され難い．取引企業を開拓し，新たな販路を築くためには，自社の存在を広範囲に示す必要がある．そこでカロ

表7-1 高崎ART製造プロジェクトQUALOE加盟企業

企業名	業種	代表者	本社所在地
有限会社土屋木工所	建具・家具製造業	土屋幸誠	高崎市倉賀野町2462-7
株式会社水島鉄工所	鋳造業	水島高弘	高崎市小八木町314
株式会社コクワ	板金，製缶加工	松本慎悟	富岡市桑原1120-12
有限会社内山建設	建設業	小泉俊一	高崎市和田多中町11-4
ネオプレテックス株式会社	表面処理業（めっき加工）	塚越康平	高崎市倉賀野町2934
株式会社小野製作所	プレス加工業・板金加工業・金属加工業	井上幸夫	高崎市倉賀野町3379-1
株式会社リモプラ	建設業	瀧澤真吾	高崎市倉賀野町2985-1
市川鋲工業株式会社	金属加工業	市川慶一	高崎市矢中町1131-1
ABC住空間設計	住空間・商空間デザイン設計，施工	嶋方剛	前橋市駒形町1197-7
有限会社武井木工	木製 建具・家具・組子	武井和弘	高崎市飯塚町739
有限会社山崎製作所	精密板金・プレス加工	山崎将臣	高崎市吉井町小暮105-1
双葉電設株式会社	電機工事	林裕俊	高崎市箕郷町下芝461-1
スマイル企画/雨ザラシ工房	皮革製品の製造・販売	小野里健一	高崎市東貝沢町1-26-6
株式会社macolab	WEB/DTP/映像/パソコン事業	井川誠	高崎市上並榎515-8

出所：各社ホームページなどにより筆者作成．

エでは，大学などと連携しながら，中小製造業が持つ技術力と研究室の持つデザイン力を兼ね備えた「アート製造品」の製作に力を入れている．

「ダルマキューブ」は，カロエが製作した代表作の1つであり，山崎製作所が有する精密な金属板金加工の技術を駆使しながら，高崎市の伝統工芸品である縁起ダルマをモチーフとしたデザイン性の高いローテーブルに仕上がっている（❹）．このような「アート製造品」の製造は，直ちに収益には貢献しないものの，製造品を国内外の展

❹技術力とデザイン力を融合して製作された『ダルマキューブ』（山崎将臣氏提供）

❺山崎製作所によって製作された「高チャリ」のサイクルポート（山崎将臣氏提供）

示会，作品展，見本市などに出展したり，インターネットで画像を公開することで，高崎市に立地する中小製造業の存在を国内外に発信することができる．中小製造業であるがゆえに，企業が独自に広告・宣伝費を計上することは困難である．しかし，カロエの活動を通じて先端的な製造品を生み出し，高い技術力とデザイン力をアピールできれば，製造品に関心を持った企業との接触機会が得られる期待がある．

(2) 高崎まちなかコミュニティサイクル「高チャリ」

高崎市との連携例に，高崎まちなかコミュニティサイクル「高チャリ」を挙げることができる．「高チャリ」とは，2013年4月27日より運用が開始された高崎駅西口地区の無料貸し出し自転車である．利用者は地区内に設置された合計16カ所のサイクルポートで自転車を借りることができる（❺）．事前登録の必要はなく，1回の利用につき100円のデポジット（自転車を戻すと返金される）で利用できる上，サイクルポートであれば，自由に乗り降りできる手軽さから，自動車やバスに代わる交通手段として利用されている[14]．

「高チャリ」事業の立ち上げには，高崎商工会議所と高崎市が中心的役割を担っている．両者は「高崎まちなかコミュニティサイクル推進協議会」を組織し，協議会が自転車の管理・メンテナンスなど，無料貸し出し自転車の運営をおこなっている．無料自転車は地元企業の協賛によって調達され，サイクルポートの駐輪器具（自転車止め）は山崎製作所によって製作された．

当初，設置されるサイクルポートは，東京都内の商社が製作する予定であ

った．ところが，提案された自転車止めは，製品化の段階で技術的かつ予算的な問題を抱えていたという．高崎青年会議所の活動の中で面識を得ていた高崎市役所より，急遽，製作依頼の打診を受け，納期まで半年を切っていたにもかかわらず，山崎製作所が持つ高い開発力を遺憾なく発揮して，打診からわずか2カ月半で製品化に漕ぎ着けた．

山崎製作所が「高チャリ」事業に参画するきっかけは，偶然，面識のあった市役所との結びつきによるものである．結果論とはいえ，日頃から青年会議所や高崎プレス工業協同組合の活動に積極的であったことが，市役所との協働につながった．将臣氏は山崎製作所への入職時，青年会議所や協同組合に入会する意志はなかったという．先代の父・豊氏や知人などの勧めがあって，後日，入会したが，これらの組織に入会したことで，同業他社間あるいは異業種間交流の機会を得たことは大きな財産であると回顧している．経営者は時として孤独であり，同じ立場の経営者同士が，経営者ゆえの悩みをざっくばらんに打ち明けたり，お互いの相談にのることで，現状を打開できる場面は少なくない．青年会議所と協同組合は経営者同士が，公私におけるさまざまな情報を交換・共有できる場として重要であり，その存在意義は大きい．

おわりに

本章では年々，厳しさを増す経営環境にありながらも成長を続ける山崎製作所を事例に，今後の中小製造業のあり方を検討した．

山崎製作所が高崎市に立地する利点は大きく3つある．1つは取引企業が高崎市内に多数に立地しており，これらの企業との近接性が確保できること．2つは社労士事務所や大学，ラボといった，業務上，頻繁に利用する施設が高崎市内に立地していること．3つは従業員が生産拠点工場の近くに居住でき，通勤の便がよく，かつ，勤務地が高崎市内で固定されているため，比較的早い段階で持ち家取得を決断できることである．

来るべき人材不足に対しては，さまざまなルートを通じてリクルーティン

グに努めている．とくに，個人的な人間関係を活かした人脈と，青年会議所や高崎プレス工業協同組合で得られた人的ネットワークは，人材確保に有効である．ただし，高等教育機関等で専門的な知識を習得した人材を確保するには，従来のルートでは確保し難く，新たなルートの開拓が求められる．

　高崎 ART プロジェクト QUALOE と高崎まちなかコミュニティサイクル「高チャリ」の事例では，業種業態の垣根を越えたネットワークと産学官連携の取り組みを考察した．中小製造業が保有する優れた技術力と高崎市が持つ機会と資金，大学の研究室が持つデザイン力を融合することで，「アート製造品」を製作し，質の高い「高崎発のものづくり」を国内外に発信していく姿勢は，企業間接触の機会と新たな販路を創出するための布石といえる．

　現状に安住することなく，常に攻めの経営を続ける山崎製作所の取り組みとカロエの発足は，中小製造業が生き残りをかけた新たな挑戦である．「高崎発のものづくり」が厳しい経営環境の中で苦闘する中小製造業の良き道標になることを期待したい．

（佐藤英人）

[謝辞]「高崎発のものづくり」に情熱を傾け，日々，国内外を奔走される山崎将臣社長には，ご多忙の折，長時間にわたってたいへん貴重なお話を伺いました．心より感謝申し上げます．

注
1) 厚生労働省によると，「3 か国からの受入れは，看護・介護分野の労働力不足への対応として行うものではなく，相手国からの強い要望に基づき交渉した結果，経済活動の連携の強化の観点から実施するもの」としているが，日本国内の国家資格を取得できれば，在留期間の更新が無制限になる上，看護師・介護福祉士として就労できる．http://www.mhlw.go.jp/stf/seisakunitsuite/bunya/koyou_roudou/koyou/gaikokujin/other22/index.html （最終閲覧日：2016 年 12 月 25 日）
2) 総務省『労働力調査』は東日本大震災によって 2011 年の調査を中止した．また，2012 年以降に集計方法を大きく変更したため，職業大分類別就業者数の長期時系列データは 2010 年までの値となる．
3) 本章は 2016 年 10 月 6 日に実施した山崎製作所社長の山崎将臣氏に対する聞き

取り調査を基に起稿したものである．山崎製作所の詳細については，ホームページを参照されたい．http://e-bankin.com/（最終閲覧日：2017年1月10日）
4) 詳細については，群馬県産業経済部「ぐんまの優れたものづくり企業」のホームページを参照されたい．http://onetech.tec-lab.pref.gunma.jp/index.html（最終閲覧日：2017年1月10日）
5) 将臣氏によると，家業を継承する予定は全くなかったと述べている．しかし，両親に寄り添いたい気持ちとともに，長年培ってきた技術の継承，地元高崎市の発展のために，Uターンを決意したという．
6) 山崎製作所が立地する高崎市吉井町周辺には吉井本郷（進出企業2社），吉井多比良（同1社），吉井岩井（同1社），吉井（同9社）の工業団地が存在する．いずれも上信越自動車道の吉井インターチェンジに至近で，交通利便性は高い．
7) なお，本社は創業地である高崎市上双葉町に設置している．本社を同町に設置する理由として，取引銀行と社労士事務所との近接性を挙げている．
8) ただし，住宅・土地統計調査の数値は，家計を主に支える者（雇用者）の通勤時間である．住宅形態別に通勤時間を比較すると，高崎市では持ち家居住者が25.7分，賃貸居住者が21.9分であるのに対して，町田市では前者が63.3分，後者が47.8分である．
9) 山崎製作所の最寄り駅は上信電鉄馬庭駅もしくは西山名駅である．ただし，通勤で利用する従業員はいないという．なお，通勤手当は住居と事業所間の距離から算定したガソリン代金を支給している．
10) 日本の雇用慣行の1つに転勤異動によるキャリア形成がある．ホワイトカラー就業のいわゆる「転勤族」とはその典型例と言えるが，近年では，勤務地限定社員制度を導入し，社員の転勤異動による負担軽減を図る企業も増えている．
11) たとえば，2014年11月に施行された過労死等防止対策推進法など．
12) フロリダ（2014）によると，高等教育を受けた人材はより高い賃金と就業機会を求めて，ある特定の大都市に偏在する傾向にあるという．
13) 高崎ART製造プロジェクトの名称をカロエとしたのは，加工という単語を分解するとカタカナのカロエになることから，その名がつけられたという．なお，活動の詳細についてはホームページ（http://qualoe.com/#top）を参照されたい．
14) 高崎まちなかコミュニティサイクル推進協議会によると，「高チャリ」は，中心市街地の新たな足として，回遊性向上と賑わい創出を目的に実施している．2016年9月現在の無料貸し出し自転車は150台である．http://www.takasakicci.or.jp/takachari/（最終閲覧日：2017年1月10日）

参考文献

リチャード・フロリダ著，井口典夫訳『新クリエイティブ資本論―才能が経済と都市の主役となる』（ダイヤモンド社，2014年）485頁．

第 8 章
中小プレスメーカーの環境と戦略
─斉藤プレス工業とシミズプレス─

はじめに

　本章では，高崎市に立地する中小製造業企業のうち，特に金属プレスメーカーに焦点を当て，斉藤プレス工業(株)および(株)シミズプレスのケーススタディを元に，この地域の中小部品メーカーを取り巻く環境と課題，及びその生き残りのための戦略を検討する．

　高崎市には現在プレスメーカーが 50 社[1] 立地している[2]．高崎市の規模を考えれば，このプレスメーカー数は比較的多い[3]．これらの企業の多くは 1950〜60 年代に設立され，初期には自動車のフォグランプなどの薄板をプレスにより絞って製作する部品を作っていた企業が多かったらしいが，その後多くは自動車部品メーカーとしてそれぞれの完成車メーカーの企業グループの一員に組み込まれていった．元請先は各社まちまちであったようだが，多くは tier2, tier3 の下請企業として，部品を tier1 企業へ納入していたようである．現在でも多くの企業は引き続き tier1 企業への納入を続けているものの，かつて「日本的経営」の大きな特徴のひとつであった企業系列と下請生産ネットワークはサブプライム危機と経済のグローバル化によるコスト削減圧力により崩壊しており，以前の系列にこだわらず複数の元請先と取引を行っている企業が多い．また，自動車部品をメインとしている，またはしていた企業が多いため，全体の傾向としては比較的大きな部品のプレスを高精度に行うことに優位性を持つ企業が多く，精密部品のプレスをメインで行っ

ている企業は多くない印象である．近年では，後述するように，自動車部品への依存を脱却するための取り組みが一部のメーカーで行われ始めている．このように，現在高崎市の中小プレスメーカーを取り巻く経済環境は大きく変化しており，各社ともそれに対処し生き残りを図るために様々な努力を行っているところである．

　本章では，特に斉藤プレス工業とシミズプレスという2つのプレスメーカーに焦点を当て，企業を取り巻く環境の変化にどのように高崎市の中小企業が対応しているのか，今後どのような経営戦略をとりうるのかについてケーススタディからのファインディングをもとに検討していきたい．以下，次節では中小プレスメーカー，特に自動車部品を専門としているメーカーを取り巻く経済環境がどのように変化しており，これまでの経営戦略では何が問題になってくるのかについて概観する．2節においては斉藤プレス工業およびシミズプレスという2社のケースを紹介し，これらの企業が環境の変化にどのように自社の強みを生かして対応しているかを確認する．3節では2社のケーススタディからのファインディングをもとに，グローバルな経営環境の変化にどのような対処が可能なのか，生き残りさらに発展していくためには何が必要なのか，についての簡単な考察を行い，最後に結論を述べる．

1.　中小プレスメーカーを取り巻く環境と課題

　典型的な「日本的経営」に関する研究では，系列など長期的取引関係にもとづく企業間ネットワークの構築がその最大の特徴のひとつであるとともに，強みの源泉のひとつであるとされていた．産業組織論の理論から見れば系列などの企業グループと，長期的な元請・下請の取引関係は「企業の境界」を曖昧にする戦略となる．企業はその企業活動のどの部分を内部化（内製）し，どの部分を外部化（外注）するかを決定することが経営戦略上重要となる．内部化した企業活動と外部化した企業活動の境界が「企業の境界」となる．かつてアメリカの自動車企業はこの企業の境界を明確にし，ある部分までは

自社で内部化し[4]，ある部分からは完全に外部に任せアームズ・レングス取引で調達する傾向があった．一方で日本企業は，親会社・子会社関係や元請・下請関係を通じて，長期的取引関係による企業ネットワークを構築していた．これは，グループ企業に外注することにより企業活動の多くの部分を外部化しつつ，グループ企業間の長期的関係により企業間の調整などのコーディネーション・コストや品質管理などのトランザクション・コストを部分的に内部化するという戦略である．はっきり企業の境界を設けるのではなく，緩やかな内部化により「内部化の利益」と「外部化の利益」の双方をねらう，ある意味でいいとこ取りの戦略であった[5]．この戦略はサブプライム危機に伴う世界経済危機以前には一般的に有効なものとして評価されていたが，世界経済危機以降はグローバル市場での競争の激化などもあり，むしろ高コスト体質を助長する戦略であると認識されるようになった[6]．結果として世界経済危機以降は急速にそれまでの企業系列にもとづく部品調達ネットワークが解体されていった．特に汎用部品においては完成車メーカーも積極的に系列企業以外からのアームズ・レングス取引による調達を活用し，またサプライヤーもそれまでの企業グループにこだわらずに納入先企業を開拓していくことになった．現在世界の自動車産業においてはこれまでの元請・下請関係はあまり意味をなさなくなっており，主要な部品メーカーは国内外含め多数の完成車メーカーに納入しているケースが多い．

　これまでの系列関係が崩壊すると，かつては長期的・安定的取引を行っていた系列内の部品メーカーは，系列の垣根を越えた価格競争にさらされることになる．グローバル市場における激しい競争に伴う元請企業からのコスト削減圧力[7]もあいまって，自動車部品メーカーを取り巻く環境は急速に厳しくなっている．さらに，元請企業からの安定した調達が期待できなくなってくれば，下請企業側は自ら新たな販路開拓をめざす必要があるが，これは下請中小企業が以前は引き受けてこなかったビジネスコストを負担しなければならなくなることを意味する．

　特に自動車部品の受注により発展してきた高崎市内のプレスメーカーにと

って，グローバル経済環境の変化とそれに伴うコスト削減圧力は逆風となっている可能性がある．このような厳しい経済環境において，プレスメーカーはどのような強みを活かして生き残り戦略を立てているのであろうか．次節では，高崎市内に立地する2社の特徴あるプレス加工メーカーのケースを紹介し，中小自動車部品メーカーがどのように生き残りを図っているのかを検討する．

2．高崎に立地する中小プレスメーカー：ケーススタディ

(1) 斉藤プレス工業

【会社の概要】

斉藤プレス工業（以下斉藤プレス）は1965年に高崎市京目町にて設立された．現在は本社工場を矢島町に移転[8]し，創業地にはテクニカルセンターを置いている．テクニカルセンターでは主に生産に必要な金型の設計・製作を行っており，商品生産はすべて本社工場で行っている．現在の従業員は28名，本社工場の敷地面積は3,300m^{2}である．

主要生産品はこの地域の多くのプレスメーカー同様自動車部品である．設立後早い時期から日産系列のtier2部品メーカーとして，ケーブルブラケット[9]を主要な製品として納入している．現在はtier1メーカーの納入先がグループ会社の垣根を越え多様になってきているため，斉藤プレスの部品が使われる完成車メーカーは日産だけではなくなっているものの，斉藤プレス自身の納入先は基本的には安定しており[10]，tier1の部品メーカーとの安定的，長期的取引関係を構築している．現在自動車部品の

❶斉藤プレス工業社屋と代表取締役社長斉藤隆氏
（筆者撮影）

総生産に占める割合は90％と大部分を占めており，近年モーターボートなどの操縦用ケーブルのブラケットなどにも進出している[11]．

【生産技術の特徴と"つよみ"】

主要製品であるケーブルブラケットは，❷のようなものである．基本的にはパーキングブレーキやトランクなどの操作を運転席から行うためのケーブルを固定，支持するための部品であり，大きく分けるとケーブルを通すためのパイプと，パイプを保持する部品の2つの部分から成り立っている[12]．ケーブルを通すパイプの形状は多様で，直管の場合もあれば写真のように曲がっていたりひねってあったりすることもある．このパイプを固定する部品に取り付けるためには溶接を行う必要があるが，ここに斉藤プレスの最大の特徴がある．

溶接加工には通常，電極やレーザーにより1点で両方の部材を溶かして接合するCO_2溶接が行われるが，この方法だと部材を直接溶かす必要があるため，元の部材を傷つけることになる．ケーブルブラケットの場合，CO_2溶接によりパイプに傷がつくとパイプ内部に出っ張りなど障害物が出来てしまい，中を通るケーブルのスムースな動きを妨げたりケーブルに傷をつけたりする原因となる．そのため，この部分の溶接にCO_2溶接を用いることは望ましくなく，ろう付けとよばれる溶着方法が用いられる．ろう付けは，接合する部材より融点の低い金属を溶かして接着部分に流し込み，それが冷えて固まることにより部材同士を結合させる方法である[13]．溶着する金属の融点は元の部材よりも低いため，溶接のさいに元の部品を溶かしたり傷つけたりすることがない．このため，元の部材を傷つけられない部品同士の溶接に古くから幅広く使われてきた．

❷斉藤プレス工業のケーブルブラケット．ケーブルとケーブル先端の部材は本来は納入先の企業で組み込まれる（同社製品サンプルを筆者撮影）

しかし，ろう付けは，「ろう」[14]とよばれる溶融した合金が固まる前に手早く作業を終えなければならない．溶着面にとけた

第 8 章　中小プレスメーカーの環境と戦略　　　153

「ろう」をまんべんなく流し込んで行き渡らせなければならない，など職人的技術が必要とされるため，ある程度熟練した作業員でないと出来ない加工法であった．さらに CO_2 溶接と比べ加工時間もかかり，溶着のための「ろう」の原料費がかかるなど，比較的コストの高い加工法である．斉藤プレスは，独自の技術開発により，職人技が必要とされるろう付け加工を自動化するための専用機械を作製，所有しており，これによりろう付け加工の大幅なコストダウンと品質の安定化に成功している．

　自動ろう付け機は，まず溶接する 2 つの部材を固定してバーナーで加熱し，十分熱せられたら部材の隙間に「ろう」を流し込み，冷却して固着させる機械である．これにより，複数の製品を一度に生産することが可能になる上，ろう付け技術に熟練した職人でなくてもろう付け加工が可能となるため，生産性の大幅な改善が可能となっている．斉藤プレスは最大で自動ろう付け機を 3 台保有していたが，現在は 2 台が稼働している状態である．この自動ろう付け機は完全に独自技術により開発されたものであるため，他社に比べ大きな強みとなっている．

　この自動ろう付け機の技術により，斉藤プレスはただのプレス加工メーカーから，複数の工程を一貫して行うことの出来るメーカーへ進化している．近年部品メーカーを取り巻く環境はコスト削減圧力などで悪化しており，元請企業から受注したひとつの工程だけをこなしているだけでは十分な売り上げを確保することは難しくなっている[15]．中小部品メーカーでは生き残りのために納入する部品の付加価値を高めることが必須となっており，複数工程を自社内で行うことは利益率を高める上での，あるいは受注を取る上での大きな強みとなる．多くの部品メーカーが元請企業の作業削減，とくに部品企業間のコーディネーシ

❸斉藤プレス工業の所有する自動ろう付け機．ガスバーナーで部材を加熱し，両方の部材の隙間に溶けた「ろう」を自動で流し込む（筆者撮影）

ョン・コスト[16]の削減のため，複数工程をまとめて受注することを売りにするようになっており，斉藤プレスがプレスメーカーでありながら高いろう付け技術も持っていることは大きな強みとなる．斉藤プレスはろう付け機以外にも，CO_2溶接ロボットやNC旋盤，ベンダーなど多様な工程に対応できる設備を保有しており，後工程を含めた複数の加工工程を一貫して生産して元請企業に納入することを経営戦略のひとつとしている．現在は業務の内訳はプレス加工30％，ろう付け加工30％，その他機械加工30％，サブアセンブリ10％となっているそうである．

　また，本業であったプレス加工の部分では，金型を自社で設計・製作することにより金型品質を保証するとともに[17]，生産現場からのフィードバックによる柔軟な調整を可能にしている．さらに，プログレッシブ加工[18]を導入し，複数のプレス工程を一気に行うことによるコストダウンと効率化を達成している．ただし，どちらかと言えば斉藤プレスはプレスの部分よりもろう付け加工，さらにはそれら複数工程をパッケージングした部品生産に強みを持っていると言える．

　このように，斉藤プレスは本来のプレスメーカーから脱却し，ろう付け加工に技術的優位性をもつことによりプレスの後工程を含めた複数工程を一括受注し，ある程度完成された中間財を生産して付加価値を高める経営戦略をとり生き残りを図っている．

(2) シミズプレス

【会社の概要】

　シミズプレスは1968年に高崎市倉賀野町に設立された．当初は他の多くのこの地域のプレス企業と同様，自動車のフォグランプや補助灯などの薄板絞り加工を行い，自動車下請企業として成長した．現在従業員18名，敷地面積は2,310m^2である．

　当初は自動車部品メーカーとしてスタートしたメーカーであり，主にホンダ系列のtier1メーカーに納入していたそうであるが，現在は自動車部品の

第 8 章　中小プレスメーカーの環境と戦略

みならず幅広い種類の製品を生産している[19]．結果として，斉藤プレスとは異なり，納入先も自動車関連メーカーに限らず非常に幅広くなっており，また必ずしも特定の企業と長期的な取引関係を続けるわけでもなくなっている．どちらかと言えばロットで受注するアームズ・レングス取引の性格が強い取引形態になっているようである．

【生産技術の特徴と"つよみ"】

シミズプレスの生産技術の特徴は2つあげられる．ひとつは汎用プレス機による全剪断技術であり，もうひとつは近年国内で行う企業の少なくなったパイプのスエージング加工を主力のひとつとしていることである．どちらも国内ではライバル企業が少ない独自技術であり，大きな競争上の強みとなっている．

❹シミズプレス社屋と代表取締役社長清水紀幸氏，営業担当清水龍司氏（筆者撮影）

第1に全剪断技術であるが，プレス加工は部材である金属板に金型を押し当てて部品を型抜きする加工法である関係上，普通にプレスを行うと抜けた部品に剪断面と破断面が出来る．剪断面は金型によって金属が「切断」された断面であり，通常相対的になめらかであるが，ある程度までプレスしていくと金属が圧力にまけて「割れる」ことになる．破断面とは割れた断面であり，剪断面と比べると荒れた断面となってしまう．このように，プレスの途中で破断するため，通常プレスの場合部品の断面には，❺のようになめらかな剪断面と荒れた破断面の2層が出来ることになる．特に右の部材で顕著であるが，上部のなめらかな断面と下部の比較的荒れた断面がはっきり分かれているのが見て取れる．

このように，通常のプレスでは断面が2層になってしまい，破断面側では表面が荒れるため，場合によってはなめらかにするために後工程で研磨などを行う必要がある[20]．工程の追加はコスト増加につながるため，できれば研

❺剪断面と破断面．特に右の部材で，断面が光沢のあるなめらかな部分（剪断面）と光沢のない荒れた部分（破断面）の2層になっていることがわかる（同社のサンプルを筆者撮影）

❻汎用機による全剪断の断面．❺のように断面に境界が存在せず，均一な断面になっている（同社の製品サンプルを筆者撮影）

磨する必要をなくすためプレスの際の破断面をなくしできるだけなめらかな断面を作っておくことが望ましい．これが全剪断のメリットであり，1工程省くことによるコスト削減が可能になる[21]．従来全剪断を実現する加工法として，ファインブランキング加工というプレス方式が存在していた．これはプレスを行う際に部材である金属板にV字型のノッチを打ち込み押さえつけて固定することにより，部材の歪みやずれをなくし，剪断途中で破断したりずれて精度が悪化したりすることを避ける加工法である．しかしこの加工法は，Vノッチを打ち込むなどを行うこの加工専用のプレス機が必要となること，Vノッチを打ち込む部分が部材の余白となるため部材の無駄が多く歩留まりが悪くなること，加工が複雑になるため時間がかかることなど，通常プレスと比べコストが高くなることが問題点となる．そのため，汎用プレス機で全剪断を行うことが可能となれば，コスト面でかなり有利となる．シミズプレスでは独自の技術革新により，汎用プレス機で全剪断を行うノウハウを確立しており，ファインブランキング加工や後工程で磨く場合と比して低コストでなめらかな断面のプレス加工を行うことが可能となっている．❻はシミズプレスで汎用機を用いた全剪断技術を用いて製作したサンプル部材であり，断面が均一で剪断面と破断面の境界が存在しない．

この汎用プレス機による全剪断技術は，他のライバル企業の持たない独自

のものであり，この強みを生かしてシミズプレスは多数の顧客を獲得しており，用途も多岐にわたる部品を生産している[22]．結果として自動車メーカーの系列部品メーカーという性格はかなり薄れているようである．

もう1つの特徴的な技術であるスエージング加工であるが，これは金属のパイプを周囲からたたくことにより，絞って径を細くしたり形を変えたりする加工法である．この加工を行うことにより，たとえばパイプに凹凸をつけたり，一方の端を細くとがらせたり，断面を円形から四角形にしたりすることが可能になる[23]．

この加工法は特段高度な技術や精度を必要とするものではなく，過去には国内でも多くの企業が行っていたらしい．しかし，技術者や経営者の高齢化による廃業や，製品の用途が限定されることなどから，国内では次第に行う企業が減少していった．結果として，現在国内でスエージング加工を行っている企業は非常に少なくなっており[24]，ライバル企業の少ない「ニッチ」市場になっている．特にシミズプレスが所有している，ある程度の長さのある部材を加工するスエージング・マシンは国内のみならず世界でも台数が限られ[25]，ライバル企業に対する大きな強みになっている．スエージング加工により製造される金

❼スエージング加工の例．上のパイプはスエージングにより凹凸の装飾が施されている例，下のパイプはスエージングによって径を左に行くにしたがい細くしている例（同社の製品サンプルを筆者撮影）

❽スエージング加工の例．スエージングにより右端を細くしくさびのようにしている．また断面も円形から角がある形状に成形している．杭などの製造に利用する成形方法（同社の製品サンプルを筆者撮影）

属パイプは，用途が限定されるため大きな市場を形成することはないが，需要がなくなることもない[26]．シミズプレスがこの加工を始めたのは，凹凸のあるパイプを利用したトラック装飾用はしごを作るためだったとのことだが，このような趣味的な市場は小さいとはいえ固定客が存在し，また比較的高付加価値・高価格で販売できるため，利益率は高くなる[27]．他の加工法で同様の金属パイプ加工を行う方法としては，金属棒を切削して細くする，あるいはバルジ成形（ハイドロフォーミング）で中空パイプを膨らませて太くする，などがあるが，どちらもスエージングと比べると部材の無駄が出る，コストが高いなど欠点があり[28]，スエージング加工を行える企業がなくなると非常に困る顧客がでてくることになる[29]．需要にくらべ供給が減少してくれば新規参入企業が発生して供給不足を埋めるのが通常であるが，スエージング技術はそれほど高度な技術ではないものの国内ではほぼ失われた技術であり，また必要な工作機械（スエージング・マシン）を製造している企業も少なくなってしまっており[30]，新規参入が困難な分野になっている．このようなニッチな市場をおさえているのは他企業と比べ大きな優位性となり，シミズプレスの業績を支える柱のひとつになっているようである．

　これらの他企業にはない技術上の優位性を活かし，シミズプレスは多様な製品を製造し，幅広い顧客に納入している．現在最大の納入先企業に対する売り上げの全体に占めるシェアは18.4％程度とのことであり，特定の元請企業，系列に依存することを経営上のリスクととらえ顧客の分散を図っている．また，プレスメーカーとはいえプレスのみを行うのではなく，複数工程をパッケージしてある程度完成された中間財生産を受注し元請側のコストを抑えつつ自社の製品の付加価値を高める努力を行っている．そのためにシミズプレスも自社内にスポット溶接ロボットやパイプベンダー，シャーリング加工機[31]などを所有して前工程・後工程などを内部化するとともに，自社内でできない加工については積極的に他企業とコラボレーションすることにより顧客の要望に応えている．これは本来元請側企業が受け持っていた部品メーカー間のコラボレーションやネットワーク化のコストを一定程度部品メ

ーカーが肩代わりし始めている
ことを意味しており，旧来の元
請・下請関係が大きく変化して
いることが見て取れる．また，
顧客の要望にできるだけフレキ
シブルに答えられるよう金型も
自社で内製している．これらの
努力の結果シミズプレスはある
程度下請側から仕事や納入先を
選べる地位を築いており，利益
率を高めている．

❾シミズプレスの所有するスエージング・マシン．グリーンの円筒状の機械の中心の穴に金属パイプを差し込み，円筒の内部にある叩く部分（ダイス）を回転させながら毎分3〜5,000回叩くことにより，パイプを成形する．金型次第で様々な形に成形できる（筆者撮影）

このように，シミズプレスは
汎用プレス機による全剪断プレ
ス加工及び金属パイプのスエー
ジング加工という2種類の他社
が持たない技術上の優位性を活
かし，かつ他社とのコラボレー
ションも積極的に行うことで複
数工程をパッケージングした中
間財生産を行い，付加価値を高

❿シミズプレスの所有するスエージング・マシン．ガイドのといのような部分に金属パイプを載せて機械に差し込み，同様に周囲から叩いて成形する．❾のマシンより長いパイプを成形できるマシン（筆者撮影）

め販路を拡大する経営戦略をとり，生き残りを図っている．

3. 中小プレスメーカーの生き残り戦略：ケースからのファクト・ファインディング

　前節では斉藤プレス工業，シミズプレスという2社のケースを紹介し，高崎市内に立地する中小プレスメーカーの経営戦略を検討した．もちろん2社の事例のみから一般化できるような傾向を読み取ることは難しいが，ある程

度のファクト・ファインディングを行うことは可能であろう．本節では2社の事例をもとに，高崎市の中小部品メーカーが置かれている現状とその問題点，および可能な対処方法について検討したい．

　第1に，ヒアリング調査を行った2社が共通して指摘したのが，「自動車部品の下請は儲からない」という点である．既述の通り高崎市のプレス加工メーカーはその多くが自動車メーカーのtier2, tier3の部品メーカーとして発展してきている．しかし近年のグローバル化によるコスト削減圧力により，旧来型の系列グループ内での長期下請契約に基づく安定的取引構造は崩壊している．各自動車メーカーとも系列グループの枠を超えて幅広く調達を行うようになる[32]とともに，系列部品メーカーに対しても毎年原価低減要求を行うようになっている．このため自動車部品メーカーはグループの枠を超えた価格競争やコスト削減圧力に対応することを余儀なくされており，結果として部品メーカーにとって自動車部品は利益率の小さい製品となってしまっている．今回ヒアリング調査を行った2社とも，「脱自動車」をめざし様々な努力を行っていた．シミズプレスについては自社でできない加工も含めた複数工程をパッケージした部品生産を積極的に受注し[33]，また金属パイプのスエージング加工というあまり自動車部品には使われない技術を持っていることも活かし，すでにかなり受注先の多様化と自動車依存からの脱却を達成している．斉藤プレスは現状ではまだ売り上げの90％が自動車部品であり，「脱自動車」は今後の課題であるが，近年はモーターボート部品生産やタイ工場における農機部品生産などを増やしつつあるとのことである．ボートは日本では市場は小さいものの世界的にはそれなりの需要のある分野であり，また高所得者層のレジャー目的の需要がメインとなるため景気の変動に需要があまり左右されないという特徴がある．タイ工場[34]は当初は元請企業からの要請で日本と同様の自動車部品生産を行うために設立したものの，いざ進出すると元請企業から受注を受けられなかったため現地で販路を開拓せざるを得ず[35]，トラクターなどの部品に販路を見いだしたという経緯だそうである．結果論ではあるものの現在タイ工場の生産の3割程度を農機用部品が

占めるようになり，自動車部品以外の販路を開拓することになっている．両社とも経緯や達成度合いは異なるものの，同様に「脱自動車」をめざして経営戦略を変化させており，今後どのような戦略に移行するかが会社の生き残りに大きく影響を与えるであろう．この問題は，自動車下請メーカーが多い高崎市の中小部品メーカーの共通の課題であると考えられ，今後これらの中小部品メーカーがどのように脱自動車をめざして生き残りを図っていくか，については地域経済・産業政策の面でも検討すべき課題となるであろう．

　第2に，やはり両社が指摘をしていた課題が，「プレスだけでは儲からない」という点である．プレス加工はプレス機で型抜きをする作業なので，品質の高い金型とプレス機さえあれば，切削や鋳造などの他の金属加工と比べ比較的低コストで生産を行うことができる．この点がプレスメーカーの強みであり，他の加工方法で生産されていた部品を金型技術の革新などによりプレスに置き換えることができれば大きな需要を見込めることになるが，逆に言えば加工の単価は安くなるため，利益率が低くなることになる．結果として，プレスのみで十分な利益を出すためにはかなりの量を受注しなければならず，なかなか難しい場合もある．小ロットでも十分な利益を上げるためには部品の付加価値を高める必要があり，そのためにはプレスだけではなく前工程，後工程も含めてパッケージングし，ある程度一貫生産した部分品を納入することが求められる．1節で説明したとおり日本的経営の典型的な特徴のひとつである系列，下請関係を中心とした長期的取引関係は，取引相手のサーチ・コストや，品質や使用の調整などのトランザクション・コストを削減できることにその最大のメリットがあったとされているが，一方で競争の鈍化により部品価格自体は高くなる傾向があった．近年のグローバル市場での競争激化により部品コストの削減が最重要課題となるとこのような長期的取引関係に基づく企業間ネットワークは崩壊していくが，それにより元請企業としてはそれまで引き受けていなかったサーチ・コストやトランザクション・コストを負担しなければならなくなる．このコストをサプライヤー側が一部分でも負担すれば，元請企業側はその部分を付加価値として評価し，そ

れらのコストを反映したある程度高い価格で購入するだろう．今後は自動車部品メーカーもその本業のみをこなすのではなく，電機電子機器におけるECM企業のように下請側からの積極的な部品・商品の提案や複数工程をパッケージした部分品生産の提案などを行い，付加価値を高め利益率を高めていく戦略が求められるのかもしれない．今回ヒアリングした2社はこのような課題に対し対照的な方法で対処していた．斉藤プレスは複数工程をパッケージした部分品生産を行うため，自社内にろう付けをはじめとして複数の金属加工設備を保有し，複数工程を自社で内製化することで対応していた[36]．一方でシミズプレスは，自社内にも溶接設備などを持ちある程度内部化しつつも，周辺企業とのコラボレーションにより自社が行えない加工も含めたパッケージングを積極的に行っていた．部品企業同士のネットワークを部品企業自身が作っていくと言うことであり，企業間ネットワークの大きな再編がおきていることになる．両社を比較するとシミズプレスのほうがより積極的な戦略をとっているとは言えるが，どちらも共通して複数工程をパッケージングして受注することをめざしており，部品メーカー間の工程の枠を超えた競争が今後ますます激化していく可能性がある．政策的示唆を考えるとすれば，このような他業種・他工程の部品メーカー間のコラボレーションを援助するための情報発信やネットワーク構築などにより中小企業を援助することが今後ますます大きな意味を持つ可能性があることになる．中小企業が負担できるトランザクション・コストは当然限界がある．本来このようなコストは企業体力があり，ある程度のビジネスコストを負担できる大企業が負担していたものだからである．人的資源も資金も情報も相対的に少ない中小企業がこのような目に見えないビジネスコストを負担するのは簡単ではない．シミズプレスのように積極的なネットワーク構築ができる企業は少数であろう．このようなコストの一部を自治体などが援助して軽くすることが可能になれば，中小企業の生き残り戦略もまた変わってくるであろう．

　最後に両社が指摘していた問題点としては，中小企業からの製品開発・新製品提案能力が足りない，という点であった．両社とも他社の持たない独自

技術を持っており，それをうまく生かすような新製品や，その技術が役に立つ分野の製品を開発したり提案したりすることができれば，大きな需要を得られる可能性がある[37]．しかし，両社ともそもそも従業員が少なく新製品開発に人材を回す余裕があまりなく，結果的に元請企業からの発注に応える形での生産がメインとなっているとのことであった．シミズプレスでは特にスエージング加工の販路を広げるために，デザインパイプを多種開発して販売しているようであるが，今のところ主要製品として売り上げの中核を占めるほどにはいたっていない．社員は理系の技術者が多く，マーケティングや顧客のニーズ把握などの能力には限界があるとのことであり，新製品開発は今後の課題としていた．また，販路の拡大についても，どのような分野の製品が自社の技術を生かせるのか，言い換えればどのような業種に売り込めば自社の技術を評価してもらえるのか，が中小企業の限られた情報収集能力では十分把握できない，ということであった．たとえば斉藤プレスのろう付けによるケーブルブラケット生産の技術は，パイプの内部を傷つけないという大きなメリットがあるが，それがどのような製品で生きるのかはよくわからないとのことであった．もちろんこれまで生産していた自動車部品およびその応用としてのモーターボート部品などはパイプ内のケーブルを傷めないという点でろう付け加工のメリットを活かした分野であるが，それ以外にもこの特徴を生かせる分野はありそうではある．話をうかがった斉藤プレスの斉藤氏も，たとえば内部を流体が流れるようなパイプの固定の際も，ろう付けであればパイプに穴を開けず内側に傷が付かないので流体の流れを阻害せず有効なはずだ，とおっしゃっていたが，具体的にどのような分野があるかについてはアイデアがないようであった．シミズプレスも技術展示会や中小企業展などでサンプル商品を展示することにより受注元から仕事が来るという販路開拓がメインであり，自社の技術が活かせる分野を自ら開拓することはあまりできていないとのことであった．中小企業は人的資源が限られるため，大企業のように幅広く営業をしたり，情報収集をしたりすることは当然できない．下請企業側にとってかつての企業系列に組み込まれる最大のメリット

のひとつが，この販路開拓などのビジネスコストを削減できる点にあったわけだが，近年このような系列企業のネットワークが崩壊しており，中小企業自身がこのコストを負担しなければならなくなっている．ここにもやはり政策的示唆が存在するかもしれない．自治体，政府によりサプライヤーと顧客を結びつけるようなネットワーク構築を援助したり，情報提供をしたりすることは，独自の技術を強みとして持っているサプライヤーにとっては大きな助けになる可能性があるためである．

おわりに

本章では，高崎市内の2社の中小プレスメーカーのヒアリング調査をもとに，高崎市内の中小部品メーカーの置かれている現状と経営戦略についての考察を行った．今回の調査結果をまとめると，以下の通りである．

今回調査対象とさせていただいた2社は，それぞれ他社にない独自性のある技術を保有しており，その優位性を活かしてこの地域のプレスメーカーとしては比較的成功している．斉藤プレス工業は独自開発の自動ろう付け機により，ろう付け加工を比較的低コストかつ安定した品質で行うことを可能としている．シミズプレスは汎用プレス機による全剪断プレスを独自技術により可能にしており他社に比べ優位性を持つとともに，現在は国内では「失われた技術」といってよいスエージング加工を行うことに独自性を見いだし成功している．

このように独自の技術を持つことは他社との競争に勝ち抜くためにはもちろん必須のことであろうが，更に両社へのヒアリングの結果，高崎市内および日本の自動車部品メーカーを取り巻く課題とそれにどのように対処すればよいのか，に関する示唆がえられた．第1の示唆は，自動車部品のみに依存した経営は非常に困難であり，「脱自動車」，つまりは生産する製品の多様化と元請企業の多様化が利益確保のためには重要だということである．グローバル競争圧力と度重なる元請企業からのコスト削減圧力により，自動車部品

は部品メーカーにとって最も利益率の低い分野となっており，また世界経済の変動からのショックをヘッジする必要もあるため，今後中小自動車部品メーカーも多様な業種・分野の企業と取引関係を構築していた方が望ましいかもしれない．

　第2の示唆は，プレスのみ，という単一工程のみの加工を行っているだけでは生き残るのは困難になるかもしれない，という点である．今回ヒアリングを行った両社とも，方法は対照的ではあるものの，プレスのみを行うのではなく，前工程，後工程も含めたパッケージングによる部分品製造により付加価値を高めていた．斉藤プレスは溶接やろう付けなど自社で内製できる後工程も含めたパッケージングを行っており，シミズプレスは自社で内製できない加工についても積極的に他社とのコラボレーションを行うなどしてパッケージングし部分品を生産していた．特にプレス加工は単価が安くなるため，このようにパッケージングにより付加価値を高め，単価を高めていくことが生き残るために重要になっていくだろう．

　第3の示唆としては，せっかく独自の技術や技術の優位性を持っていても，中小企業が新製品の開発や提案，新販路開拓を行うことは困難であり，この点に関して行政などが援助できる可能性があるかもしれない，という点である．中小部品メーカーは従業員が少ないことから営業活動などを充分に行うことができず，自身の持つ技術優位性がどのような業種，製品に活用できるのかを充分に知ることができないことが多い．また，技術者が従業員の大部分を占めるため，マーケティングや顧客行動調査などのノウハウを持っていないケースが多い．これらの点を補完するため，行政や業界団体などが積極的に企業間のネットワーキングや情報提供などを行うことはあるいは有効な中小企業援助の施策になるかもしれない．

　中小自動車部品メーカーを取り巻く経済環境は，高崎市のみならず日本中で厳しくなっていることは間違いない．厳しい競争環境を勝ち抜くためにはもちろん各社の技術開発などの努力も不可欠であるが，それ以外の経営戦略面での取り組みも必要になることが今回の調査で明らかになった．このよう

に幅広い努力を行うことは多くの中小企業にとっては過度な負担になるかもしれない．地域経済の維持・活性化のためにはなによりも地域に根ざした製造業が健全な経営ができていることが重要である．そのために自治体，社会がどのような努力ができるか，今後の検討課題となるであろう．

（藤井孝宗）

[謝辞] 本稿をまとめるに当たり，ヒアリング調査をご快諾いただいた斉藤プレス工業(株)代表取締役社長斉藤隆氏，(株)シミズプレス代表取締役社長清水紀幸氏，同営業担当清水龍司氏に謝意を表する．ただし，本稿に存在し得る誤りは筆者の責任である．

注

1) 高崎プレス工業協同組合に加盟している企業のみの数．もちろん非加盟企業が存在する可能性もあるし，加盟企業であっても現在はプレス加工を主要な業務としていない企業もある．
2) 高崎プレス工業協同組合 HP: http://www.t-sinkou.com/list/press/
3) 組合長でもある(株)シミズプレスの清水氏によれば，この集積には林製作所と市川プレス工業という2つの企業が一定の役割を果たしたのではないか，とのことであった．林製作所は戦後東京から高崎に移ってきたメーカーで，1940年代後半～50年代にかけて石油ストーブ（カモメストーブ）や洗濯機の製造などを行い一時期700名程度の社員を雇用する比較的大きな企業であったが，その後業績の悪化とともに人材が流出し，彼らが独立したり他社に移籍して生産を始めたりしたらしい．県内有数のメーカーであるサンデンなどにも人材の移転があったようである．また，市川プレス工業は1953年に設立され，自動車ライトなどを製作し始めたプレスメーカーであるが，ここで働いて技術を磨いた職人が1950年代～60年代に数多く独立したそうである（シミズプレスもそのうちの1社である）．実際協同組合に加盟している企業は1950年代～60年代に設立された企業が多いが，その多くはこの2社の影響を何らかの形で受けているのではないか，とのことであった．なお，現在も林製作所と市川プレス工業（IPFに社名変更）は存続しており，高崎プレス工業協同組合加盟企業である．
4) 特にアメリカの自動車メーカーは部品の内製率が高いことが知られていた．
5) 産業組織論の分野ではこのような企業行動の理論は2016年ノーベル経済学賞受賞者であるOliver Hartを嚆矢とする一連の研究により確立していった．たとえばHart (1995, 2011)等参照．また，日本的経営システムや系列も含めた内部化理論，生産ネットワーク研究については浅沼・菊谷 (1997)，Buckley and

Michie (1996), Helpman (2006), Helpman et al. (2008), 伊藤 (1996), Kensy (2001), 三輪 (1990), 小田切 (2010) 等参照．
6) 長期的契約が続くと，競争によるコスト削減圧力が薄れるため，調達価格が上昇する傾向がある．
7) 多くの自動車メーカーは毎年数パーセントの原価低減要求を下請企業に行うのが通例となっている．
8) 1986年本社工場建設，移転．
9) パーキングブレーキや給油口，トランクなどを操作するためのケーブルを通すパイプを固定するための部品．写真❶参照．
10) ただし段階的に納入先を増やし，販路拡大を図っている．現在の主要取引先は鶴岡スプリング，日本フレックス工業，建設ゴム，日本発条，ニッパツメック，大塚工機，ハイレックスコーポレーションなど．
11) ボート用部品はほぼ輸出用とのことである．
12) ❷のサンプルはわかりやすくするためケーブルを通し，先にパーキングブレーキなどにつなぐための部品を取り付けてある状態になっているが，これらの工程には斉藤プレス工業は携わらず，納入先企業が行う．
13) 一般的にははんだ付けがポピュラーである．
14) 斉藤プレスは，黄銅合金をもちいた「黄銅ろう」を利用する加工に強みを持っている．他の原料のろうに比べ強度が高く，銀ろうなどよりは材料コストも低い．
15) 特にプレス加工は他の金属加工（切削，鋳造など）と比べ作業が簡単であるためコストが安い，言い換えれば加工1単位あたりの売り上げが小さいのが特徴であり，「1プレスいくら」という単価の計算で発注されるため，プレスのみを行う場合は利益率が非常に低くなる．
16) 特に旧来の系列企業グループが崩壊しつつある現状においては，元請企業がそれぞれの部品や加工工程ごとに受注先を探す必要があるため，元請企業が多大なサーチ・コストを負担している．また，複数の工程を別々の下請企業に発注すれば，それぞれの工程でコストがかかってしまう．部品メーカーがある程度の工程をまとめて受注してくれれば，元請企業側は大きなコスト削減となる．
17) 中国の金型技術は日本からの技術流出などにより大幅に上がってはいるもののまだ十分ではなく，外注しても納品されてから直したり調整しなおしたりしなければならず，結局高くつくことも多いとのことである．
18) 複数の工程の金型を順番に並べておき，部材を順番に送りながらプレスしていくことにより，ひとつの機械で複数のプレス工程をこなす加工法．1回目のプレスで型を抜き，2回目で曲げて…など複数の工程を部材を送ってずらしながらプレスしていくことで連続して行う．これによりプレス機の金型交換の手間を省くことが出来るため，工数を削減するとともに部材がずれて不良品が発生することを防ぐことができる．
19) ただし元が自動車部品メーカーであるため，比較的大きな部品のプレスが中心

あり，精密機器向けの微細な部品のプレスは行っていないそうである．そのため，通常は剪断面程度のなめらかさがあれば十分となる．

20) 大きな自動車部品などでは断面の荒れは通常問題にならないが，比較的小さな部品や利用される部位によっては断面の荒れが問題になるため，後工程で研磨する必要が生じる．

21) もちろん剪断によって実現されるなめらかさは研磨によって達成されるなめらかさにはおよばないため，精密部品や特殊な用途のために非常に高い平滑度が求められる場合は別途研磨を行う必要が出てくる．

22) たとえば京セラ向けの電子回路の端子なども受注している．

23) たとえば杭やベッド・手すりなどに使うデザインパイプ等に利用される．

24) 国内では他に福井のJAROCという企業が有力だが，その他はあまり聞かないそうである．

25) 現在シミズプレスは長いパイプを加工できるスエージング・マシンを2台所有しているが，うち1台については国内ではシミズプレスのみ，もう1台は世界で4台（国内で2台）しか稼働していないという．

26) 一時期ソーラーパネルを設置する杭の受注が大量に舞い込んだが，その後EUの政策変更などからソーラーパネル需要は急速にしぼみ，現在はほとんど受注がないそうである．

27) 他に現在ではハーレーダビッドソンなど大型オートバイのデザインマフラーなども製造している．シミズプレスの製品は基本的に全て国内企業に納入されているが，この装飾マフラーは少額ではあるものの輸出されている．

28) 切削は太い部材を削って凹凸を作ったり細くしたりする（ねじ切りなど）手法であるので多量の切削くずがでるため部材を無駄にすることになるため歩留まりが悪化する．バルジ成型は中空パイプの中に液体を注入して圧力をかけて膨らませる手法であるが，叩くだけのスエージングとくらべ複雑な加工方法のためコストが高くなる．

29) 実際，これまで発注していた企業が廃業したなどで，スエージング加工を行うことができる新たな取引先を探して九州，関西など遠方から訪ねてくる顧客もあるとのことである．

30) シミズプレスが所有している既述の2台のスエージング・マシンを製造したメーカーもすでに廃業している．

31) パイプベンダーは金属パイプを曲げるためのもので，シャーリング加工機はパイプを剪断するためのものである．

32) アメリカのBIG3などは，かつては大部分の部品を自社で内製していたことが知られており，それが系列部品メーカーのネットワークを持つ日本自動車メーカーとの違いであると言われていたが，近年は積極的に部品の外注を行っている．とくに汎用部品などはロットごとにネットオークションで世界中から入札を受けるなど，コストのみを重視したアームズ・レングス取引を拡大している．

33) 「とりあえずどんな注文でも話は聞く」というのがモットーだそうである．もちろん検討の結果できないとして断ることも多いそうだが，できるだけ周辺メーカーで協力してもらえる企業を探して引き受けるとのことである．
34) 2013年設立．
35) このような事例は海外進出企業のヒアリングでよく聞くものである．海外に進出した元請メーカーは，それまでの国内での系列や長期的取引関係に捕らわれず，現地に存在しているサプライヤーのなかで新たな部品調達ネットワークを構築することが多いようである．下請企業側としては場合によってはある程度無理をして海外工場の投資をしていることも多いため，典型的なホールドアップ問題が発生し，元請企業のバーゲニングパワーが非常に強くなってしまう．結果として下請企業側にとって厳しい条件で取引しなければならなくなったり，そもそも受注が受けられなくなったりする．逆に進出先に同業種が存在しない場合は地域独占に似た状況が発生し，サプライヤー側が非常に強いバーゲニングパワーを持つこともある．
36) 品質その他に責任が持てなくなるため，自社内でできることしか受注しない，とのことであった．
37) 自社開発であれば受注生産に比べ高い価格で販売できるメリットもある．受注生産は基本的に元請側が価格を決めて，それを受注するかどうかの交渉となるのに対し，自社製品であれば自社が価格を決めてからバイヤーとの交渉を行うことができるためである．

参考文献

Buckley, Peter J. and Jonathan Michie, *Firms, Organizations and Contracts: A Reader in Industrial Organization*, Oxford University Press, 1996.

Hart, Oliver, *Firms, Contracts, and Financial Structure*, Oxford University Press, 1995.

Hart, Oliver, "Thinking about the Firm: A Review of Daniel Spulber's The Theory of the Firm", *Journal of Economic Literature* 49.1, pp. 101-113, March 2011.

Helpman, Elhanan, "Trade, FDI, and Organization of Firms", *Journal of Economic Literature* 44.3, pp. 589-630, Sept. 2006.

Helpman, Elhanan, Dalia Marin and Thierry Verdier, *The Organization of Firms in a Global Economy*, Harvard University Press, 2008.

Kensy, Rainer, *Keiretsu Economy, New Economy?: Japan's Multinational Enterprises from a Postmodern Perspectives*, Palgrave Macmillan, 2001.

浅沼万里・菊谷達弥『日本の企業組織革新的適応のメカニズム：長期取引関係の構造と機能』(東洋経済新報社，1997年)．

伊藤秀史『日本の企業システム』(東京大学出版会，1996年)．

小田切宏之『企業経済学(第2版)』(東洋経済新報社,2010年).
三輪芳朗『日本の企業と産業組織』(東京大学出版会,1990年).

第9章
経営指針と従業員育成：山岸製作所

はじめに

　日本の中小企業数は，長期的に見て減少傾向が続いている．中小企業庁『小規模企業白書』2016年版によれば，中小企業数は1981年の526万社から2012年の385万社へと3割減少した．同期間に製造業は79万社から43万社へと4割強減少している．こうした中小企業数の減少の原因として，『小規模企業白書』は小規模事業所における高齢化の進展をあげている．すなわち，年齢階級別にみた個人事業所数は，1982年は30歳～40歳がピークであったが，2012年は70歳以上が最多で80万人を超えている．小規模事業所数（製造業では従業員数20人以下，卸売業・小売業・サービス業では同5人以下）が中小企業数全体に占める割合は，2014年85.3％で高い水準にあるが，高齢化に伴う後継者不足が経営の継続を困難にしているのである[1]．

　小規模事業所を中心とする中小企業は，地域経済に不可欠の存在である．前述の『小規模企業白書』では，小規模事業所の発注や取引関係の80.4％は，当該企業が立地する市町村や近隣市町村で行われている点が指摘されている．同時に『中小企業白書』2013年版では，三大都市圏中心市の存在しない道県では，雇用の83.8％を中小企業が占めているという重要な事実も報告されている．こうして，中小企業経営が安定することは，地域経済を主軸とする日本経済の展望を考える作業でもある．

　本稿では，株式会社山岸製作所（以下，山岸製作所）を事例として，経営

指針を柱として人材育成を行う試みの意義と課題について，検討を加える．中小企業経営者が人材を育成し，経営安定と労働者の賃金上昇を両立させるためにはどうしたらいいのか．この点を，山岸製作所の事例を通じて検討したい．以下，1節では山岸製作所の企業概要を紹介し，2節と3節では山岸製作所の教育・訓練システム，人材育成の特徴を明らかにする．4節では1〜3節の事例の紹介を踏まえてそれらが意味することを展開する[2]．

1. 山岸製作所の概要

本節では山岸製作所の概要を紹介する．山岸製作所は，1962年創業の群馬県高崎市に本社を持つ精密機械部品加工の中小業者である．特にベアリング関係の製品取り扱いが多い．ベアリングとは，荷重を支えながら，摩擦抵抗をできるだけ小さくした状態で軸を回転させるための機械部品であり，すべり軸受ところがり軸受がある．前者は摩擦係数が0.1〜0.8程度であるのに対し，後者の摩擦係数は0.01〜0.00001程度で非常に小さい（図9-1, 2）．ころがり軸受を中心とするベアリングの多くは，自動車，鉄鋼，工作機械，電機分野などで活用されている．ベアリングは産業のあらゆる場面で利用さ

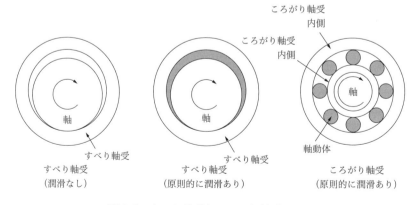

図9-1 すべり軸受ところがり軸受

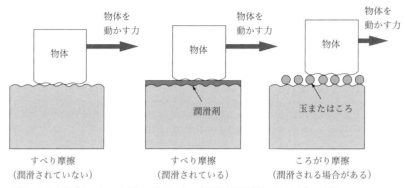

出所：吉武立雄『トコトンやさしい軸受の本』(日刊工業新聞社，2014年) 51頁．

図 9-2　すべり摩擦ところがり摩擦

れているため，「産業の米」「機械の米」とも呼ばれている[3]．

　山岸製作所が主として取り扱うニードルベアリングとは，転動体としてのころが直径 6mm 以下で，長さが直径の 3〜10 倍の小さな針状のころを用いた軸受を指す．転動体が針状のころのため，断面の高さが小さく，寸法の割には負担能力が大きい．また本数が多いことから剛性も高く，揺動運動にも適している[4]．

　山岸製作所はまた，工作機械・産業用機械部品，自動車用部品，半導体製造装置部品等を手掛けている．精密機械部品における薄肉加工の作業に強みを持ち，かつては米国の GM 社向けのハイブリッドモーターを生産していた．ここ数年は航空企業向けの部品開発等新たな市場拡大も目指しているが，売り上げのおよそ 6 割は自動車向け部品の販売である（❶❷）．

　3 つある自社工場は，生産する品目の違いや，該当部品が量産品であるか，それとも試作品であるかなどの基準で区分されている．すなわち，第 1 工場は，ニードルベアリング保持機や自動車部品等の量産加工を行う．第 2 工場では，中間ロット向けの精密加工を行う．第 3 工場では，試作・開発の提案商品やハイブリッドモーターの基幹部品を生産している（表 9-1）．このよ

うに，山岸製作所は薄肉切削加工に特化して自社の強みを発揮し，従業員数を拡大している．操業当初は家族経営であったが，2006年には従業員数60人を超え，2016年9月現在では従業員数110人になっている．

2. ヤマギシテクニカルセンター創設に至る経緯

　本節では，企業内に設置された職業訓練校であるヤマギシテクニカルセンター創設に至る経緯を振り返る．群馬中小企業家同友会（以下，群馬同友会）との出会いから，人材育成を意識し，試行錯誤を経て，同センター設立に至った経緯を確認していく．

(1) 切削加工の技能・技術の蓄積

　山岸製作所が手掛ける薄肉切削加工製品は，多くの中小企業が手掛ける製品のひとつである．山岸製作所は切削加工においてどのような技能・技術を保持しているのであろうか[5]．切削加工の中小企業の場合，プレス，板金など対応できる業務を拡大する傾向にあるが，同社は切削にこだわっている．切削では，小さいものでは5mmから大きいものでは1mまで対応することができる．素材の加工方法は

❶ニードルベアリング保持機

❷半導体製造部品（薄肉品）

山岸製作所ウェブサイト
(http://www.yamagishi-ss.com/sample/index.html#car, 2016年12月27日アクセス)

表 9-1　山岸製作所の工場の概要

第 1 工場
・ニードルベアリング保持機，自動車用部品を中心とする量産品（量産ライン部門）
・試作開発，量産前の立ち上げ，小ロット品の製造（試作開発部門）
第 2 工場
・月 200～400 種類の多品種少量品の製造
・素材から各種表面処理までの一貫生産
第 3 工場
・試作・開発型の提案製品の製造
・各工場の生産設備品の製造および生産技術の開発
・ハイブリッドモーターの基幹部品の量産加工

出所：山岸製作所提供資料をもとに筆者作成．

　厚みや薄さによって異なるが，凹凸ない形に仕上げることは難易度が高い．代表取締役の山岸良一氏（以下，山岸氏）によれば，一見すると丸く見えるものも三次元測定器を使うと三角形状になっている．「取り扱うものは基本的に丸いものが多い．丸いものを回して削る．普通の削り方では，おむすび型になる．見た目はまん丸だが，三次元測定器を利用すると三角のおむすび形状になっている．そこで凹凸をなくす形で削る．この技能は研究・開発の賜物」（山岸氏．以下，特に断りのない限り，引用はすべて同氏）．

　山岸製作所ではなぜこのような切削技能の磨き上げが可能になったのか．山岸氏によれば，30 年前に NSK ニードルベアリング株式会社（以下，NSK）の加工に取り組んだことがきっかけである．「NSK の扱う製品はとても薄いものが多かった．薄いものを加工するためには独自のノウハウが必要である．ニードルベアリングの加工を行う中で，これらに対応する技能を蓄積していった」．こうして，同社は一般的な量産品とは別に試作・開発型の製品製造にも力を注いでいる．山岸氏によれば，「NSK の切削関係の試作品は，ほぼ当社が行っている」．

(2)　中小企業家同友会との出会い（1997 年）
　中小企業が保持する独自の技能・技術は，競合他社と比較した場合の競争

優位の源泉になりうる．とくに，労働集約性が高い業種では，組織内での長期にわたる技能訓練が，当該企業のものづくりの力を高めることにつながる[6]．山岸製作所では，こうした技能・技術の蓄積を裏付ける企業理念をもっている．それは「企業は人なり．人材育成は企業力」というものである．企業としての行動規範を表す部分に，人材育成を重視する姿勢をダイレクトに含めている．この含意はいかなるものであろうか．

　山岸氏は1995年に山岸製作所の代表取締役に就任した．当時はワンマン経営で，従業員の反応は鈍く，「ろくな社員がいない」と嘆いていた．様々なセミナーや研修会に出るが，従業員との距離はさらに開いていったという[7]．この悪循環を断ち切ったのが群馬同友会との出会いである．中小企業家同友会全国協議会（以下，中同協）は，1957年に東京で創設された中小企業経営者の任意団体で，47都道府県に4万5,200人（2016年2月時点）の会員がいる．中同協は，(1)企業の自主的近代化と強靭な経営体質をつくる（良い会社をつくろう），(2)中小企業家同士が自主的な努力で総合的な能力を身につける（良い経営者になろう），(3)中小企業を取り巻く社会的・経済的・政治的な環境改善をはかる（良い経営環境をつくろう）を会の3つの目的としている．中同協は同時に，1975年に「中小企業における労使見解」（以下，「労使見解」）を発表し，経営者と労働者がともに立場の違いを認めながら，安定的な労使関係を構築することを説いている[8]．

　中同協は，経営理念，経営方針，経営計画の3つを経営指針と呼び，中小企業経営者が他社の経営指針を学ぶ過程で，経営者と労働者がともに成長する環境を作ろうと考えている．山岸氏は，中同協の地域支部である群馬同友会のセミナーに参加し，他業種の中小企業経営者と積極的に交流した．弟の山岸祐二専務と一緒に，月1回，経営指針を学ぶ勉強会に1年間参加した．そこで多くの中小企業経営者から企業経営の真髄や経営理念作成の大事さを学んだ．そこでできたのが「企業は人なり．人材育成は企業力」という山岸製作所の企業理念である．山岸氏は企業理念の作成について次のように述べている．「群馬同友会での経営方針や経営理念を学ぶ勉強会に参加したこと

が，いまの経営指針作成のベースとなっている．当時はとにかく人材育成をしっかりやっていこうということで方針を立てた」．

(3) 中間リーダー層の育成とキャリアコンサルタント資格（2006年）

　山岸製作所は経営指針を作成する過程で，様々な問題を抱えつつも，従業員が徐々に定着するようになる．そして，新卒採用も順調に増える中で，2000年代にはいると従業員数も50人を超えた．従業員が拡大したことに対して，組織として中間リーダーをいかにつくるかが課題となった．当時のリーダーは，部下を指導した経験がなかった．見本となる先輩もいなかった．山岸氏はリーダーに期待するが，当事者のリーダーたちは戸惑いが広がる．その結果，人間関係が悪化し，若手従業員の退職も続いたという[9]．当時のことについて山岸氏は次のように語っている．「社長と専務以外にリーダーがまったくいない状態だった．役職も事実上ないに等しく，組織としての体裁が取れていなかった．会社経営としては限界があって，実際に辞める人も多かった」．

　山岸氏は組織改善を行うために，姉である常務と一緒にキャリアコンサルタントの勉強に通った．土曜日と日曜日に養成講座を受講し，6カ月間勉強をした．そこで他人任せの研修ではなく，自分の手で部下・将来のリーダーを育てる必要性を学んだ．キャリアコンサルタントの資格を取得し，従業員と一緒に個別の面談や傾聴を行った．すると，職場で会話が増えて，明るくなり，退職者が少なくなったという．

(4) 雇用調整助成金を用いた技能訓練（2008年）

　2000年代後半にはいると，世界的金融危機の影響で経営の屋台骨が揺らぐ．2008年の米国を出発点とするリーマンショックは，日本国内の自動車関連中小企業にも大きな影響を与えた．受注が減少し，やむなく雇用リストラに向かう中小企業も多かった．山岸製作所もリーマンショックの影響を受け，2008年1月に月1億円あった売上高が，2009年3月には月2,000万円

へと 8 割減少した．このとき，「人材育成は企業力」という企業理念は，社内の改善と教育訓練という形で運用される．すなわち，仕事が激減する中で，工場の稼働日を減らし，かわりに従業員の教育訓練を重点的に行った．「測定ができない人は測定をする．セットや段取りができない人は，段取りができるように勉強する．こうしたことを半年以上続けた」．

第 1 に，社内のムダの見直しである．当時従業員数は 70 人前後だった．同業他社は「リストラで何人解雇するのか」ということを議論していたが，山岸製作所ではいっさい雇用に手をつけなかった．社内の改善を徹底するため，アンケートを活用した．具体的には役員の給料半減からスタートしたという．「『1 人のリストラもしないからみんな頼む』とお願いをして，改善案を出してもらった．100 点近くの改善案が出された」．

雇用に手をつけずに組織改善を行うことができた理由のひとつとして，山岸氏は前述したキャリアコンサルタントの資格取得の影響をあげている．「キャリアコンサルティングの勉強で，失業が労働者に与える影響についても学んだ．失業で自殺を考える，家庭が崩壊する．そうしたことを勉強したので，雇用を減少させることは考えなかった」「キャリアコンサルティングの勉強をしなかったら，他の会社と同じことをしていた」．

第 2 に，雇用調整助成金の活用である．雇用調整助成金とは，事業継続が困難な場合に，従業員に教育訓練を行うことで，雇用維持に対する助成金が受けられる制度である．当時は給料の 6 割の補助と，訓練を実施した日は 1 日当たり 6,000 円が支給された．山岸氏と弟の祐二専務は窓口の職業安定所に何度も出向いた[10]．「国で雇用調整助成金を補助していた．教育訓練している企業に給料の 6 割を補助していた．申請に行くと大企業が 2 社で，中小企業は弊社だけだった」．こうして，山岸製作所では，リーマンショックの下での受注減少期間に，労働者に対する教育訓練投資を行った．

(5) ヤマギシテクニカルセンターの創設（2010 年）

2009 年 6 月になると教育訓練投資の効果も出てきた．売り上げが月 6,000

万円まで回復したのである．技能訓練の影響で，パートタイム労働者が高度な三次元測定器を使いこなせるようになった．職場全体の作業効率が格段に上がったことで，経営が安定するようになってきた[11]．他方で，雇用調整助成金の申請過程を通じて，行政関係者と接点が増えた．そもそも，行政関係者との連携がなければ，雇用調整助成金の採択も難しい．「雇用調整助成金は，行政機関と密接に連絡を取ったことで採択の可能性が広がった．緊密な連絡なしには，補助金は取れなかった」「ジョブ開発センターの関係者にも，申請書の見直しなど，随時アドバイスをいただいた」．

行政関係者と接点が増えたことで，山岸製作所の経営にとってもプラスとなる状況がうまれる．それは自社で行っていた技能訓練を公的な職業訓練と連動していくことである．雇用調整助成金の申請窓口の担当者から，体系だったカリキュラムで教育訓練する必要性を指摘された．「リーマンショック以降，助成金の申請書類のやり取りを通じて，職業能力開発協会などの関係者と接点ができた．そして，『どうせなら，教育訓練を学校にしてはどうか』というアドバイスがあった．職業能力開発協会がカリキュラムを作り，それらを社内で実践するようになった」．

こうして，2010年になると社内教育の実践が公的職業訓練として認定された．群馬県認定のヤマギシテクニカルセンターがそれである．職業訓練校は一般に，地方自治体や大企業が設置することが多く，中小企業が独自に設定するのは全国的にも稀である．ヤマギシテクニカルセンターでは，旋盤技術やマシニングセンターの知識や実習，加工の原理や図面の見方を学ぶ．山岸氏が作成した教科書を使って，山岸氏や専務が講義をする[12]．「テクニカルセンターは，技能検定2級を取るための勉強が中心である．技能検定2級取得には入社後3〜5年かかる．当初は教科書もカリキュラムも既にあるものを使ったが，いまでは若干のアレンジを加えている」．こうして，山岸製作所は，リーマンショック後の技能訓練プログラムが公的に認められ，社員教育の実践として，より深化を遂げていくことになる．

表 9-2　山岸製作所の略年表

年	内容
1962 年	設立.
1971 年	工場を箕郷町に移転.
1984 年	法人化で社名を有限会社山岸製作所に変更.
1995 年	山岸良一氏，株式会社山岸製作所の代表取締役に就任.
1997 年	群馬中小企業家同友会に入会．経営指針作りの勉強会に参加.
1998 年	地元の高校に働きかけ，新卒採用を開始.
2006 年	従業員数 60 人を超える．中間リーダーの育成が課題になる.
2009 年	独自の技能教育訓練活動，テクニカルマイスター制度開始.
2009 年	リーマンショックの影響で売上高が 1 億円から 2,000 万円に減少．雇用調整助成金活用で技能訓練に集中.
2010 年	群馬県認定の職業訓練校「ヤマギシテクニカルセンター」開校．従業員数 80 人超える.
2012 年	第 2 回「日本でいちばん大切にしたい会社」審査員特別賞受賞.
2014 年	航空機分野への進出目指し，プロジェクト・ファシリテーション立ち上げ.
2015 年	航空機産業における品質マネジメントシステム「JISQ9100 認証」取得．従業員数 100 人超える.

出所：『中小企業家しんぶん』2012 年 3 月 27 日付，山岸製作所ウェブサイト，聞き取り調査等をもとに筆者作成.

(6) 「日本でいちばん大切にしたい会社」審査員特別賞の受賞（2012 年）

このように，山岸製作所は山岸氏が社長に就任してから，中小企業としていかに人材を育成するのかに最大限の努力をしてきた．この過程自体は一見すると順調に見えるが，組織拡大期のリーダー不在，景気後退期の技能訓練など，苦難の道を乗り越えてきた歴史でもある．ここで大事な点は，山岸製作所が群馬同友会との出会いをきっかけに，人材重視の企業理念を掲げ，それらを時代の状況にあわせて柔軟に変化させながらも，人材育成に投影してきた点である．経営指針と人材育成を連動させているからこそ，会社経営としての方針自体がゆらぐことはない．それが同社独自の薄肉切削加工技能の蓄積につながり，競争優位を生み出している．ヤマギシテクニカルセンターの動きは全国的にも珍しい．その影響もあって，取り組みは行政関係者にも注目され，2012 年 3 月には，山岸製作所は日刊工業社による「日本でいちばん大切にしたい会社」審査員特別賞を受賞する．以上の過程を整理したのが表 9-2 である．

3. 人材育成を重視する取り組み

　本節では山岸製作所における新卒採用重視の経営と，教育訓練投資を中心とした人材育成の特徴を整理する．また，自動車部品以外の最近の新たな販路拡大の取り組みについても紹介する．

(1) 新卒採用重視とテクニカルセンターでの研修

　山岸製作所における人材育成の基本は，新卒採用である．それは，山岸氏がかつて群馬同友会に加入したとき，先輩の経営者に新卒採用の魅力について話を聞いたことをきっかけとしている．山岸氏はその経緯を次のように語っている．「同友会の経営指針の勉強会に出たとき，先輩経営者に『新卒は白いキャンパスだから，どんな絵を描くかは経営者次第』と言われた．その言葉を聞いて，新卒者に対してきちんとした教育訓練を行っていくことが，経営者の責任だと思い，感銘を受けた．それ以来，ずっと新卒採用が基本」．ただし，当初は新卒採用も十分には確保できなかった．群馬同友会の共同求人活動に参加し，名刺交換した高校に電話を入れ，訪問し，採用をお願いした．そして，群馬同友会主催の社員研修にはすべて参加し，経営指針を作る過程で，一緒に学んだという．

　山岸製作所の従業員数は2016年9月時点で110人を超えている．ただし，ここ数年の新卒採用は従来とは変化がみられる．従来は高卒の採用を重視していたが，最近は大卒も視野に入れて採用を増やしている．「これまではずっと高卒の新卒採用を行ってきたが，5・6年前から大卒の新卒採用も増やしている．割合としては，1人が高校生，4人が大学生という感じ」．この5年間に採用した新卒社員20人のうち，離職したのはわずか1人である．それは，先に述べたヤマギシテクニカルセンターによる技能教育の影響が大きい．テクニカルセンターでは，入社1年目に128時間の授業を行う．入社2・3年目は個々の職務や適性にあわせて，学習を行う匠塾（たくみじゅく）

に入る．入社3年目には難しい材料の加工などの研究テーマをもとに研究発表会を行う．従業員にとっては，入社後学ぶことが明確で，安心感があると評価されている[13]．若年層の従業員の高い定着率は，教育訓練への投資の効果ともいえる．

(2) 中高年齢層の活用と女性従業員増大への対応

それ以外の人材はどのように確保して，教育訓練を行っているのであろうか．ここでは，中高年齢層のパートタイム労働者と，女性労働者の2点について検討を行う．

第1に，新卒採用を重視しているとはいえ，中途採用がないわけではない．とりわけ高度な技能を持つ中高年齢層の確保は，薄肉切削加工の競争優位を生み出すうえで，重要な契機となる．山岸製作所では，定年退職制度を設けている．また定年退職者に対し再雇用という形態で就労してもらうケースがある．再雇用の対象者は，パートタイム雇用者40人のうち10人で，対象者全員が60歳を超えている．こうした再雇用のパートタイム労働者が，人材育成に果たす役割も大きい．「従業員の年齢構成は，若年層に偏っている．正規雇用の平均年齢を概算すると，おおよそ27〜28歳くらいになる．若年層が多いことは歓迎すべきだが，熟達した技能を伝達する役割の従業員も必要である．年齢構成でいえば年配にあたる人々が，事実上の指導役にもなっている」．従業員数110人の内訳は，70人が正規雇用，40人が再雇用を中心としたパートタイム雇用である．

第2に，大卒の新卒者を拡大すると女性の採用も増える．これはここ数年の採用状況と対応している．これまでは従業員のほとんどは男性であったが，女性が増えている．そのことで，社内の人材教育も変化していく．入社する従業員の出身大学・学部は文系から理系まで様々である．ただし，入社後は専門に限定されない幅広い技能を身につけることが期待されている．同時に，女性の場合には，出産後にいかにして就労を継続できるのか，が大きな関心ごとになる．出産に伴う仕事と家庭の両立という新たな課題である．一般的

に，女性の雇用が拡大すれば，出産・育児・子育てと両立可能な職場環境が求められる．男性も含めて仕事と家庭的責任を両立させるためにどのようなことができるのか，関心を持つ若年層は多い．

　山岸製作所では育児休業制度や短時間正社員制度のような制度作りと運用を行っている．この点について山岸氏は次のように述べている．「新卒で入った大卒の女性は，3年くらいすると結婚して出産するケースも出てくる．出産後は1年くらい育児休業に入るので，長期に休むことを想定して，従業員を確保しなければならない」「女性の多くが常に2人ずつ程度育児休業で休んでいるので，さらに2名を多く働いてもらっている」．従業員数110人に対し，正規雇用の女性は10人にすぎず，量的には決して大きくないが，将来の市場拡大も見据えて積極的に人材確保を進めている．

(3) 技能評価と賃金との関係

　ヤマギシテクニカルセンターの創設は，リーマンショック後の景気後退期に技能訓練をはじめたことがきっかけだった．リーマンショック以降，各部門の仕事の洗い出しを行い，そこで職務明細の一覧表を作り，各部門で蓄積された仕事内容を整理した．これが教育訓練の公的認定につながった．労働者は一般に自身が習得した技能が社内でどのように評価されているのかに関心を持つ．とりわけ上司が部下の仕事ぶりを適切に評価することができれば，離職率の高い中小企業においても，労働者の職場定着につながりうる．この点について山岸製作所はいかに対応しているのであろうか．

　テクニカルマイスター制度では，各個人が目標に対してどれだけ達成できたのかをチェックする．目標に対する技能の達成度を評価として組み込んでいる．ただし，現状ではこれらの教育訓練の達成度が，各個人の賃金の上下に占める割合は決して高くないという．「テクニカルマイスター制度は，個人の目標の参考値である．人材育成が基本なので，賃金が上下する等への影響は小さい」．前述したように，ここ数年では大卒の採用者も増えている．新卒者の学歴が相対的に上昇することと対応して，若年層の間にも自らの能

力を適切に評価してほしいとの声も増えている．「従業員アンケートをとると，技能評価が賃金にどう結びついているのか，疑問点やコメントがあった．従業員数が50〜60人程度でやっているときには，この種の問題は顕在化しなかったが，100人を超えると，もう少し踏み込んだ制度設計が必要になってくる」．

　大企業と比較すると中小企業において人事査定を導入するケースは少ない．やや古いが労働省『雇用管理調査』1999年によれば，人事考課を導入している中小企業は39.1％であり，人事考課を公開している中小企業は18.5％にすぎない[14]．これまで，日本の大企業の人事査定は，長時間労働等も労働者の「能力」に組み込むことで過密労働を招くとの問題点が指摘されてきた[15]．中小企業においても，人事査定が労働者の労働条件を悪化させることのないよう最大限の注意がなされる必要があるが，中小企業であるからこそ，人材を確保し，経営者と労働者が一緒に成長していこうとする志向を明確化する企業もある[16]．こうした事例では，人事査定を通じた「選抜」ではなく従業員「育成」が重点に置かれている．職務評価と連動した公正な賃金制度の確立は，様々な制約や課題が伴う．しかし，中小企業においていかに技能評価と賃金を連動させるのかという点で，避けて通ることのできない問題でもある．

(4) 経営指針を従業員に浸透させる試み：ポケットサイズの手帳配布

　経営指針を絵に描いたもちに終わらせず，職場の従業員の多くがそれらを理解することは，中小企業が経営指針に基づいた企業経営を行ううえで，必須の作業である．山岸製作所では，経営理念や経営方針を従業員に浸透させる試みも行っている．経営理念は会社の壁に立てかけているだけでは十分ではない．それらを経営者が中期計画等の数値目標に落とし込むとともに，各職務を担当する従業員が，日々の業務の意味を消化できなければならない．そのために，山岸製作所では，経営理念や経営方針を日常的に持ち歩けるように，社員手帳に記載している．「机の中にしまってしまうと読まれないの

で，ポケットサイズにした．東京の他社が実践されていることを真似した．経営理念や経営方針は1年に1回の総会で必ず説明する」．この手帳では，会社の概要や組織構成などに加えて，経営理念等も掲載してあるのである．

(5) 中小企業と若年層との間のミスマッチ対策

　中小企業の人手不足の背景の1つに，若年層が中小企業への就職活動を行うことが少ないという理由が挙げられる．中小企業側は将来の幹部候補になりうる若年層を採用したいが，求職側である若年層の目は大企業にいきがちである．こうしたミスマッチをどのように是正していったらよいのだろうか．山岸製作所は，前述した高校の教員への直接連絡や群馬同友会の共同求人活動に加えて，インターネットサイトへの掲載も行っている．「学校の先生に集まってもらい，中小企業経営者と座談会をする共同求人活動は中小企業と若年層との間のミスマッチを防ぐための試みである」「中小企業の多くは，リクナビやマイナビなどの求人サイトには出てこない．それは掲載料が高いからである」．採用側である中小企業は人手不足であるが，求職側である若年層は情報不足であるという側面がある．こうした中小企業における採用のミスマッチを解消するためには，求職側・求人側双方が職場の理解を深めていくことが求められる．とりわけ，中小企業側が，中小企業で働く場合であっても，労働者が長期的な生活や仕事の展望を見出せるような環境が存在することを，積極的に発信していくことは重要である．

(6) 航空機分野への参入

　大手自動車メーカーの多くは，国内生産基盤を一定程度保持しつつも，海外市場の確保に重点を置いている．とりわけ中国における自動車市場の高まりは大きく，それらの海外展開が，国内取引関係にある自動車関連中小企業の経営にも影響を及ぼしている[17]．自動車産業の生産基盤が縮小傾向にあるとすれば，下請中小企業は新たな販路の拡大を急ぐ必要がある．この点について山岸製作所はいかに対応しているのであろうか．

山岸製作所では，自動車製品部品に加えた新たな事業として航空機産業に注目している．同社では2014年から航空機分野への参入をめざして，チーム単位での事業計画の立案・実行を進めている．チームが協力して創発的に成果を出すプロジェクト・ファシリテーション（以下，PF）である．山岸製作所はまた，2015年に航空機産業における品質マネジメントシステムである「JISQ9100認証」も取得している[18]（前掲表9-2）．NSKとの共同開発がそうであったように，山岸製作所は提案型ものづくりの強化を重視している．この手法を，航空機事業という新たな事業分野でも活用したいというのが，PFの立ち上げや，品質マネジメントシステム取得の背景にある．山岸氏によれば，航空機や宇宙航空・防衛の関連産業では，部品の品質管理がとりわけ厳しいという．「どの材料を使って，どういう加工をしているのか」という意味でのトレーサビリティの透明性が求められる．しかも，20年間の製造保証に耐えられる品質の製品提供ができなければならない．「航空機産業に中小企業が参入することは容易ではない．社内体制としても，製品保証を20年間継続できるようにならなければならない」．

　航空機事業への参入は徐々に増えている．国内受注だけではなく，海外の市場も視野に入れて，人材育成に取り組む必要がある．「営業活動の展開も従来どおりの国内だけでは限界がある．海外も視野に入れている．そうすると当然語学に堪能な人材の確保も必要になってくる」．

4. 経営指針を柱とした中小企業経営の意義と課題

　本節では山岸製作所の事例から得られる中小企業経営一般への示唆を考察する．人材の確保という観点から見て，経営指針を柱にすることの積極的意義を明らかにしたい．

(1) 経営指針と人材育成の連動の必要性

　山岸製作所は，社内に公的職業訓練施設を保持する中小企業として全国的

にも珍しい事例である．社内教育体制が公的職業訓練施設として認められることと，経営者自身が経営指針を学び，労使関係の安定を重視する中同協の会員であることとは，決して無関係なものではない．むしろ，経営指針を人材育成に結び付けるという点で，中同協の理念を忠実に実践しているといえる．山岸製作所は第1に，企業理念に「企業は人なり．人材力は企業力」という言葉を組み込み，従業員の雇用を守り，成長を促すことに企業経営の重点を置いている．経営指針に関わる資料をポケットサイズで配布し，総会等を通じてそれらの意味を理解する取り組みも行っている．人材育成を柱とする経営指針の従業員への浸透をはかり，従業員アンケートにおいてもその理解度が高いことが示されている．

第2に，山岸製作所では，中途採用よりも新卒採用が重視されている．新卒採用者に対しては時間をかけて，社内教育を行う．新たな人材に対して，長期的な視点から教育訓練を行うことのできる人的・制度的蓄積があることの表れでもある．

第3に，山岸製作所においては，経営指針と人材育成を連動する企業経営を実践した結果，社内独自の技能の蓄積がみられる．精密切削加工の中小業者は全国に多く存在するが，公的職業訓練施設を併設する業者は，ほとんどいないのではないかと考えられる．それは，もともと社内で行っていた研究・開発に関わる職務を精査した結果生まれた職務一覧表がベースとなっている．長期間にわたる研究・開発機能が高いものづくり技能を裏付けている．こうした技能の蓄積は，新たな市場創出への展開をもたらしている．すなわち，蓄積された技能を他業種の部品開発に展開すべく，自動車向けベアリング製品のみならず，航空機事業向けの製品開発も準備している．

このように，山岸製作所は下請中小企業であるが，従業員に対する徹底した教育訓練を実施することを通じて，同業他社とは異なる独自の技能・技術を蓄積している．これらの技能の蓄積は，経営指針の確立と労使関係の安定を目指す中同協の会員活動の中から徐々に生まれたものであり，経営指針と人材育成が連動して運用されている．経営指針を活かした人材育成を行って

いる点が山岸製作所の最大の特徴であるといえよう．

　1990年代以降，日本の大企業の多くは，長期安定雇用を見直し，成果主義型の賃金体系をいち早く導入してきた．2000年代，納得性や公平性の観点から業績連動型の賃金が支給される割合は減少している[19]．大企業を中心に即戦力志向が極度に高まることで，逆に「人材育成の主体は誰なのか」という問題が顕在化しているのである．こうした大企業の動向とはむしろ対照的に，山岸製作所では，積極的に教育訓練投資を行い，将来の幹部候補を育成しようと試みている．中同協の会員の中には，中小企業の人事労務管理として，経営指針と人材育成を連動させようとする試みがなされているが，山岸製作所もまた，中小企業であるからこそ，人材に対して積極投資を行う事例として注目に値する．これらの取り組みが，例えば，ニードルベアリング業界における共通資格の普及・拡大などに発展すれば，企業横断的な人材育成，業界としての人材の底上げにつながる可能性もある．その点で，教育訓練を重視する中小企業の事例は，個別具体的なものであると同時に，中小企業一般にも当てはまる普遍的な意義をもあわせ持つ．

(2) 中小企業における賃金・労働条件の向上

　中小企業における人手不足の要因のひとつは，大企業と比較した労働条件格差にある．厚生労働省『毎月勤労統計調査』2014年版によれば，常用労働者1人あたりの平均月間現金給与額は，従業員500人以上の大企業を100とすると，従業員30人〜99人では66，同5人〜29人では54であり，大きな賃金格差が存在する．他方で，商工中金の「中小企業の賃金動向に関する調査」（2016年4月）によると人手不足を背景に，2016年は70％以上の中小企業が定期昇給やベースアップ，賞与等の賃上げを実施する予定だという[20]．

　このように，大企業に比べて相対的に労働条件が劣る中小企業で，いかにして労働条件を引き上げ，労働者の納得を得るのかは重要な課題である．山岸製作所では，社内での職務内容の洗い出しの手続きは完了している．企業

内で与えられた職務に対して，それらを担う従業員の技能の習熟はどの程度なのかを測定し，その達成度に応じて賃金引き上げを行うことは，中小企業経営にとっても合理的な判断である．また，職務の価値を比較する際，責任，知識・技能などに加えて，労働環境や負担という労働側の視点も組み込むことが求められる[21]．男性中心の職場では相対的に評価が低くなりがちな職務の価値を新たな視点で評価することにもつながる．女性労働者も含めた職場の技能を適切に評価することは，組織としての公平感や納得感をいっそう高めることにつながるだろう．

　他方，中小企業と大企業との間に一定時点における賃金格差が広範に存在するとしても，将来的に賃金格差が縮小する場合はある．また，将来においてえられる賃金がどれくらいのものになるのか，その見通しがわかれば，求職側に誠実な企業であると認識される．それは将来の賃金がそれほど上がらないという事実を示すことにもなるかもしれないが，経営者と労働者がともに努力を重ねて，それらを改善する方向性を考えるきっかけにもなる[22]．

　最後に指摘したいのは，経営指針を作成している中小企業ほど，労働条件の改善等に前向きであるという点である．中同協経営労働委員会の「就業規則・見直し状況等に関するアンケート」によれば，経営指針の成文化に取り組んでいる企業のほうが，就業規則を作成している割合が高い．また，経営指針を作成している企業のほうが，就業規則の作成・見直しの際に従業員や過半数代表との協議の場を設ける割合が高い．経営指針を作成している中小企業は，自社の労働環境の是正に積極的で，従業員の声を入れながら取り組みを進めようとする傾向にある[23]（図9-3，4）．

　大企業と中小企業との間の労働条件格差に対し，よりよき労働・生活環境に変えていこうと努力する経営者もいる．中同協は歴史的に「労使見解」を重視してきたこともあり，この問題には大きな関心を寄せている．例えば，労働問題を取り扱うNPO法人・POSSEは，ここ数年，実際の仕事内容と求人内容とが著しく乖離する状況を，「求人詐欺」であるとして問題視している．それに対し，中同協は中小企業経営者団体として，「求人詐欺」問題

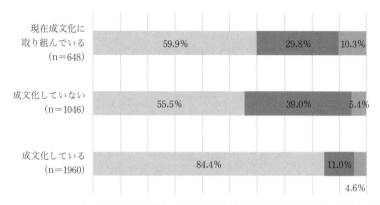

図 9-3 就業規則の作成と経営指針の有無の関係（N ＝ 3654）

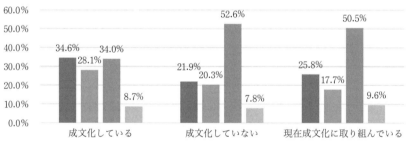

出所：『中小企業家しんぶん』2016 年 11 月 15 日付．

図 9-4 社員の意見の取り入れと経営指針の有無の関係（N ＝ 2597）

をはじめとした雇用問題に関して NPO・POSSE と対談を行っている[24]．中小企業では労働組合組織率が 1％前後にすぎない．経営指針を柱として，人材育成を行いつつ，労使双方が労働条件の改善について積極的に関与することは，経営の安定にとっても必要不可欠である．

おわりに

　本稿では経営指針を柱とした人材育成という視点から，山岸製作所の取り組みを紹介し，その評価を行った．中小企業の多くは労働力確保という点で困難を抱えており，社内で積極的に人材育成を行うことは，経営の安定という点で必要な措置である．経営指針に労働者と経営者がともに成長していく姿を投影し，それらの意味を労使双方で深めていく作業が継続すれば，将来の幹部候補の育成にもつながる．中同協は，中小企業経営者団体として経営指針づくりと労使関係の安定を，会のアイデンティティとしている．山岸製作所では，経営指針を柱に人材育成を行うことで，中同協の考え方を実践しているといえる．

（永田　瞬）

　[謝辞]　大変お忙しいなか，調査にご協力いただきました山岸良一氏には厚く御礼申し上げます．なお本稿の内容に関わる責任はすべて筆者にあることを申し添えます．

注

1) 『小規模企業白書』2016 年版では個人事業主が離職した理由として，「病気・高齢のため」（40.4％），「事業不安や先行き不安のため」（12.3％）などを上位にあげている．ここから小規模事業所の経営が安定せず，担い手も確保できていない状況を理解することができる．
2) 本稿は，2016 年 9 月 26 日に行われた山岸製作所代表取締役の山岸良一氏への聞き取り調査をもとにしている．参加者は筆者と井上真由美氏（高崎経済大学准教授）である．聞き取り内容は後日テープ起こしを行い，筆者の責任で整理・検討を行っている．
3) ジェイテクト「ベアリング入門書」編集委員会編『図解入門よくわかる 最新ベアリングの基本と仕組み』（秀和システム，2011 年）12 頁．
4) NTT 株式会社編集チーム『ベアリングがわかる本』（森北出版，2011 年）29 頁．
5) 技術とは生産手段に体系化されたものであり，技能とは主として労働力に依存するものである．前者は自然法則を客観的に誰でも利用可能な方式に変化させて

いるのに対し，後者は自然法則を主観的に認識しているために，勘やコツを必要とする（渋井康弘「産業集積と技能の集積」大阪経済大学中小企業・経営研究所『中小企業季報』通巻第148号，2009年1月，7頁）．もちろん対象とする業種によって技術や技能に該当する範囲は異なるとはいえ，本稿では技術と技能の関係を上記のように理解をしておく．

6) 渋井康弘氏は，前掲注5）において，グローバリゼーションの進展に伴い産業集積一般が保持する利益の多くは喪失するが，主観的な技能の伝承には人間同士の直接的接触等の協働の経験が必要であり，その意義は即座に消滅することはないとしている．

7) 『中小企業家しんぶん』2012年3月27日付．

8) 「労使見解」が発表された背景として，オイルショック以降の景気後退で労使紛争が激化したことがあげられる．中同協は，中小企業においても搾取関係があることを認めつつも，経営者と労働者がともに，労働条件の改善に打ち込むことこそ重要であると理解した．中同協の会員経営者のなかにはこの「労使見解」に感銘を受けて実践を行うものが少なくない．

9) 前掲注7）．

10) 『日経トップリーダー』（通巻第373号，2015年10月）79頁．

11) 同上．

12) 前掲注7）．

13) 『日経トップリーダー』（通巻361号，2014年10月）48頁．

14) 黒田兼一「配置と昇進・昇格」黒田兼一・関口定一・青山秀雄・堀龍二『現代の人事労務管理』八千代出版，2001年，80-84頁．

15) 鈴木良始氏は，日本の能力主義管理は，高い密度での労働，高い課業の達成までをも能力を示すものとして評価対象に組み込むとして，それらを「能力概念の静かなる拡張」と呼んでいる（鈴木良始『日本的生産システムと企業社会』北海道大学図書刊行会，1994年，207-211頁）．

16) 中同協のある会員企業は，中小企業における人事評価システム確立の必要性を指摘し，経営指針と人材育成を連動するビジョン実現型人事評価制度を提唱している．この点については，山元浩二『図解3ステップでできる！小さな会社の人を育てる人事評価制度のつくり方』（あさ出版，2015年）を参照．

17) 自動車メーカーの多くは国内生産・海外販売の「輸出主導型」から海外生産・海外販売の「多国籍企業型」へと変貌を遂げている．例えば，自動車メーカーの中国での現地生産は増加しており，日本車メーカーの中国での新車販売台数は2016年にはじめて400万台を超える見通しである（『日本経済新聞』2016年9月19日付）．

18) 日本商工会議所編『石垣』（2016年3月）28頁．

19) 厚生労働省『就労条件総合調査』によれば，基本給を業績・成果で決める制度の導入率は，管理職の場合，2001年の64.2％をピークとして，2009年には

46.9％にまで下落している（黒田兼一・山崎憲『フレキシブル人事の失敗』旬報社，2012年，63-64頁）．
20) 『日刊工業新聞』2016年4月8日付．
21) 同一価値労働同一賃金をめざす職務評価では，その構成要素として，労働環境，負担，責任，知識・技能の4つが紹介されている（遠藤公嗣『これからの賃金』旬報社，2014年，21頁）．職務評価自体はすでに存在している職務の価値を引き上げる場合も，引き下げる場合もあるとはいえ，中小企業における労使関係が成熟すれば，業界としての職務価値引き上げにつながる可能性もある．
22) 高原暢恭「中小企業の人事制度改革はどのように行えばよいか」（労務行政研究所『労政時報』3910号，2016年6月）75頁．
23) 『中小企業家しんぶん』2016年11月5日付．
24) 小暮恭一・平田美穂・今野晴貴・坂倉昇平「ブラック企業・求人詐欺に経営者団体はどう取り組むか 中小企業家同友会の『本音』と改善事業」（NPO法人POSSE『POSSE』第31号，2016年6月）106-117頁．

第10章
プレス加工・金型メーカーの海外戦略と地域貢献
―サイトウティーエム―

はじめに

　高崎市剣崎町に本社を構える「株式会社サイトウティーエム」は1970年創業，資本金1,800万円，従業員30名（役員・パートを含む）の中小企業である．事業内容を2016年9月決算の売上比率でみると，「自動車関連部品生産（金属プレス・溶接・組立等），精密電子機器向けプレス加工，精密プリント基板プレス加工」で約60％，「精密切削加工部品製作，組込みソフトウェアの研究・開発，3D設計・CAE（構造解析等）」で約10％，「金属プレス金型設計・開発，各種試作加工」で約30％となっている[1]．
　2代目社長・齊藤孝則氏は1966年生まれの50歳．これまで培ってきた「ものづくり哲学」を胸に，高崎市内，群馬県内にとどまらず日本各地，さらには中国に足を運び，「グローカル」な視点で日々の経営課題，そして地域貢献事業に取り組み続け，2013年度には「高崎市優良中小企業表彰」を受けている．
　ただ，ここまでの道のりは，けっして平坦なものではなかった．齊藤社長の父・齊藤守雄氏による創業以来，石油ショック，プラザ合意，バブル崩壊，アジア危機などの苦難に直面してきた．数々の激動を乗り越えてきたが，100年に1度の危機とも言われたリーマン・ショックがサイトウティーエムに与えた衝撃は凄まじかった．9月期決算の年商を振り返れば，2008年に2億9,000万円だったものが，翌年には1億6,000万円にまで落ち込んだ．地

方の中小企業にとって，1年間で40％以上もの売上減少は文字通りの死活問題である．

後述するように，創業以来のたゆまぬ努力，そしていち早く海外ネットワークの形成に打って出ていたことが功を奏し，時間を要したものの，2015年にはリーマン・ショック前の水準近く（2億8,000万円）にまで戻し，直近の2016年における年商は3億3,000万円に伸ばしている．年商の伸びをもたらした事業は，現在では中国で約90％が行われる「金属プレス金型設計・開発，各種試作加工」である．リーマン・ショック後も日本の自動車関連産業は，東日本大震災，タイを襲った洪水などサプライ・チェーンの寸断に見舞われてきたが，サイトウティーエムは20世紀後半以後の大きな危機を創意工夫と国内外でのネットワーク構築によって切り抜けてきたのである．

本章では，事業内容・規模だけをみれば，日本中どこにでもあるような地方中小企業が厳しい環境下，生き残るためにとった戦略，現在の状況などを紹介し，その先見性を評価するとともに，今後の課題について検討したい．

まず「1．『高品質・低価格・短納期』実現に向けた技術力と企業連携」では，部品サプライヤーが直面してきた自動車産業のグローバル化，企業再編，構造変化などを概観したうえ，サイトウティーエムが技術力の向上に努めるとともに，リスク負担を極力回避しつつ，顧客の求める価格・品質に応ずるべく国内外企業との連携を進めてきたことを述べる．

「2．新領域探索と地域貢献への熱意」では，強みを持つ分野で地道に経営努力を続けるだけではなく，環境変化に適応するために，齊藤社長自らが日々の研究開発，新規事業開拓に余念がないこと，またそうした中でも地域におけるグローバル人材の育成支援に関わっていることを紹介する．

「3．経営環境の変化を見据えて」においては，サイトウティーエムが今後向き合うべき次なる課題を挙げる．

そして「おわりに」では，群馬県高崎市を拠点とするサイトウティーエムのこれまでの取り組みが日本の中小製造企業経営に与える示唆について簡単にまとめ，本章の結びとしたい．

1. 「高品質・低価格・短納期」実現に向けた技術力と企業連携

(1) 地方サプライヤーを取り巻く過去30年の環境変化

　レーガノミクスに伴うドル高の是正に向け，G5は1985年，為替市場への協調介入を内容とするプラザ合意を結んだ．以後，円高が進行し，日本企業の海外移転が本格化した．産業空洞化が懸念されたが，大手企業がアジアなどに進出するに伴い，サプライヤーもそれに続くようになった．外国からの投資を受け入れた韓国・台湾・香港・シンガポールといった東アジアの各国・地域が成長し，アジアNIEsが注目された．1993年には，世界銀行がNIEsを含むHPAEs（高成長アジア経済）8カ国・地域の発展過程を分析し，報告書『東アジアの奇跡』を発刊した．

　冷戦終結後は，まさに経済のグローバル化が進んだ．1992年にはNAFTA（北米自由貿易協定）が発足（1994年発効）し，1993年にはヨーロッパの市場統合が進んだ（マーストリヒト条約発効）．1995年にはWTO（世界貿易機関）が発足し，GATTの機能が発展的に継承された．2001年には中国が念願のWTO加盟を果たし，経済大国への道を歩み出した．新興市場諸国は，生産拠点としても市場としても世界経済におけるプレゼンスを高めていった[2]．

　バブルの崩壊とグローバル化はコスト競争を激化させ，自動車産業のサプライ・チェーンに大きな変革を迫った．バブル崩壊はマクロ景気の低迷を招いただけではなく，銀行等の統合・再編をもたらし，金融面からも自動車産業に影響を与えた．グローバル化は大手自動車メーカーに対し，従来の生産システム，部品調達方式への見直しを迫り，サプライ・チェーンは世界規模に拡大した．そして新興市場を含め世界で販売競争が激化し，メーカーへのコストダウン圧力が強まった．その一方で，環境問題，CO_2排出への関心が高まり，ガソリン車，ディーゼル車での燃費向上，排ガス削減のほか，ハイブリッド車，電気自動車などの新技術開発が求められるようになった．

バブル崩壊，グローバル化，技術革新は，日本国内にとどまらない国境をまたいだ自動車メーカーの再編・統合を進める要因となり，現在に至っている[3]．30年にわたる，こうした大波は，2次・3次の部品メーカーをも飲み込み，抗し得ない改革圧力となってきた．大企業のサプライ・チェーン・マネジメントに沿う形で，ISO9001（品質管理），ISO14001（環境管理）の認証取得がサプライヤーでも一般化していった．

サイトウティーエムもこうした環境変化と無縁ではなかったが，様々な経営努力を積み重ね，適応を図ってきた．

(2) 「高品質・低価格・短納期」実現への第一歩

サイトウティーエムは1970年，自動車用部品の溶接加工を主な業務として創業，翌年にはプレス加工部門を増設し，その後も着実に請負業務を拡大した．この間，ISO認証については，9001は2002年，14001は2010年に取得済みである．ISOの認証取得は重要だが，サイトウティーエムにとっては，比較的早期に「サーボプレス機」を導入したことが量産と品質保持を支える大きな基盤となったのは間違いない．

周知の通り，サーボプレス機は，それまでの一般的なプレス機と異なり，加圧部の動きを「コンピュータ数値制御（CNC）」と「サーボモーター」でコントロールできるようにしたものである．これによって加工速度，加工すべき位置，加圧力などの細かな数値設定ができるようになり，高精度加工，高生産性，騒音削減，省エネなどが可能となった[4]．

サーボプレス機は1990年代に一般化したが，サイトウティーエムは早くも1989年に導入し，その特徴を最大限活かした金型の研究開発や加工工程の最適化をプレス機メーカー（コマツ産機）

❶サーボプレス機 H1F110 -2 の前に立つ齊藤社長

❷コマツ産機 H1F110-2

とともに進めてきた．サーボプレス創生期に，いわば「モニター」として，作動状況等についてメーカーと意見交換を重ね，サーボプレスのポテンシャルを引き出せるよう地道な努力を続けてきたのである．サーボプレス機の特性を活かして高品質・低価格の加工を実現するには調整，熟練が必要であり，当然ながら，ただ工場内に設置すればよいわけではない．

サイトウティーエムでは，2002年にコマツ産機のH1F-60，2004年にはH1F-200，そして2015年にはH1F110-2を導入し，現在まで基幹装備として活用している．2002年10月には「サーボプレスを用いた高精度複合加工」が群馬県の「1社1技術」認定を受けたほか[5]，2012年度には「サーボプレス機による，工法転換と高付加価値を目的とした，板鍛造プレス加工による，自動車関連部品の試作開発」が中小企業基盤整備機構の「ものづくり中小企業・小規模事業者試作開発用等支援補助金」事業として採択されている．

サーボプレスによる高精度加工は，サイトウティーエムの「ものづくり」において中核的技術であり，「高品質・低価格・短納期」という鼎立の容易ではない目標達成の技術的基盤となってきた．

(3) 海外企業との提携

サイトウティーエムにとっては，「高品質・低価格・短納期」の実現に向け，自社の技術力向上はもちろんのこと，海外を含めた他企業との連携構築がきわめて重要であった．不確実な経済情勢のもと，受注を獲得するには，多様な顧客ニーズにワンストップで対応する必要がある．しかしながら，自社単独での対応にはリスクやコストも伴い，限界がある．こうした現実的経営判断から，相互補完的な技術を持つ国内外の企業と業務提携を行い，リス

ク，コストの最小化戦略をとった．現時点で振り返れば，サイトウティーエムには，このスタンスが非常に重要であった．

まずはサイトウティーエムが海外展開するに至った経緯を確認しよう．

齊藤社長が海外展開に目を向け始めたのは，取引のあった外資系自動車部品メーカーの調達方式が変更され，サイトウティーエムへの発注が激減したからである．それまでは同社日本法人が国内工場の調達について決定権を握っていたが，本社が直接，全社的規模で「グローバル調達」の指揮を執るようになったのである．そのため，2002年に量産・試作合わせて月平均500万円あった発注が2004年には100万円に下落し，試作についてはゼロになってしまった．これからは，大手企業の国内工場が発注する業務を国内製造業と競い合う段階から海外製造業とのより厳しい受注合戦の時代になる．そう確信した齊藤社長は，世界の工場として成長著しい中国に関心を持つようになった．

きっかけは，2003年，大手メーカー出身の教授が主宰する「群馬大学中国ビジネス研究会」に参加したことである．齊藤社長は常に自らのアンテナを高く掲げ，情報の収集，様々な分野の人々との交流を欠かさないが，こうした研究会への参加もその一環である．

齊藤社長は，当時，研究会の事務局を担当していた中国人の林京明氏に協力を依頼，中国事業推進顧問として招聘し進出の機会をうかがった．そして林氏のネットワークを生かしながら現地のプレスメーカー，金型メーカーの視察を重ね，2004年には，日本国内におけるコスト削減の限界を突破するため，まずは社内向けの金型生産を中国で開始した．

中国への本格進出を前に打ち立てられた方針は，自社の事業規模に照らし合わせ，リスク，コストを最小限にするため，「直接投資」ではなく「業務提携」を中心にするということであった．地方中小企業として過度なリスクをとることなく，提携企業とニーズ，シーズを共有し相互補完関係を構築するという，この現実的戦略が結果的に功を奏することとなる．サイトウティーエムは，日系企業が求める日本式生産管理を中国の現場に定着させ，提携

企業の協力を得ながら日系自動車関連向け金型開発，部品加工に対応していった．

具体的には2005年，日系を含め中国での企業勤務経験豊富な田中浩次氏の仲介で，深圳にある「新永旭五金模具有限公司」（以下，新永）と提携を開始した．新永の社長は田中氏の日系企業時代の部下であり，金型技術に通じ日本式の生産管理を導入していた．ワイヤ放電加工機，NC工作機械など設備投資にも積極的で，金型設計・開発，量産プレス加工などを得意としている．2006年には，これも深圳の「松泰精技有限公司」（以下，松泰）との業務提携に踏み切った．松泰の社長も田中氏の元部下で，少量多品種の切削・板金・溶接などが得意分野である[6]．新永，松泰とも技術力をバックに急成長を遂げ，規模を拡大してきた[7]．

新永，松泰の2社とサイトウティーエムとは直接的な資本関係はないが，人的なものを含め，つながりは深く，現在に至るまで協力関係が続いている．

2009年9月，サイトウティーエムは香港に松泰との折半出資の合弁会社である齊藤精密有限公司（以下，齊藤精密）を設立した（社長は松泰社長の弟である尹学権氏）．10月には，その齊藤精密100％出資で中国・深圳に「齊藤利来精密五金有限公司」（以下，齊藤利来）を設立した．齊藤精密（香港）については，のちに松泰から株式譲渡され，現在の出資比率はサイトウティーエム75％，尹社長個人で25％となっている．サイトウティーエムの中国自社工場とは，この齊藤利来である．

齊藤利来が得意とするところはCNC加工機による精密切削量産加工であり，新永，松泰，齊藤利来で主力業務分野がうまく棲み分けされている．さらに，日本向けの輸出が多い新永に対し，日本国内での営業活動をサポートするため，2009年，サイトウティーエム内に新永の海外事業本部を設置，2010年には齊藤社長が新永の社外取締役に就任し，関係を深めている．

(4) 国内外企業連携による「最適生産」の構築

中国におけるネットワークの形成は上述の通りだが，サイトウティーエム

は，生産管理が行き届き，それぞれ強みを持つ国内企業との連携も進めてきた．大きなきっかけとしては，株式会社モハラテクニカ（レーザー板金加工，群馬県高崎市），新日本精工株式会社（プレス・板金・溶接加工，群馬県高崎市），茂木プレス工業株式会社（プレス金型・金属プレス加工，群馬県富岡市）との「アライアンスによる提案型生産プロセスの開発」が群馬県の2003年度「経営革新計画」事業として承認されたことである．2017年1月現在の国内提携先は，上記のモハラテクニカ，株式会社荻野製作所（自動車部品等の切削加工，群馬県高崎市），オグラ金属株式会社（自動車・鉄道部品等の金属加工，栃木県足利市）の3社となっている[8]．

現在では，サイトウティーエムと中国自社工場，中国の提携2企業，国内提携企業とでネットワークを構築し，1社では対応しきれない顧客の多様なニーズに応えうる，協業による生産体制を構築している．自社だけで，あるいは国内だけで完成品まで仕上げようとするとコスト高になってしまう状況下，日中企業連携によりトータルなコストメリットを創出しようという「Made in Chapan」の「最適生産」システムを確立している．互いの強み・メリットを生かしながら，「高品質」「低価格」「短納期」そして「企業収益」という4つの変数間の「最適解」を見いだそうとしているのである．

このシステムを活用した事例としては，たとえば「out → in」型ビジネスとして，埼玉にある国内産業用機器メーカーの新製品開発をサイトウティーエムの中国グループ・国内グループで行い納品したり，広島にある自動車関連メーカーの海外進出の金型開発を中国で行い納品したりするケース，また「out → out」型ビジネスとして，同じ広島のメーカーのメキシコ工場に中国から金型を納品して対応するケースなどがある．

今後は，たとえば中国拠点を活用した連携スキームとして，国内提携企業の協力のもと，サイトウティーエム中国グループがオグラ金属の技術指導を受けながら中国のオグラ金属顧客工場に納品するビジネス（「out → out」型），同じく中国グループからオグラ金属の海外関連会社（Y-OAT）に納品するビジネス（「out → out」型），さらには技術指導を受けた中国グループ

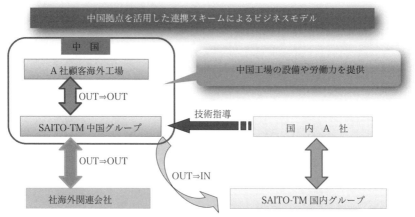

出所:齊藤孝則「高崎市中小ものづくり企業の底力―海外展開の現状と課題」高崎経済大学産業研究所・研究プロジェクト公開研究会(2015年3月17日)の資料より,一部改編のうえ転載.

図10-1　概念図

からサイトウティーエム国内グループに納品するビジネス(「out → in」型)といったようなモデルが構想されている(「図10-1　概念図」参照.図中のA社がオグラ金属である).

　さらにまた,生産プロセスを細分化して日本でしか作れない工程を日本で行い,中国グループが別の行程を担う最適生産で価格競争力も確保したうえで,大規模な中国市場での販売につなげるビジネスモデルも射程に入れている.これによって,今後ますます厳しくなると予想される環境下でも,収益を上げながら「国内」業務を長く続けることを目指している[9].

　サイトウティーエムのHPにある「3つの強み」,すなわち「①中国に自社管理工場と提携企業がある」「②スピード対応・短納期を可能にするネットワーク」「③充実の設備と培った技術で不可能を可能に」は,単なる謳い文句ではなく,本節で述べたような具体的実内で裏打ちされている.

2. 新領域探索と地域貢献への熱意

(1) 研究・開発と新規事業の模索

これまで概観してきたように，強みを持つ分野で地道な努力を重ねてきたことによってサイトウティーエムは生き延びてきた．ただし2代目社長としての齊藤孝則氏は，今目の前の仕事に誠心誠意取り組みながら，たえずアンテナを張り，新領域を探索してきた．指示書通りに「作る」にも，もちろん技術が必要であり，日々の研鑽が必須である．しかしながら「作る」だけでは，不確実性とコスト圧力の増す経営環境下，国内での「ものづくり」を続けることは難しくなってきている．こうした判断から，齊藤社長の言葉を借りれば，「作る」から「創る」，すなわち「下請型企業」から「企画・開発型企業」への脱却をめざし，新たな方向性の模索，研究・開発を進めてきたのである．

その取り組みの1つが「株式会社リアライズコンピュータエンジニアリング」（以下，リアライズ社）の社長就任である．リアライズ社は，群馬県内の三洋電機，富士重工，太陽誘電など大手企業の元エンジニアを結集し，教授・院生・学生らとともに新たなものづくりを目指す群馬大学工学部発のベンチャー企業である．2009年には，これも県内大手メーカーOBらで組織される「マイクロEV研究会」とリアライズ社が群馬大学工学部内に「群馬次世代EV研究会」を立ち上げ，1人乗り超小型EV「Mag-E1」，八輪駆動EVバス「E-com8」の開発に取り組んできた．

大手メーカーの動向を見ても分かるとおり，EVはこれからの自動車で主流となる存在である．自動車関連の中小企業はこの趨勢に関心を持たざるをえない．サイトウティーエムは，単独で取り組めば途方もないコストとリスクが伴う電気自動車の研究・開発に大学発のベンチャービジネスと共同で関わり，現実的方法によって時代の流れをとらえようとしてきた．

ものづくりに熱い思いを抱く人たちの集まるリアライズ社であるが，大学

発のベンチャーであり，自己資金での開発は難しい．したがって開発資金は，国や自治体の施策に乗る形で獲得してきた．たとえば，2010 年には，「森林資源管理における樹木打音空洞化診断装置の開発」で「ぐんま新技術・新製品開発推進補助金」を得ている．リアライズ社は，打音によるウェーブレット解析装置を非破壊検査システムに応用し，さらにはこれを「脈波」の解析に発展させようとしている[10]．また 2013 年には，「リチウムイオンキャパシタによる動力回生装置の開発」で全国中小企業団体中央会による「ものづくり中小企業・小規模事業者試作開発用等支援補助金」を獲得し，燃費性能・電池寿命の改善に向けた技術開発を進めようとしてきた[11]．リアライズ社は，様々な補助金事業に毎年応募し，資金を得ながら，研究・開発を進めている．

このほかサイトウティーエムは，まだ採算がとれる事業にまで発展していないが，元々は他社が手がけていた「BCG 凍結乾燥ワクチン真空封入装置」の開発事業を引き継ぎ，自動車関連のみならず医療用機械など，新規事業領域を模索している．

「下請型企業」から「企画・開発型企業」への脱皮を図るなか，守るべきところを守り，変えるべきところを変える，リスクを負うべきところは負うという見極めが必要になるが，ここでも齊藤社長は「連携」「ネットワーク」の道を探り，リスクとコストの最小化に努めてきた．地元の大学や大企業 OB の輪の中に飛び込んで最新の情報・知見に触れ，国や自治体の補助金を得ながら新技術の共同開発を進め，ものづくりの現場で応用してきたのである．大小問わず企業のトップには，自社の力量，経営状況の客観的評価とともに，機を逃さぬ決断力と行動力が必要である．

(2) 「スーパーグローバルハイスクール」事業への協力

多忙な会社経営を日々続ける一方，齊藤社長は，ものづくりを理解してもらうための社会的啓発，新たな人材の発掘も兼ね，地域貢献活動に取り組んできた．そのひとつが高崎市立高崎経済大学附属高校（以下，高経附）の「スーパーグローバルハイスクール」（以下，SGH）事業への協力である．

SGHは，高校段階からグローバル人材の育成を進めるべく，文部科学省が 2014 年度からスタートさせた事業である．「社会課題に対する関心と深い教養，コミュニケーション能力，問題解決力等の国際的素養を身に付け，もって，将来，国際的に活躍できるグローバルリーダーの育成を図る」ことを目的としている．高経附は全国 56 校の指定校の 1 つとなり，2014 年度から 18 年度までSGH事業に取り組むこととなった．

高経附が採択された事業のテーマは「高・大・産連携による日本を牽引するグローバルリーダーの基盤づくり」であり，高校段階でのグローバル人材の養成に向け，大学，産業界と共同・連携することに重点がある．大学，企業の協力を得ながら，高校 1 年では「高崎市内の企業の海外進出等の現状と課題」，2 年では「日本の大手企業の仕組みと評価方法」，3 年では「日本企業の海外戦略の現状と課題」を実践的に学ぶ．高崎市内中小製造企業の海外進出などの事例，すなわち身近なところから徐々に世界経済にまで目を向けさせようという試みである．高校生は，地元の企業経営者，大企業 OB，大学教授の講話を聞いたり，「コラボゼミ」の形で大学生の指導を受けながら「日経ストックリーグ」に参加したり，さらには企業の本社訪問・インタビューを行ったりして，経済の実相に迫っていく．最終的には英語も交えながら，数百名の聴衆の前でプレゼンテーションを行う[12]．

齊藤社長は，いち早く海外に進出した地元中小企業の代表として，高経附第 1 学年の SGH プログラムに協力し，高校まで講話に出向くとともに，本社で工場見学を受け入れてきた[13]．そればかりではなく，高経附 2 年生の海外研修を齊藤利来（深圳）で受け入れ，高校生に海外の製造現場を体験させている．

高経附 SGH 事業に関わる生

❸高経附での講話

徒は，いわゆる「文系」であり，大多数は将来的に技術開発，製造現場に直接関わるわけではない．齊藤社長は多忙な中，そうした生徒に対し，出張講話や，自らも出向きながらの海外研修を通じて，ものづくり哲学を伝えようとしてきた．企業経営者としてシビアなコスト感覚，利益追求の視点を持ちつつ，長期的視点で人材の育成，地域貢献を果たそうとする姿勢は敬服に値する．

　筆者の希望的観測も入るが，齊藤社長のこうした取り組みは，巡りめぐって地域の製造業を育てることにつながるであろう．理系の技術人材でなくても，高経附文系の生徒が将来，メーカーに勤務する場合もある．物流・販売業でも「ものづくり」の視点，思想は十分に生かせる．文系生徒の進路として非常に大きな受け皿である銀行・証券・保険といった金融分野なら，なおさらである[14]．最近，金融庁がしきりに訴える「ベンチマーク」（地域貢献指標）を満たし，金融機関が地域経済の活性化を支援するには，不動産担保融資にとどまらない，そして財務情報による分析を超えた「目利き力」が必要となる[15]．地域の中小企業の社長による文系高校生への出前授業は，将来，金融を担うかもしれない若者たちの目を見開かせ，長期的には日本各地の「ものづくり」を支えることになると期待したい[16]．

3. 経営環境の変化を見据えて

　経営環境はいつの世も移りゆくものだが，今後は不確実性がいっそう際立ってくるであろう．本節では，サイトウティーエムを含め，日本の中小製造企業が留意すべき環境変化を大きく3つの点から考えてみたい．

(1) 世界経済の不透明感
　まずはリーマン・ショック以後，完全回復にはほど遠い世界経済の不透明感が今後ますます高まることである．とりわけ，中国経済の動向は注視されなければならない．最適生産の拠点として重要な役割を担う中国のマクロ経

済状況は，今後ともサイトウティーエムの経営に直接・間接の影響を与えることとなる．

資本流出などもあり，国内経済の低迷が不安視された中国だが[17]，2016年の新車販売台数は2,802万8,000台と過去最高を更新した．アメリカ（1,755万台）の1.6倍，日本（497万台）の5.6倍で，リーマン・ショックを経た2009年以後，8年連続の世界一となっている．トヨタ，日産，ホンダ，マツダの日系自動車メーカーは過去最高の販売台数を記録した[18]．2010年以後，世界第2の経済大国に躍り出た中国の経済規模は今や日本の2倍以上であり，大市場のビジネスチャンスはまだまだ大きいということを印象づけている．

しかしながら，中国のマクロ経済状況を見ると，リスクも念頭に置いておかねばならない．2016年のGDP成長率は6.7％であり，これは天安門事件の影響で低迷した1990年以来の低水準である．欧州危機以降，輸出が低迷し，国内民間投資は伸びていない．2016年における新車販売台数も，国内景気刺激策の一環として中国政府が行った減税効果によるという見方があり，減税策が1年延長されるとはいえ，減税幅の縮小される2017年，どれだけの販売台数が見込めるかは定かでない[19]．

中国の輸出に関しては，ヨーロッパの景気回復が期待できないうえに，次のような要因も先行きを不透明なものにしている．

ひとつは，2001年のWTO加盟時に負わされた「非市場経済国」という特殊待遇が今後も続きそうなことである．「非市場経済国」の認定は，WTO加盟後の輸出攻勢を恐れた先進各国が中国製品へのアンチダンピング措置を通常よりも緩やかな条件で発動できるようにするものである．2016年，日米欧先進各国は加盟後15年とされた特殊待遇の延長を相次いで発表した．加盟から15年後の「市場経済国」自動移行を主張する中国はこれに反発してWTO提訴の構えを見せているし[20]，発動条件が緩やかだからといって，アンチダンピング措置がむやみに実施されるわけではもちろんないが，世界的に保護主義の兆候が見え始めている現在，日米欧による「非市場経済国」

認定継続の持つ意味はけっして軽くない．

　もうひとつは，アメリカのトランプ新政権による対中強硬姿勢である．新設された国家通商会議の議長に強硬派のピーター・ナバロが就任したことに象徴されるように，中国に対し保護主義的措置が採られる可能性は小さくない．上述の「非市場経済国」認定継続は貿易制限措置発動の口実になり得る．さらにトランプ政権によるNAFTA見直しは世界のサプライ・チェーンを揺るがし，中国経済はこのルートからも間接的な，しかしながら多大な影響を受ける．トランプ大統領が選挙キャンペーン中からの発言通り，メキシコに35％，中国に45％の懲罰的な関税を本当に賦課するような事態となれば，企業のサプライ・チェーン・マネジメントは大幅な見直しを余儀なくされるだろう．TPP（環太平洋パートナーシップ協定）と異なり，NAFTAはすでに20年以上存続し，企業戦略の前提となってきたからである．

　各国のマクロ経済の動向や超大国の政策による世界経済の変容は，中小に限らず，企業レベルではどうしようもない「与件」ととらえざるをえない．また経済状況への不安，地政学的要因はいろいろあるが，日本に限らず欧米を含めた世界の企業にとって，世界第2の経済大国である中国抜きの経営戦略など考えられないだろう．こうした事情は，今や中国が最適生産の重要拠点となっているサイトウティーエムにとっても同様である．これまで通りリスクを常に注視しながら，チャンスの可能性を広げていくしかないであろう．

(2)　自動車産業のさらなる構造変化

　自動車関連のサプライヤーは，経営環境の先行きに関し，世界の自動車産業において技術革新，構造変化がさらに進むということも念頭に置いておかなくてはならない．

　環境に配慮し，大手自動車メーカーは燃費向上，排ガス削減，あるいはハイブリッド車の開発・市場投入などを進めてきたが，今では電気自動車（EV），燃料電池車（FCV）など次世代エコカーの開発・実用化・普及，その実現に向けた各企業の連携・再編に拍車がかかっている．

トヨタは「脱・ガソリン車宣言」を出し，2050年までにエンジンだけで走る車をほぼゼロにすると発表した．2015年，フォードは2020年までにEV事業に45億ドル（約5,000億円）を投じる方針を打ち出した．EV，FCVの研究・開発，実用化，普及には莫大な費用がかかるため，企業単独の資金投入のみならず，企業間の連携・協力も進んでいる．FCVについて，ホンダはGMと，トヨタはBMWと共同開発に乗り出している．また2017年1月の世界経済フォーラムでは，トヨタ，ホンダ，BMW，ダイムラー，シェル，エア・リキードなど自動車・資源・エネルギー13社が連合で，FCVなどでの水素利用を促す新団体の設立を発表し，各社の研究成果の共有，用途多様化，規格の標準化を進めることとした[21]．

　そして，AI（人工知能），IoT（インターネットを通じたすべてのものの接続）など第四次産業革命の大波が自動車産業にも及んでいる．日立製作所は自動運転に向けた電子制御ユニット（ECU），画像解析ソフトの開発など，2018年度までに総額5,000億円の投資を決めたし，富士通も300億円を投じてクラウド経由で車の走行データをAIで解析する自動運転の実用化に動き出すなど，日本の電機各社が次世代車部品への投資を拡大している．2015年，アメリカ航空宇宙局（NASA）と提携し自動運転車の遠隔支援システムを開発していた日産自動車は，2017年中にDeNAと自動運転の実証実験で協力することを発表した．ホンダは自動運転車の普及を前提に，仮想現実技術を活用した車中の過ごし方（各種の情報やゲームの提供など）の提案に向け，アメリカアニメ制作大手ドリームワークス・アニメーションと協力している．これまで自動車業界とは縁遠かったソフトバンクグループも，自動運転技術を活用する新しい交通サービスの実現に向け，2016年4月，SBドライブを設立した[22]．

　自動車産業の構造変化，技術革新は大手自動車メーカー間の再編をもたらしてきた．トヨタはすでにダイハツ自動車を完全子会社化し，マツダ，富士重工，スズキと提携関係にある．日産自動車は燃費データ不正問題で揺れる三菱自動車への出資を決定し，カルロス・ゴーン社長は三菱自動車の会長を

兼務するようになった．そして上述のとおり，今や「自動車メーカー」という旧来の枠組みを超えたITや半導体関連企業との連携も進み，サプライヤーの経営は大きな変革を迫られている．ガソリン車で想定された部品は不要になる．人口減，カーシェアリングの普及，自動運転などIT化によって車の利用効率が向上すれば，必要台数が下がり，日本では将来的に自動車の売り上げが激減する可能性がある．不安定な環境下，大手メーカーの傘下に入っていれば安心という時代でもない[23]．

前節で紹介したように，サイトウティーエムは，この面において，できる限りの手を打ってきたように思われる．得意の自動車関連分野でただ闇雲に大手との取引拡大に走ろうとしなかった[24]．手慣れた分野で地道な努力を続けつつ，それに安住せず，早くからEV研究の輪に加わり，非破壊検査技術を磨き，医療分野も見据えた研究・開発を行っている．依頼されたものを「作る」だけの下請型企業から，新たなものを「創る」企画・開発型企業を目指した動きは，自動車業界の構造変化に対応する第一歩であったと言えるだろう．

(3) サプライ・チェーン・マネジメントの拡張と社会的要請

企業のサプライ・チェーン・マネジメントは，製品の「品質」はもちろんのこと，「環境」「食品安全」「情報セキュリティ」に及んでいる．国際標準規格も整備が進み，それぞれISO9001, 14001, 22000, 27001として，企業による認証取得が進んできた．

近年，多国籍企業の運営する途上国工場の労働環境が劣悪なこと，事故が多発し死傷者が数多く生まれていることから，サプライ・チェーン・マネジメントの領域は「労働安全」にまで及ぶようになった[25]．ISOでも新たに「労働環境・安全管理」を内容とする「ISO45001」が議論され，認証開始が見込まれるようになった[26]．

ISO認証自体には法的拘束力はないが，45001の場合，第1に，事故・疾病の予防策・対応策を事前に整備するため，経営リスクを軽減できること，

第 2 に，労働者の健康・安全確保に敏感な欧米企業による認証取得奨励の可能性，第 3 に，採用活動面でのアピールといった企業にとってのメリットが謳われ，ISO9001，ISO14001 などと同様，日本でも認証取得の需要があるとみられている[27]．

ISO45001 認証の趣旨とも関連するが，近年の日本では「健康経営」への関心が高まっている．少子高齢化の中，社員が長く健康で働ける環境づくりの重要性，社員の健康管理は経営に直結するという認識から大手企業は続々と健康経営に着手している．2015 年 12 月には，ビッグデータ，人工知能を活用し，従業員の健康増進を進めるべく，ANA ホールディングスやファミリーマートなどが発起人企業となり「ウェルネス経営協議会」が設立された[28]．

最近では，中小企業の医療費支出急増を受け，全国健康保険協会（協会けんぽ）が「健康格付け型バランスシート」を導入し，中小企業による「健康経営」の支援に乗り出した．これは，従業員の健康診断受診率，メタボリック症候群比率などを用い，財務諸表に類似した指標で加入企業を 5 段階評価するものである．栃木・群馬・埼玉・長野・鹿児島の協会けんぽ支部が先行導入し，全国に広げる計画である．協会けんぽ支部は地域の金融機関に呼びかけ，高格付け中小企業への貸出金利を優遇（栃木・広島では実績あり）して健康経営のインセンティブを高め，医療費の抑制，経営リスクの軽減を図ろうとしている[29]．

働き方改革，ブラック企業批判など昨今の状況をみると，官民挙げての「健康経営」推進の流れは，おそらく不可逆的であろう．既述のとおり，サイトウティーエムは，ISO9001 については 2002 年 9 月，14001 は 2010 年 10 月に取得済みであるが，2017 年 1 月 17 日のインタビューの場において，齊藤社長は ISO45001 の認証取得にも前向きであった．従業員 30 名，少数精鋭の小所帯では，「健康経営」推進は必須であり，そのための指針として ISO45001 認証取得を目指すということであろう．経営環境が日々移りゆく中，従業員，そして何より齊藤社長自身の健康維持がサイトウティーエムに

とって最重要課題となる．

おわりに

　以上，本章では，高崎市剣崎町に本社を構えるサイトウティーエムを取り巻く経営環境の変化，その過程でサイトウティーエムが取り組んできた技術力の向上，国内外企業との連携，新領域拡大に向けた研究・開発，社会貢献活動などについて紹介してきた．

　サイトウティーエムの営みから学び取るべきは，まず第1に「着眼大局・着手小局」の姿勢である．困難な状況下でも慌てふためくことなく，自らを取り巻く状況と使命を大きな視点で見極める．身の丈以上に無理をすることなく，できるところから地道に手を打つ．サーボプレスの活用も，海外進出も，そして新規事業開拓でも，これまでの経営で，無茶の手前の積極性，臆病と一線を画す堅実性が発揮できたのは，「着眼大局・着手小局」が果たされたからであると思われる．

　第2に，連携・共同の重要性である．小さな企業が目先の利益を単独で追っていたのでは，手にする利益など所詮しれている．単独では背負えるリスクとコストに限界があるからである．サイトウティーエムの経営は，提携・連携する関係者全体で，より長期的な視点で，リスクとコスト，そして利益をシェアすることの重要性を示している．1人で行くと早く行けるかもしれないが，途中で野垂れ死ぬ危険もある．皆で行けば，歩みは遅くとも遠くまで行けるかもしれない．「早く行きたければ1人で行け．遠くまで行きたければ皆で行け．」ヨーロッパに古くからある諺である．

　2016年から17年初頭にかけての世界の動きを見ていると，今後は身もふたもない「自国第一主義」が蔓延するのではないかという懸念が生じる．どの国も二国間の貿易収支で得失を争うようになれば，戦間期のように世界経済は縮小するだろう．「利益回収経路の短絡化」に主眼を置き始めれば，国家の経営も，企業の経営も，長期的には立ちゆかない．利益追求そのものは

当然の前提かもしれないが，利益の回収経路をより長期的・多角的に構想できないようでは，利益の源泉は枯渇し，利益追求そのものが頓挫するであろう．

　国内外企業・大学との連携にしても，高経附SGHへの協力にしても，サイトウティーエムの取り組みには，近江商人の教えとされる「三方よし（売り手よし・買い手よし・世間よし）」の具体的実践を見いだせる．「三方よし」とは，現実になかなかそうならないからこその「理念」「教訓」なのかもしれないが，その本質は「利益回収経路の長期化・多角化」にある．目先の利益は重要だが，それだけを追っていては，経営は長続きしない．

　本章3節では，サイトウティーエムの今後の経営に影響するであろう様々な要因，「大局」に「着眼」する際の具体的ポイントのようなものを挙げてみたが，これは単なる老婆心にすぎない．齊藤孝則社長のパーソナリティ，日々の努力に由来する「ソーシャル・キャピタル」の蓄積は，様々な壁を乗り越える力となるであろう．

（矢野修一）

[謝辞] 株式会社サイトウティーエム代表取締役社長・齊藤孝則氏には，2017年1月17日，お忙しい中，長時間にわたるインタビューにお付き合いいただき，貴重なお話をお聞かせいただきました．また，その後のメールでの質問にも丁寧にお答えいただきました．ここに感謝申し上げます．

注
1) 以下，サイトウティーエムに関わる数字その他の情報は，主として同社HP，2015年3月17日，高崎経済大学産業研究所（現在，高崎経済大学地域科学研究所）で齊藤孝則社長が行った講演会の資料，および2017年1月17日，筆者が行った社長インタビューに基づいている．
　現在は「ラジオ高崎」が運営しているwebメディア『高崎新聞』で，サイトウティーエムを含む高崎の中小企業による海外進出が取り上げられたことがある（「今，なぜ海外進出？―高崎の中小製造業が生き残りをかけて海外へ」2010年10月）．また，2012年3月，（財）東北活性化研究センターがとりまとめた調査結果（『東北企業のアジア市場開拓促進に関する調査報告書』）では，サイトウティーエムの中国進出がケーススタディの対象となっている．本章の叙述では，これらの

資料も適宜参考にしている．

2) ゴールドマンサックスのジム・オニールが投資家向けレポートにおいて，成長著しいブラジル，ロシア，インド，中国に注目，それらを BRICs と総称し世界に広めたのは 2001 年 11 月のことである．WTO 加盟後の中国の経済成長は著しく，2010 年には GDP で日本を追い越して世界第 2 の経済大国となった．経済規模は今や日本の 2 倍以上である．

3) バブル崩壊後の日本における国境を越えた再編例としては，アメリカの GM による富士重工，いすゞ自動車，スズキへの出資などがあるが，もっとも象徴的なのは 1999 年 3 月，フランス・ルノーが日産自動車を傘下に置き，カルロス・ゴーンを最高執行責任者として送り込んだことであろう．ゴーンは辣腕をふるい，サプライヤーに大幅なコストダウンを要求し整理・選別を進めることによって日産の再生に貢献した．GM は富士重工，いすゞ，スズキの株をのちに売却し手を引いたが，ゴーンは現在に至るまで日産の経営を担っている．

ちなみに，自動車産業の過度な石油依存脱却の必要性，環境問題への世界的関心の高まりを認識したゴーンは，リーマン・ショックによって経営再建計画を見直さざるを得なくなったときも，電気自動車開発の流れは絶やさなかった（『日本経済新聞』2017 年 1 月 21 日付「私の履歴書」）．

4) 詳しくは，株式会社キーエンスがインターネット上で公開している「なるほど！機械加工入門」第 2 章「塑性加工」における「サーボプレス」の項目などを参照せよ．

5) 群馬県は，2000 年度から 2010 年度まで，ものづくり産業のさらなる発展のため，県内製造業の優れた独自技術を「1 社 1 技術」として選定した．この間，様々な分野で計 1,294 社の技術が選ばれ，当初の目的が達成されたとの判断から，「1 社 1 技術」事業の新規選定は行われなくなった．以後，県の指定・承認による各種支援を希望する場合は，「中小企業新事業活動促進法」に基づき「経営革新計画」を申請することとなったが，これらの詳細については群馬県の HP で確認していただきたい．後述のように，サイトウティーエムは，2003 年度，2012 年度において，企業連携を内容とする「経営革新計画」が支援対象となった．

6) 田中浩次氏は中国進出のキーパーソンの 1 人であり，最近までサイトウティーエムの顧問を務めていた．「出会い」のチャンスを逃さないということの重要性は，齊藤社長と林氏，田中氏の例からもよく分かる．

7) 新永は 2004 年，松泰は 2006 年設立の新興企業だが，それぞれ設立後，6 年，4 年で資本を回収した．リーマン・ショック後の立ち直りもサイトウティーエムより中国 2 社のほうが早かった．

8) 荻野製作所は中国天津に自社工場を持ち，現地日系法人に部品供給を行っている．また，オグラ金属はタイに拠点（Y-OAT；ワイ・オグラオートモーティブ・タイランド）を有し自動車用サスペンション部品等を製造・販売している．後述のように，サイトウティーエムはオグラ金属の海外ネットワークを活用しながら，

新たなビジネスモデルを模索しようとしている．
 9）　サイトウティーエムは，「日本・中国事業連携による国内中小企業向け海外展開支援ビジネスモデルの開発と提供」事業で，2012 年度の「経営革新計画」の承認を得ている．
10）　「脈波」の解析は様々な場面での個人認証に活用しうる．
11）　太陽誘電株式会社の HP などによれば，リチウムイオンキャパシタは蓄電池の一種で，「一般的な電気二重層キャパシタよりも高温負荷特性が優れている」「リチウム二次電池と比べ熱暴走を起こしにくく安全性が高い」「自己放電が小さい」といった特徴がある．太陽光発電や風力発電の蓄電用，自動車の補助電源などとしての実用性がある．
12）　高経附 SGH の内容について詳しくは，本書に寄せられた黒田圭一「地域の製造業に学んで」，また高崎経済大学産業研究所編『高大連携と能力形成』（日本経済評論社，2013 年）所収の矢野修一「高大コラボゼミの相乗効果－双方向的高大連携の試み」，長岡将之「高校教育における高大連携の効果－『高経クラス』3 年間の取り組みから－」，平井裕久「高大連携におけるファイナンシャル・リテラシー」，名和賢美「大学生による論理的表現力の伝授－型作文から始まる市民教育の模索」等を参照せよ．
13）　高経附 1 学年の SGH 事業には，サイトウティーエムのほか，焼却装置・熱エネルギープラント事業で数々の特許を取得している「株式会社キンセイ産業」，三方中子，斜め押出し，製品の熱処理など独自製法で金型を作成する「株式会社秋葉ダイカスト工業所」，戦前から伝統の鋳鋼技術を磨き上げてきた「昭和電気鋳鋼株式会社」といった高崎の有力中小企業が協力している．キンセイ産業について詳しくは，本書所収の西野寿章「燃焼科学システムの創造：キンセイ産業」を参照のこと．
14）　サイトウティーエムが深く関わる自動車業界では，後述の通り，自動運転技術の開発が急ピッチで進んでいる．この動きは単に自動車メーカーに影響を与えるだけではなく，現在において収益の約 5 割を自動車保険が占める損害保険会社も対応を迫られている．新たな法的枠組み，商品設計が官民挙げての喫緊の課題となっている（『日本経済新聞』2017 年 1 月 30 日朝刊）．
15）　金融機関は，取引先企業のニーズ，課題に応じた融資，問題解決策の提供など，金融仲介機能を十分に発揮し，取引先企業の成長，地域経済の活性化等に貢献する必要がある．こうした考え方から，金融庁は，2016 年 9 月，各金融機関が金融仲介機能をどれだけ発揮できているかの評価ポイント（ベンチマーク）を作成し発表した．金融機関が相変わらず担保・保証に依存した融資を行い，事業の十分な理解，つまりは「目利き力」に基づく融資，経営改善支援がなされていない状況を変えようという試みである．詳しくは，金融庁 HP などで「金融仲介機能のベンチマーク」（平成 28 年 9 月）を参照のこと．
16）　地元中小製造企業の社長講話がどのように高経附生に伝わったかについては，

たとえば黒田前掲論文を参照せよ．

17) 2016年における中国から海外への資金の純流出は3,000億ドル（約35兆円）と過去最大になった．中国景気の不透明感に伴う人民元先安感からの海外M&Aの急増，逆に海外からの対中投資の鈍化などがその原因とみられている（『日本経済新聞』2017年1月8日朝刊）．人民元買い支えのため，中国の保有する米国債は減少し，国別保有額では，2016年11月末に2か月連続で日本に首位を譲る形となった（『日本経済新聞』2017年1月20日朝刊）．

18) 『毎日新聞』2017年1月13日朝刊．

19) 『日本経済新聞』2017年1月20日夕刊，『毎日新聞』2017年1月13日朝刊．

20) 『日本経済新聞』2016年12月10日朝刊．日米欧は中国の鉄鋼輸出に神経をとがらせているが，中国を「市場経済国」として認める国も，ロシア，ブラジル，韓国，オーストラリア，マレーシアなど80か国以上に上っている（同上）．

21) 『日本経済新聞』2017年1月1日朝刊，1月16日朝刊，1月18日夕刊，1月20日朝刊参照．

22) 『日本経済新聞』2017年1月1日朝刊，1月7日朝刊，1月17日朝刊参照．

23) 大手メーカーのサプライ・チェーンに組み込まれていることは必ずしも「安泰」を意味しない．サプライヤーには今後も厳しい価格・品質基準が求められる．「モジュール化」の進展とともに「リコール」の機会も多くなる．コンプライアンス重視の流れは，それが果たされなかった企業への懲罰的対応を生み出し，サプライヤーにも大打撃を与える．燃費データの不正はドイツのフォルクスワーゲンを揺るがし，三菱自動車は日産自動車に出資を仰がざるを得ない状態になった．エアバッグ大手タカタに対する大規模リコール問題は，571にも上る国内下請会社（うち年間売り上げ10億円未満の企業が4割弱を占める），従業員総数6万人に影響を与えかねない事態である（『日本経済新聞』2017年1月20日朝刊）．

24) 2017年1月17日のインタビューの際，中小企業基盤整備機構が中小企業者と大企業・商社等との直接取引，技術連携をとりまとめるために行うJ-GoodTech商談会について話が及んだ．その折，齊藤社長は，大企業との直接取引は魅力的ではあるが，自社の身の丈を超えたロットの受注になりがちでリスクを拡大させる危険があると語った．地に足の着いた現実的視点である．もちろん，何もしないのではない．ほかに打つべき手は打つというのは上述のとおりである．

25) 途上国工場の劣悪な労働環境が国際的な人権団体の調査で次々と明らかになり，ナイキやGAP，H&M，ユニクロなど有名なブランドが批判にさらされたのは記憶に新しい．

26) ISO45001は2013年から議論が本格化し，ILOも参画して加盟国間の意見調整が進められてきた．当初2016年秋にも認証開始の見込みであったが（『日本経済新聞』2015年5月25日夕刊），細部のとりまとめに時間がかかり，現在では2017年中の認証開始が見込まれている．

27) 『日本経済新聞』2015年5月25日夕刊．

28) このほか富士フイルムホールディングス，伊藤忠商事，テルモなどでも，ITを活用しながら社員の健康への意識を高めるとともに，勤怠情報などを管理して勤務体系の改善などに役立てようとしている（『日本経済新聞』2016年9月13日夕刊）．
29) 『日本経済新聞』2016年8月19日夕刊．全国健康保険協会（協会けんぽ）は，日本の総人口の約3割，約3,700万人が加入する日本最大の健康保険で中小企業の従業員や家族が加入している．全国平均の保険料率は現在，大企業の健保組合の平均より高い．健康経営が中小企業に浸透し保険料率を抑えられれば，会社負担が減り，個人所得は伸びると期待されている（同上）．

■寄稿■

地域の製造業に学んで

高崎市立高崎経済附属高等学校教諭
黒 田 圭 一

はじめに

本校は，平成26年度に文部科学省より「スーパーグローバルハイスクール（通称：SGH）」事業の指定を受けて，今年度で3年目となる．SGH事業の本校における目的を「高崎市と世界をつなぎ，地域に貢献できるグローバル人材の育成」とし，地域から世界へと学びを発展させるプログラムを充実させてきた．

さて，「グローバル」と言われても地方の高校生にとっては，なかなかすぐに世界との接点をイメージできるものではないが，身近な高崎市に目をやれば，優良な地元企業が多数あり，企業活動を通して世界と直接つながっていることに気づく．そこで，まずは地元企業の理解をグローバルに繋げていく活動に1・2年生で取り組んでいる．その取組に「グローバルリレー講話」「中国（深圳）・香港研修」がある．生徒は高崎市内の製造業の企業である以下の4社の社長からの講話に基づき，ディスカッションを行ったりフィールドワーク（事業所見学）を行ったりして，海外進出している地元企業の現状と課題について考察する．株式会社サイトウティーエム社長の齊藤孝則様，昭和電気鋳鋼株式会社社長の手塚加津子様，株式会社キンセイ産業社長の金子正元様，株式会社秋葉ダイカスト工業所社長の日下田雅男様から海外との関わりも含めた「企業の経営活動」をわかりやすく説明していただいている．そのような取組の中で，高校生が地元の製造業の現状と課題を学ぶ意義について生徒の意識変容などをもとに考察する．

1. SGH事業「グローバルリレー講話」「中国（深圳）・香港研修」の概要

まず，本校のSGHの目標は，グローバル・リーダーに必要な「自分の考え

を持った上で異なる考え方を受け入れ，共感するとともに，その違いを明確にして議論しまとめあげられる能力」の構成要素として考えている「前に踏み出す力」「考え抜く力」「チームで働く力」「コミュニケーション能力（ディベート，プレゼンテーション，スピーチ，ディスカッションなど）」「リテラシー（読む，書く，聴く，調べる）」「ツールとしての英語力」「日本人としてのアイデンティティ」「異文化に対する理解力」を身に付けることとしている（図参照）．そのプログラムの1年次のテーマは高崎市内の企業の海外進出等の現状と課題である．高崎市内の企業には生き残りをかけて中国，ベトナム等へ進出しているところがある．海外へ進出する地元中小企業は，大手企業の下請け子会社として取引先に誘われて行くのではなく，マーケット拡大のために進出する場合も多い．海外進出している高崎市内の企業「キンセイ産業」「昭和電気鋳鋼」「秋葉ダイカスト工業所」「サイトウティーエム」の代表者からの講話に基づき，ディスカッションを行ったりフィールドワーク（事業所見学）を行ったりして，海外進出している地元企業の現状と課題について考察する．その際の具体的な講話の内容としては，例えば「生き残りを目指す中小企業のグローバル戦略」「海外におけるマーケティング活動の進め方について」「海外進出に見る日本企業のリスクマネジメント」などである．

次に中国・香港研修における目的は，中国の深圳経済特区に進出しているサイトウティーエム社長の齊藤孝則様からの講話や課題提供等をしていただいた際の事例研究から疑問点や自分なりに立てた仮説を実際に自分の目で確かめ検証していくことである．また，中小の製造業企業としては数少ない日本人女性社員が現地で管理職（4年目）として就労されており，経営していくうえで身につけておきたいスキルなどを具体的に聞くことができる．そして，英語を母国語としない様々な国の人々とのビジネス交渉を英語で行う話などから，海外でのビジネスを考えている生徒に今，英語を学習する意味を明確にさせる．そのほか，運送業における日本とのサービスの違いなど具体的な海外戦略の方法を知ることができる．以上のことから期待される成果をまとめると以下のようになる．

(1) 海外進出している企業を研究し，企業の海外拠点を訪問し，担当者へのインタビューを行うことで，体験的にグローバルな視点を得ることができる．

(2) 「日本企業の海外戦略」というテーマの下，学年ごとにプログラムを発

寄稿：地域の製造業に学んで

高崎市立 高崎経済大学附属高等学校 TAKASAKI MUNICIPAL HIGH SCHOOL OF TAKASAKI CITY UNIVERSITY OF ECONOMICS	SUPER GLOBAL HIGH SCHOOL/ スーパーグローバルハイスクール 本校のSHGプログラムは、高・大・産の連携によって行う課題研究「日本企業の海外戦略」が柱となっています．この研究に1学年から3学年までを通し体系的に取り組ませることにより、グローバル化に対応できる人材の育成を目指します．

1年	2年	3年
高崎市内の企業の海外進出等の現状と課題	日本の大手企業の仕組みと評価方法	日本企業の海外戦略の現状と課題
グローカル 高崎市及び高崎経済大学による「熱血！高校生販売甲子園」への参加	**グローバルリーダーⅠ** 高崎経済大学経済学部の平井ゼミと連携した「日経ストックリーグ」への参加を通した事例研究	**グローバルリーダーⅡ** 高崎経済大学経済学部の矢野ゼミと連携した「日本のトップ企業の海外戦略」の事例研究、国内本社訪問
グローバルリレー講話 高崎市内の各社社長による講話聴講・ディスカッション・工場見学	**グローバルリレー講話** 経営支援NPOクラブ職員による講話聴講・ディスカッション	**グローバルリレー講話** 日本大手企業の社長による講話聴講・ディスカッション
グローバル基礎 群馬県立女子大学と連携した「イングリッシュセミナー」への参加 高崎経済大学と連携した作文やディベート指導でリテラシースキルアップ	**グローバル基礎** 高崎経済大学と連携したディベート指導等でリテラシースキルアップ	**SGH成果発表会** 1～3年の集大成である成果発表会

海外研修
◎海外研修Ⅰ（1年～3年）　◎海外研修Ⅱ（2年・3年）
米国研修/韓国研修《希望者》　事例研究している高崎の企業の海外拠点への訪問《希望者》

日本企業の海外戦略
グローバル人材に必要な能力と指標の開発

身に付けた力を調べる指標の開発
● リテラシー《読む・書く・聴く・調べる》　● 異文化に対する理解
● 前に踏み出す力【アクション】　● 日本人としてのアイデンティティの確立
● チームで働く力【チームワーク】　● 考え抜く力【シンキング】
● コミュニケーション能力《ディベート・プレゼンテーション・スピーチ・ディスカッション》
● ツールとしての英語力

日本を牽引するグローバルリーダーの基盤づくり
高崎市と世界をつなぎ、地域に貢献できるグローバル人材の育成

図　人材育成のプログラム

達段階に応じて発展的に構成しているので，グローバル社会に対する考え方を深く広くすることができる．
(3) 身近（地元）にある中小企業の海外進出の現状を，直接指揮をとっている経営トップから学ぶことでグローバル社会，グローバル化の流れを肌で感じることができる．
(4) 大企業と中小企業の海外進出にあたる際の戦略の違いを学ぶことができる．

2．地元の製造業に学んだ生徒の意識変容

　本校は全日制の普通科である．高校卒業後，すぐに社会に出るものは数名でほとんどが上級学校へ進学をする．また，ほとんどの生徒は中学校までにキャリア教育の一環として，実際に企業に数日赴いて，職場の雰囲気を経験してきているが，製造業の現場に触れる機会はほとんどない．それは，生徒が訪問する事業所が，保育園，デイケア，個人経営店舗，図書館などの公共施設など各中学校が保有している地域のつながり，ネットワークの範囲に限られるからである．一方，実業高等学校などに進学する生徒は，地元に就職しようという目的意識が強い．「ものづくり」に興味があって高校も選択してきているので，製造業に対してマイナスイメージは持っておらず，地元志向が強い．そのため，実業高校は生徒指導の段階から地域社会との関係を密にし，「地元に就職するなら○○高校」というキャッチフレーズを掲げて中学校説明会などを行う場合もある．

　上記のようなことから，本校の生徒の製造業に対する意識の特徴は，具体的に就労することに対してのイメージはほとんどなく，進学校に入学したからには東京の大学に進学し，有名大企業や優良企業などに就職できればと漠然と希望している．大企業の本社機能が集中する東京での就職となれば，製造業を強く希望はしていない．地元に帰ってきたいという希望はあるが，それには公務員になることが一番良い選択だと考えている．このような本校生徒の製造業に対するイメージをまとめると以下のような傾向がある．
(1) 年配の男性が，製造ラインで黙々と同じ作業をしている．
(2) 同じ作業を，間違いがないように神経をすり減らしながら業務をこなしている．

(3) 大企業の言われた通りに作るだけで，工夫する必要はない．いわゆる下請けである．
(4) 働いている間は，コミュニケーションは必要ない．
(5) 社長は年配の男性である．
(6) 現場は薄暗く，雑然としている．
(7) とにかく経営は苦しい．そのため資産や技術などを守って，細々と仕事を続ける．

これらのイメージを持っていた生徒は，ホームページ等を見て企業研究をし，実際の企業の社長の講話を聞き，ディスカッション，企業を見学した後，以下のように変容した．
(1) 製造現場は若い人や女性もたくさんいる．
(2) 同じ作業でも，常に生産効率やより働きやすいよう工夫を重ねることで間違いは減る．また，中小企業だからこそ，それぞれの顧客のニーズに応えるべくオーダーメイドで製品を作っている．そのための工夫は常に行う．技術力では誰にも負けないという自負が，社員全員の意識としてある．大企業は「信用」，中小である自分たちは「技術力」で勝負する．
(3) 明るく，活気があって，よりよい職場・製品・企業になるように社員一人一人が誇りをもって働いている．また社員自身が提言をし，それを吸い上げて企業全体を改善する方向に活かそうとする雰囲気がある．
(4) 様々な社員をまとめ上げる社長さんがいる．特に女性社長は，優しく思いやりがあり，柔らかい物腰でありながら，行動力や熱意は人一倍である．会社を発展させるために様々な改善点を見つけ，従業員に指示する強いリーダーシップは，「女性だから社長になった」のではなく，「気が付いたら社長が女性だった」と従業員に言わせるほどである．これほどの人物が，高崎という地方で活躍していることへの驚きや誇りが生まれている．
(5) 5S（整理，整頓，清掃，清潔，しつけ）等，生産効率を上げる工夫をしているため，整理整頓が行き届き，何がどこにあるかも一目瞭然，清潔な職場で気持ちが良い．
(6) 中小企業だからこそ，生き残りをかけて経営戦略を立てている．そのため海外進出することのメリット・デメリットや，注意すること，必要な

もの，課題なども研究会などで勉強してすべて理解した上で，それでも攻めの姿勢を貫いて進出したことはすばらしい．
(7) 海外進出する際の最低限の条件として英語が話せることが大切であり，中国語が話せなくても，熱意さえ伝われば大体のことは通じるということも海外研修などをもって理解できる．

3. 協力企業の活動状況を学んでの意義

　生徒は事業所見学をするまでは，前述した通り，地元の製造業の企業に就職するといった意識はほとんどなく自分の進路については漠然と考えていた．しかし，見学後の感想では，今回見学した企業に対して「ぜひここで働いてみたい．」と感想を述べている．高校生もできれば自分が生まれ育った地元で，社会人として貢献したいという希望を持っているのである．実際に事業所の見学をすることによって，製造業のイメージが一変したといえる．また，中小企業の社会的意義や役割についても少しではあるが，考えようという意思が感じられ，自分の将来を考える機会にもなっている．また，このような機会を設けることは，生徒の保護者の意識の変化にもつながると考えられる．本校生徒の保護者と話をする中で，次のような声を聞くことがある．

　「大学に出すのは東京でもいいが，できれば地元に帰ってきてほしい．でも，就職口がない．中小企業では心配だし，高崎市の企業がどんなことをしているのか見当もつかない．だから気安く帰ってこい，と言いにくい．とにかく東京であれば仕事にあぶれることはないだろう．」

　「東京に行ったら，帰ってこなくなってしまうから，県内の大学に進学してほしい．その後は企業ではなく，公務員になるのが一番安心だ．」

　以上の懸念を抱いてしまう現状は，高校生も保護者も情報不足で，地元企業がどのようなものづくりをしているか把握していないことが大きな原因である．どのような戦略で経営をしているか，世界とどのようにつながっているかなどが見えていないのである．

　このように，生徒にも保護者にも「優秀な人は東京へ行き，地方には公共事業しかないから仕事が見つからない」という考え方が少なからずある．日本の社会問題のひとつである，地方創生が叫ばれている今だからこそこれから日本を背負う若者が，大企業や大都市圏に行くことだけがベストの選択ではない，

ということを発信していく良い機会である．地方にはこのように無限に資源があるので，自己実現の選択肢を広げるためには中・高校教育のなかで地元の企業研究等の取組をカリキュラムに位置付けてはどうか．そして，地方自治体が，若い現役世代が主体的に活躍できる場の仕組みづくりを考え，多くの場を提供する．そうすれば，東京に出た若者も東京で身につけたITリテラシーやビジネス経験を生かして，Iターン，Uターン組として地元で停滞を打ち破る人材となるのではなかろうか．

4. 社長の講話や事業所見学による生徒の感想

(1) サイトウティーエム

・今日の講話で，中国語が話せなくても，やる気とかこうしたいという熱意があればやっていけるという話が印象的でした．今後の進路選択の幅が広がりました．

・今日のグローバルリレー講話を聞いて，正直あまり興味がなかった製造業や中小企業について，とてもよく知ることができてよかったです．従業員が25人というなかで，しかもリーマンショックの翌年に海外に事業所をおいたことには驚きました．仕事も0になってしまった中で1年かけて顧客を見つけたと聞いたときは，すごいなと思ったと同時にこれくらいの気持ちがないとやっていけないんだということにも気づかされました．そして，最後に教えていただいた「グローバル人材として大切なこと」はやっぱり「異文化理解」なんだと思いました．私もテレビなどでデモを起こしている人を見ると，「まったく〜人は！」と思います．しかし，これからはそんな先入観を捨て，同じ地球人だと考えようと思いました．そして，社長さんがおっしゃっていたように，周りの人への感謝と「生かされているんだ」という気持ちを持とうと思いました．

・当時の従業員25名という状態で，どう海外進出して，何をするのか考え，行動すること，また，事業に失敗して会社が潰れてしまわないように，最低限のリスクにしつつ，事業を行うことは大変でも，協業によって事業を成功させ，現在では年商2億円相当を稼ぐことのできる会社にまですることができているということで，自分自身で考え，経済状態を考えていくことの大切さ，重要さがわかり，貴重な話を聞くことができてよかった．

- 齊藤さんのお話を聞いて一番印象に残ったことは，小さな部品一つ一つが全体を支えているということです．自動車であれば，エンジンに使われている部品が一つなくなるだけで故障の原因につながってしまうとお聞きしてとても驚きました．僕は，中小企業の存在の大きさを強く感じました．今回の講話を終えて，僕自身も，齊藤社長のように日本，そして世界を下から支えられる存在になっていきたいです．
- 製造業は品質の良さを高めるために多くの努力をしていることを知って，大変だけれどもやりがいのある仕事だと思いました．
- 今回の講話を聞いて世界に出るということがとても大変なことだと感じました．でも，その言葉など色々な壁を乗り越えて他国の人との信頼関係をつくっていくんだなと思いました．自分もそんな信頼関係をつくれる人になりたいです．
- 齊藤さんの話の中で心に残った言葉がたくさんあります．「異文化理解」という一番重要な能力を中心に，中国人の理解力，日本人のモチベーションなど細かいところに注意を払っていること，それと同時に攻めの走り続ける経営をすること．仕事＝作業＋改善これらのことを大事にしていくことで世界に通用する企業になれるのだとわかりました．わたしは作業の改善を大事にすることから始めてみようと思います．ものづくりをすることに少し興味が湧きました．
- 今まで私は企業といったらトヨタなどの大企業を想像してしまいましたが，小さな企業が作る小さな部品がなければ大きな商品がつくれないのでとても大事な存在だなと思いました．

(2) 昭和電気鋳鋼

- 女性が活躍している姿を実際に目にすると自分も頑張ろうという気持ちになることができた．電気鋳鋼と聞いて，物にあふれていたり，結構散らかっている作業場をイメージしていたが，整理整頓に重きをおいていて，すごくきれいだったのでとても驚いた．でも，そのおかげで材料や部品などのムダをなくせるのですごいと思った．
- 社長さんが女性であることは，企業にとって不利だと思っていたら，逆に女性であることが有利になって企業を成功させていてとても驚いた．
- 年配の方が多く働いていると思ったら，ついこの間，高校を卒業したばかり

の人や20代の人が圧倒的に多く働いていて活力に溢れる企業だなと思った．
・女性の社長さんということですごく厳しい方かと思っていましたが，とても穏やかで社員からの信頼も得られていてすごいと思いました．社員の一体化を大切にし，掃除なども徹底しており，最初のイメージとは全く異なりました．

「昭和電気鋳鋼」事業所見学

・女性の社長さんが会社を経営しているのはすごいと思いました．さまざまな部品などの製造工程を見学することは初めてで興味が湧きました．
・社長さんが「会社はひとりでは変えられない，社員全員が継続的な働きかけをしていくことから」とお話していて，このことは会社経営だけでなくすべてのことにいえると思いました．女性社長は従業員に対する思いやり意志の強い人でした．
・社長さんは，工場という男社会の中で女性としてできることをやって，社員の信頼を得たのはすごいと思いました．家業を継ぐといっても簡単なことではないと思うので，凄く努力なさったんだろうなと思いました．自分が実際に現場に出て同じ作業ではないとしても社員と同じ環境で働く社長さんというのはあまりいないのではないのかと思います．そのような社長さんだから「女性のくせに」という思いを社員さんに抱かせることがないのではと思います．さらに，会社を発展させているところを見ると本当に努力家なんだろうなと思いました．
そのような会社が私の住んでいる倉賀野町にあるとは知らなかったです．
・手塚社長の「私自身が物作りできるわけではない．社員みんなが意欲を持って仕事をできる環境をつくりたい．」と考えた，という一文がありました．このような発想ができるのは女性ならではなのではないかと思いました．また，リーマンショックにあった時も，誰一人としてリストラしなかったとあり，社員の人達を大切にした結果，社長も社員の人達から支えられるという

関係が築かれていて，私もこのような職場に就きたいと羨ましく思いました．

(3) キンセイ産業

- 清潔感のあるきれいな職場だった．焼却炉と聞くと燃やしているイメージが強く，環境に悪いような気がしていたが，そうではなくそこもきちんと配慮されていてすごいと思った．直径5メートルの筒やすごく大きな焼却炉はとても迫力があった．すごく近いところまで連れていってもらえたので楽しかった．
- すべての製品をオーダーメイドで1からすべて製造してお客さんのニーズに応えることの難しさを知りました．でも，その分，達成感ややりがいは大きいものだとも知りました．社内がとてもきれいで思っていたよりも騒音もないことにびっくりしました．
- 若い人が多く働いていることに驚きました．また，女性の方も意外と多く働いていました．また，環境を良くするための様々な機械を開発していてこれからの未来にとても役に立つだろうなと思いました．キンセイ産業の方々のように活気溢れる雰囲気で働いてみたいなと思いました．
- 「廃棄物処理」と聞いてもゴミを燃やすだけかと思っていたけれど環境のことを考えたり，エネルギーに変えることができたりとすごく奥深いと思いました．また，海外事業にも参加したり，注文が来ていたりとグローバルに活躍されていて圧倒されました．社員の方が大学で学んだこととは全く違う分野ですが，仕事をしていることを聞き，様々な生き方があると感じました．社員の皆さんがあたたかくて本当に良かったです．

「キンセイ産業」事業所見学

- 環境に良い装置を作っていることがわかった．オーダーメイドで製品を作っているというのには驚いた．それぞれの要望に応えるというのは大変なのにそれを何度も行っているというのは素晴らしい技術があるからだと知ることができました．

- 「真心」「ピンチをチャンスに」など様々な言葉を目標に掲げていて従業員の仕事の意欲の高さがつたわった．一生懸命ものづくりに取り組んでいれば，必ずチャンスはくるということ（諦めないこと）を学んだ．また，目標を決めて行動していくことの大切さを知った．
- モノづくりは人づくり，真心，切り替えを大切になど人生において大事なことをたくさん学べました．昭和電気鋳鋼の社長さんも 5S が大事とおっしゃっていたので本当に重要なのだとわかりました．今日教わったことを忘れずに自分を成長させていきたいと感じました．
- 夢（目標）に向かってがんばることの大切さを改めて考えました．また，自分もはやく興味のあることや面白いと思ったことを見つけたいと思いました．自分の将来を想像し，その夢を叶えるために努力をすれば結果がしっかりと付いてくる．そのために，勉強など普段の生活も頑張らないといけないと思いました．

(4) 秋葉ダイカスト工業所

- 地球市民として，世界に「クールジャパン」を発信していくのは魅力的な仕事だと思いました．常に探究心を持つことを最近わたしも忘れていたので，いろんな世界に目を向けて行きたいです．最近，様々な講話の中で「グローバル化」という言葉を本当によく聞くので，やはりどの場面においても英語の力は必要になってくるのだとわかりました．
- 日下田さんの講話を聞いて，自分たちが国際社会人になるために必要なことがよく分かりました．国のお国柄や政治的背景を理解することや日本のことについても理解を深めていることが大切だと思いました．いざ，社会に出て仕事に就いたときに探究，行動，努力をしっかりとして貢献が出来るように今の時期から意

「秋葉ダイカスト工業所」日下田雅男社長による講話

識していきたいと思いました．
- 私は今日の講話を聞いて，日本人が海外で活躍できるようになるには日本人の良さや特徴を前面に出しつつ，それぞれの国の地理，気候，人種，宗教，文化，言語，慣習などを充分に理解し，尊重することが大切であることを学びました．また，英語力をもっとつけたいと思いました．ここで言う英語力とは「英会話力」のことです．いくら英語を勉強しても話すことができなかったらもったいないです．未来に貢献すべく，私はもっと力をつけたいです．
- 今回の講話を受けて，「日本人の良さ」というものを再確認できた気がした．タイ人やベトナム人の方々は日本人と考え方が結構違うと知り驚いた．だからこれからは，お互いの考え方を深く理解して，協力関係を築くことが大切だと感じた．
- 前に講話を聞かせていただいた三社の社長さんも言っていた，「海外に進出するときに大切なのは，その国の文化を理解すること」というのを日下田さんも言っていて，これは本当に重要なことなんだと思いました．また，仕事で出会った人の色々な話を聞かせてもらえて，日下田さんがこのお仕事を楽しんでいるのが感じられました．
- 日下田社長の話を聞いて日本人，タイ人，ベトナム人という人種のくくりではなく人と人の個人としての理解と日本の魅力を発信していかなくてはならないと思いました．お国柄，ともありましたがスクリーンでもあった写真での地元の人との仲の良いところ，社長も地元の人のことを知っていることなど国境を関係なしに会社の中の繋がりにとても感心しました．
- 今日の講話で外国や日本の国柄や政治的背景，育った環境，日本人の特徴を理解することが大切ということがわかりました．思いだけを持たず，探究，行動・努力，貢献をできるようになりたいです．私も日下田さんのようにグローバル社会で働けるように今日学んだことを実行していきたいです．海外にも通用する企業で，環境問題にも向き合っているところがすごいと思いました．
- 国際社会人になるポイントは意外と身近で，やろうと思えば私にもいますぐできるなと思いました．中学の時，友達が中国に行って日本の文化を聞かれたとき，答えられなくて日本人として本当に恥ずかしい思いをしたと私に話してくれたことを思い出しました．日本人として日本の文化はきちんと理解して，日本人としてのよい特徴を身に付けておくことは大切だなと思いまし

た．私も将来，世界で活躍するような人間になりたいと考えているので今日の講話で聞いたことをこれからの生活に生かしていきたいと思いました．

5. 中国（深圳）・香港研修の生徒の感想

- サイトウティーエムは，群馬の企業であり，地元の企業が海外進出を果たしているというのを目の当たりにして，世界を身近に感じた．製造業はリスクも大きい分現地の方の協力が必要だが，社員はほとんど現地の方で熱心に仕事をこなしていたので，仕事内容などはあまり香港の製造業と変わりがないのかなと思った．
- 実際に行ってみることで，知らなかったことや新しい発見をすることができたと思う．海外進出をするときに会社を設立しやすいことや，税金がかからないことも必要だが，お客様はもちろん，社員をいかに満足させられるかを考えることも重要だとわかった．今回の体験を通して自分に何ができるのか，また将来海外進出したときにどのような戦略を立てていくのかを考えるきっかけにしていきたいと思う．
- サイトウティーエムの齊藤社長が「日本にいると，日本の中での常識が世界でも当たり前だと思いがちだがそうではない．香港にいると，日本の堅苦しいルールのほうがおかしいんだと思うようになる．」とおっしゃっていた．私は今回の研修で初めて中国に行き，最初は日本とのたくさんの違いに戸惑い，早く日本に帰りたいと思ってしまっていた．しかしそう考えるのではなく，お互いの文化の違いを認め合うことが大切だということが，社長のおっしゃっていたことなのだろう．そしてそれができる人こそがグローバル人材として世界で活躍できるのだと思った．

「齊藤利来精密五金有限公司（深圳）」の日本人女性管理職による事業説明

資料編

汎用性ある独自技術を　油圧プレスで世界をリード

株式会社小島鐵工所

　同社は個人営業，合資会社を経て，現在の株式会社の形態になった．歴史のある会社と簡単に言うが，創業は文化6年ということだから，間もなく創業200年にもなる．

　群馬のものづくりを語る時，必ず出てくるのも同社．明治17年には皇居二重橋の橋桁，装飾部を鋳造，その翌年には国産初の醤油醸造用水圧プレスを開発した．第1次世界大戦を経て重工業化に向かい，戦後自動車産業等の隆盛により，油圧プレス機専門メーカーとして確固たる地位を築いた．

　児玉三郎社長は，(社)日本鍛圧機械工業会の副会長など要職に就き，国内外を駆け回る多忙な体．八幡工場を訪ね，国内外プレス機械の現状等をご説明いただいた．

　「まず，プレス機械の種類ですが，これには機械式と油圧式の2種類があります．機械式は作業速度の早さが特徴．一方の油圧式は成型性が良く，機械式に比べて値も張らないが，いかんせん作業速度が遅い．当社は油圧プレス専門メーカーとして，この油圧の弱点である作業速度の高速化を7，8年前から手がけて来ました．そして完成したのがHSP（高速油圧プレス）です」という．

　プレス機械の主たるユーザーである自動車業界には近年，大きな変化があった．低公害，低燃費といった環境面，衝突時の乗員保護という安全面など社会的な要望を受けて，材質，スタイルともに大きく様変わりした．特に材質面では，より薄く，より強い物が求められるようになった．"薄くて強い素材"はイコール"成型し難い素材"．各メーカーともに油圧プレスに目を向けたが，やはり，作業速度の遅さがネックとなった．

　「高速で成型性の良い作業は，従来の油圧プレスに出来ず，機械プレスにも出来ない．高速油圧プレスはこうした隙間に入り込んだ訳です．時代のニーズにあったということでしょう」と語る．国内民間企業の設備投資は数年来，低迷し続けているが，同社の高速油圧プレスは国内外から受注が相次いでいる．これに対し，県内，国内はもちろん，海外の会社からの協力体制を整え，また工場へ社外技術者を導入することにより，自社能力の約3倍の増産に対処している．

　大型油圧プレス機に限ると，そのメーカーは世界中に4社ある．国内に同社を含めた2社，ドイツに2社．国内メーカーは日本とアジア地域に，ドイツの2社はヨ

ーロッパ地域に主たるシェアを持つ．アメリカ，イギリスは，この4社が混在してシェアを争っているという．小島鐵工所はその内の1社．大型油圧プレスのトップブランド．まさに世界のKOJIMAだ．

八幡工場では現在，大手自動車メーカーの海外工場用に開発された大型高速油圧プレス機の組み立て作業が進む．工場内は3階ビルほどの高さが天井まで吹き抜けとなり，広さは東西120メートル，南北120メートル．外観から巨大さに圧倒された建物も，製品が大きすぎるせいか，内部に入るとその広さを感じない．「この工場内で，人の手で運べる部品はないんですよ」との説明．天井付近を移動する数台のクレーンは1基で50トンをつり下げるという．足元に置かれた数メートルの部品1つが1トンと聞き，驚いた．この工場では，人造ダイヤ製造用の1万トンプレス機も作られた．プレス機は工場内で組み立てられ，顧客立ち会いの下で性能試験，微調整を行った上で再び分解され，部品の状態で船便に乗る．スケールの大きさにただ驚くばかりだ．

大型油圧プレス機をはじめとした同社の製品は，日常的に目にするものではない．しかし，そのプレス機で加工製造された製品には身近なものもある．車のボディーはもちろん，タイヤホイール．スチールホイールは国内100％，アジアでも80％が同社の製品で加工される．家庭用品では冷蔵庫，洗濯機，厨房のシンク，食器ボールといったもの．その他，街路灯支柱，橋梁の橋桁，特殊なところではミサイル，ロケット，戦闘機，原子炉まである．同社の製品は国内製造業の根幹を支えている訳だ．「ものづくりはわが国の基本」という児玉社長の言葉も一層重みを増す．

「製造業は厳しい状況にあります．勝ち残る道は，汎用性のある独自技術を開発すること．とはいっても，新発明というようなものを開発するには人も金も時間もない．自分が今，得意としている技術をさらに特化して伸ばせば良いと考えています．景気は良くありませんが，"今が普通"という発想も必要では．厳しいようですが，今，食えるように努力しなければだめ．これが世界で一番というような製品を作って世界で商売していく．そんな考え方も必要でしょう」と話す．

海外の商談は通訳を交えずに英語で進める．外国人の担当を相手に1対1で交渉，油圧プレスを受注したこともあるという．このフットワークの軽さも同社の大きな武器だ．

（「商工たかさき」2002年2月号より転載）

地上 62m，国内最大のプラント塔を建設

株式会社深堀鉄工所

　株式会社深堀鉄工所（設立：昭和41年，従業員：21人，資本金：1,500万円）は，燃料地下タンク，化学・食品貯槽タンク，各種産業プラントの設計，施工を手がけ，平成15年には危険物保安技術協会から県内初の安全認定を受けている．同社は大型タンク，圧力容器など筒状，曲面を持った製品では，他にはない卓越した技術を持つ．用途にあわせて多様なニーズに対応し，国内のさまざまな自治体や企業から発注を受けている．土木工事からプラント建設までこなし，欠陥ゼロの実績は，同社の無言のセールスマンともいえよう．この無言のセールスマンの力で，現在，受注に生産が追いつかない状態だという．

　ガソリンスタンドの地下に埋められている貯蔵タンク．消防法などにより製造工程や構造規格が細かに定められている．深堀鉄工所は，危険物を貯蔵する大型タンクに独自の二重構造を取り入れて製品化し，危険物保安技術協会の試験に県内で初めて合格，安全認定工場として認められた．同協会は消防法に基づく認可法人で，貯蔵施設の審査などを実施する機関．書類審査から始まり，実施検査試作品の製作では高度な技術レベルが要求される．認定を受けた「SF二重殻タンク」は，金属タンクの外側を繊維強化プラスチック（FRP）の殻で被った二重構造を持つ．内容物の漏れを二重構造の内側で防ぐ仕組みだ．

　タンク製造の過程では深堀のノウハウが随所に見られ，鋼板の曲げ加工，溶接で強度を出し，製品の品質を向上させている．タンクと巻き付けるFRPの間には，紙一重のすき間をつくり，万が一漏れが発生した場合はセンサーが感知する．地下埋設には，迷走電流による電蝕や地震，環境による悪影響など，万全な安全対策が必要だ．タンク製造だけでなく，設置工事でも同社の実績は顧客に信頼されている．深堀鉄工所は昭和41年に創業．深堀誠社長は若干22歳だった．勤めていた鉄工所の社長から「独立して始めてみろ」と認められた．「日本全国に鉄工所は掃いて捨てるほどあるかも知れない．その中で深堀はいいものをつくるという評価が欲しかった」という．この道で一流になるんだという男の意地が，今日まで頑張らせてきた．平成13年には町屋工業団地に第2工場を建設し，生産を拡大した．

　直径数メートルの大きな製品は，夜間トレーラーに乗せられ現地まで運ぶ．さらに巨大なプラントは，現地で組み立て作業をしなければならない．数ある施工の中

でも，高さ62メートル，日本最大級のプリル塔（プラント施設の1つ），溶接面を全てX線検査され欠陥ゼロだった化学プラントや高さ45メートルの二重煙突などが特に記憶に残っている．「仕事先は日本のトップ企業．プロの目で見れば，良し悪しは一目瞭然」と社長の腕が鳴った．

　深堀社長は若い頃，高崎だるまの真空成型プラントを開発し，張り子だるまの製造方法を改革し，問い合わせが殺到した．このシステムは会津のあかべこや，沖縄のシーサー，マネキン人形にも応用された．ものづくりの面白さを肌で知っている．工場の中では，若い社員たちを自ら指導する．同社の未来を支える技術者たちである．

（「商工たかさき」2004年11月号より転載，一部改変）

"いごっそう"の精神で高所作業車に専門特化 オンリーワン企業へ
株式会社ワイケー

　高所作業車の設計・製造・販売，そして全国の指定サービス工場をネットし万全のアフターサービス体制を敷く．「主に高速道路や料金所，トンネルなどの定期点検やインフラ整備と，ビルや大型施設等の建築現場で，当社の高所作業車は広く活用されています」と話す社長の川村裕助さん．高知県出身で，反骨精神と大胆さをもつ快男児ぶりは，まさに土佐弁で言うところの"いごっそう"（頑固で気骨ある男性）．「他社がやらないものをやる」と，専門特化した高所作業車にこだわり，独自路線を切り拓いてきた．インフラへの安心安全意識の高まりや，オリンピックを契機とした建設業界の活況などを追風に，平成22年2月に設立以来，同社は右肩上がりに実績を拡大．生産性向上が目下の課題で，そこをクリアすれば，さらなる飛躍が見込めそうだ．

　同社の高所作業車には，大きく分けてトラックタイプと小型自走式タイプがある．トラックタイプは，独自の営業展開でユーザーへの直販を含めてレンタル会社へも幅広く販売し，小型自走式タイプは，大手メーカーのOEM製品として供給している．これらの高所作業車にはこだわりが随所に施され，作業性・効率性・安全性に優れた機能が搭載されている．例えば，高所作業車に「ジャッキ兼用の移動用タイヤ」と，作業床に「車両移動と高所作業の操作装置」を装備したことで，これまで作業の一工程が終わるたびに行っていたジャッキの"格納と設置"の工程をなくし，

作業者が作業の進行のタイミングで作業床にいながら車両を前後・左右折に移動操作できるようにした．

また，「荷台昇降車タワーステージ」は，最大積載1,200 kgの荷台として使えるデッキを採用．貨物登録をすることで，デッキに積載をしたまま公道走行を可能にし，「運搬」「高所」「連続作業」の3つの要素を1台でできるようにした．トンネル内の連続した作業で特に本領を発揮する．

他に，伸縮軸の根元に回転用油圧モーターを搭載してデッキが左右180度旋回する「小型自走式」は，車体の前に障害物がある場所でも障害物を越えて作業ができるなど作業領域を広げた．こうした高所作業車の操作は，走行や操舵がジョイスティックレバーで簡単にでき，作業者にやさしい設計となっている．

確かな品質と安定供給を果たす部品サプライヤーとの共生は，高所作業車の一貫生産を行う同社にとって，大切な生命線となる．供給された部品を自社工場で油圧や電気など部位ごとに組み立て，徐々に大きなユニットに仕上げていく．トラックタイプは自動車メーカーから取り寄せたベース車両にシャーシー加工を施した後，組み立てられたユニットを架装していく．完成品は工場内の性能検査を経て出荷となる．工場のスタッフは，1工程の全ての作業を1人で受け持ち，ローテーションで全ての現場を経験するので，電気・機械・油圧・制御・トラック架装など様々な技術分野への理解を深めることができる．それが自社ブランドへの誇りを育み，クオリティにつながっている．

平成26年にワイケーブランド製品である「スカイムーバーYX60M型移動式高所作業車」が，国土交通省のNETIS（新技術情報提供システム）登録を果たした．これは，新技術の積極的な活用を通じて，公共工事等の品質の確保や良質な社会資本の整備に寄与することを目的にしている．施工者が登録された新技術を実際に工事等で活用した場合は，総合評価落札方式や工事成績評定での加点対象になり，工事などの受注に優位に働く．これにより，同社の技術や製品の普及拡大に期待がかかる．

道路維持管理業界への参入のきっかけは，2010年に開通した大橋ジャンクションの建設現場．4層のループを重ねたようなコンパクトな構造で，首都高速道路の中でも急勾配と急カーブが連続するかつてない現場で，小回りの利くワイケーブランドが輝きを放った．

現在，全国にある2m以上の橋約70万橋とトンネル約1万本が，国土交通省が定める5年に1回の「道路トンネル定期点検」（平成26年3月末公示）の対象になっており，それを推進するのに引っ張りだこなのが同社の高所作業車である．また，

今年11月にオープンする東京都中央卸売市場の建築現場では，同社の"小型自走式"高所作業車も現場に大量に導入され，工期の短縮に寄与した．人気の秘密は，現場の作業者の声を吸い上げて反映させた使い勝手の良さにある．

「汎用性の高い製品開発のほうが大きな利益をのぞめますが，かゆいところに手の届く小回りの利くユニークなオンリーワン製品づくりが，弊社のような小さな企業の生きる道」と，ニーズにきめ細やかに対応するという開発コンセプトに誇りを持っている．

（「商工たかさき」2016年6月号より転載，一部改変）

アイデア満載の特殊消防車で地域を守る

温井自動車工業株式会社

温井自動車工業(株)は昭和40年代より消防車両の製造，修理及び消防設備の取り扱いを行っている．軽自動車に消防機械を取り付けた特殊な消防車，走りながら放水できる全自動ポンプ付の水槽車など車両に消防機械を取り付け，オーダーメイドの消防車をつくる．

工場長の小池寿博さんは38年目の大ベテラン．自動車整備学校を卒業と同時に入社した当時から消防車両の製作・修理にあたっている．

「私達がつくるのは，1分1秒を争う現場で使われる消防車．いざという時に絶対に不具合があってはいけない」と，作業にあたってはすべての工程において一切妥協を許さない．そして修理やメンテナンスの依頼も，休日・夜間であっても，県内外を問わず即時対応を心がけている．そのため，消防隊員・消防団・工場などの自衛消防隊といった最前線からの信頼も厚く，現場の声が同社の車両製作に活かされていく．

「当社の車両はオーダーメイド．お客さんの要望と自社からの提案を合わせ，世界に1台だけの車をつくり評価してもらえることが一番のやりがいです」と語る．図面を引く温井社長も「現場の声を形にできるスタッフがいることが弊社の一番の強み」と全幅の信頼を寄せている．そんな小池さんは今年還暦を迎え，現在は技術の継承，後進育成にも力を入れ，現場で指揮をとっている．部下を見守りながら「やる気がある青年達．5，6年後が楽しみ」と期待に笑顔をほころばせていた．

（「商工たかさき」2015年9月号より転載，一部改変）

ターゲットは世界市場
自動車用フォグランプ製造で業界をリード

IPF株式会社

　ピンク，グレー，ブラックの帯に「IPF」の文字．ラリーやフォーミュラーレースなどモータースポーツのテレビ中継で，必ずといっていいほど目に入る社名ロゴ，全国にその名を知られた一大ブランド．その本社は倉賀野町の金属工業団地内にある．

　同社の創業は1946（昭和21）年．ミシンやカメラなどの部品を小規模生産していたが，50年ごろにトラック用照明器具の製造に主軸を移し，高度経済成長の波に乗って躍進，市川プレス工業として順調に業績を伸ばした．しかし，世界の一流メーカーに成長するまでの道のりには，経営危機にもつながりかねない大きな山場があった．67年のこと，それまで定期的に受注していたトラック用フォグランプの仕事が，親会社からの通告で突然引き上げられ，翌日から仕事がなくなった．全国物産見本市の出展を機に，米国との取り引きがすでに始まってはいたものの売り上げは全体の5％程度．会社存続も危ぶまれた．

　「自立しなければ，親会社の都合で動かされてしまう．何とか，自分のブランドをつくらなければ」．苦境に立たされた同社が選んだ危機脱出策は「他に依存しない自社製品」造りだった．IPF躍進の歩みがここに始まった．72年にまず，JIS表示の許可工場となり，翌73年には世界で最も厳しいといわれる米カリフォルニア州ハイウェーパトロール規格（CHP）など，自動車文化先進国の製品規格を取得，海外輸出本格化への足掛かりを付けた．この昭和48年は，日本国内をはじめ世界各国がオイルショックに揺れた年．同社にも不景気の波は押し寄せたが，「自社製品造り」の歩みは止まらなかった．「米の規格を取得した時，窓口になった事務所のアメリカ人が，別のアメリカ人に製品を紹介してくれるなど，販売に大いに協力してくれた．たとえ外国の製品であっても，良い物は良いという合理的な考え．アメリカでなければこうもうまくいったかどうか…」と市川社長．この数年後頃から，日本の四駆マニアが同社の製品を逆輸入し，国内にも「IPF」製品が出回りはじめた．また，モータースポーツへの参戦も始めた．83年ごろから，国内販売にシフトしたが，「舶来」のイメージはそのまま残り，高いブランドイメージを築く上で有利に働いた．

　「フォグランプの類は，あってもなくても自動車の走行性能に直接関係のないす

き間商品．それを買ってもらうのだから，優れたファッション性と安全性を高める機能を兼ね備えたものでなくてはならない」．79年にイタリアのデザイナー・ジウジアロー氏と技術提携．さらに81年には宇宙飛行士のヘルメット用素材・レキサン樹脂を用い，軽くて，さびない，割れない，カッコイイ，四拍子そろった製品を開発．自動車用フォグランプの固定観念を打ち崩した．レンズカットに依存せず，反射面で配光を決めるマルチリフレクターや，遠隔操作でランプを点滅させるフラッシュナビなど，斬新なアイデアで次々と新商品を開発．その動向は常に他社の注目を集める．

「"お客様が望む自分だけの車づくり"を手伝えるような商品でなければだめ．ファッションとして考えれば，当然値段も安くなければいけない」と社長．自動車用フォグランプ1つは15～30点の部品で構成されるが，この構成品目を減らすことが今後の課題．ランプ製造は手作業に頼らざる得ない部分が多く，部品が減ればそれだけコストも削れる道理だ．

自社製品づくりに乗り出してから33年，「世界のIPF」の名を得てもなお同社のオンリーワンづくりは続いている．

（「商工たかさき」2000年6月号より転載）

合言葉は「日々改革」 新展開目指す海外進出の先駆者

株式会社額部製作所

8月1日付の機構改革で西田隆良社長が会長に就任．10年余りにわたって海外拠点の整備に努めてきた弟の則良氏が社長に就任した．則良社長は「燃える改善集団」と銘打って，額部グループ一丸で製造アイテムの拡張，技術革新，生産ラインの見直しなどを進める考え．来春には香港工場を倍増させる計画もあり，海外，国内の各拠点で新たな動きが見られそうだ．

1945（昭和20）年，額部金属工業舎として創立，今年55年目を迎えた．今日の額部を築いたのは，大型トラックや小型乗用車用の燃料噴射ポンプ，コンプレッサーなど，ミクロン単位の精度が問われる心臓部のパーツ生産．早くから超精密部品加工を行い，その取り組みは広く海外大手メーカーにも知られている．

隆良会長は県内企業向けの海外投資セミナーなどで講師も務める海外進出の先駆者．86年に米デトロイト出張所，2年後には香港額部を開設．さらにその翌年には

米イリノイ州に現地法人を設立した．現在，海外拠点は米に2社3工場，香港に1社2工場を持つ．その売り上げは米国の2社だけで，県内4工場と関連会社を合わせた国内の総売り上げに匹敵する額を稼ぎ出しているという．来春，香港工場が倍増されれば，さらに海外の比重が高まることになる．

同社が海外に目を向け始めたのは80年代前半のこと．当時，すでに米フォード社と直接取り引きを行っていたが，相次ぐ為替の乱高下で危機感を募らせたという．「1ドル240円が瞬く間に170円にまで下がった．猛烈な円高．ひどい目にあったな」と隆良会長．則良社長も「日本からの輸出は為替のリスクを負うことになる，為替が刻々変化するなかでの輸出はギャンブルのようなものだった」と口をそろえる．こんな状況下，対米ドルリスクの少ない香港進出は2人共通の思いとなり，早期実現が可能になったという．

海外のメリットが具体的な数字に表れたのは米国に拠点を築いてから．

国内自動車メーカーの多くが米国に現地法人を設立したその数年後，額部も米国法人を設立した．各メーカーが信頼の置ける部品の現地調達率を上げようと奔走したその時，目の前にあったのが日本でも，海外でも定評のある額部の現地工場．各社がこぞって飛びついたのは想像に難くない．「たまたまタイミングが合っただけ，偶然の産物」と2人ともに謙虚だが，まさに，先見の明があったと言うしかないだろう．

米国進出は為替リスクからの解放だけでなく，仕事の垣根も取り除いてくれた．国内自動車業界では「系列」のしがらみがあり，製造アイテムの拡張も容易でなかったが「さすが自由競争の国，アメリカ．安くて良い物を造れば系列を考えずに各社が取り引きしてくれた」という．

海外進出に自信を深めた同社が，次に目指すのは中国拠点の拡充と電子部品部門の強化だ．「車は，ゆくゆくは機械の固まりから電子部品，電気の固まりになる．これからは総合力がなければだめ．インジェクター用コイルの販売を中国で始め，カーエレクトロニクス拡販の足掛かりにしたい」と話した．

日々改革が合言葉．10数年前，県内に先駆けてロボットを買い，工作機を買い，周辺機器を自社製造して始めた生産ラインのロボット化も，今日では他の追随を許さないもの．加えて，相次ぐ海外拠点づくりと，常に先頭を走る同社．昨年9月には，全国で103編の応募があった労働省の「高年齢者雇用開発コンテスト」で最優秀賞に輝き，先駆者の歴史に新たな1ページを加えた．

（「商工たかさき」2000年9月号より転載）

"超高精密"最先端を追求　試作品加工は北関東最大規模

共和産業株式会社

　自動車の量産部品をライン加工する第1工場，試作品を加工する第2，第3工場，そして一番奥に位置する建物が今年6月に稼働させた第4工場だ．新工場建設の狙いは多種多様な製品を効率良く生産する変種変量生産システムの確立．ターゲットは第2，第3工場と同じく各種メーカーが研究段階に発注する試作品．これまでの第2，第3工場に加え，第4工場を「超精密加工の研究，開発部門」に位置付けることで，より効率的な運用を実現する考えだ．同社はこれにより，量産品加工と試作品加工の比重を従来の半々から，大きく開発，試作品加工側にシフト，先端の超精密部品加工を専門とするメーカーへの変身を遂げることになる．

　試作品といえば，1種類で平均5個，多くても20個程度の少量生産．おのずと量産品とは異なった製造ノウハウが必要になる．ここで生きたのが専用工作機メーカー時代に培った技術と知識だ．1972年から15年ほど，同社は時代の先端を行く高性能工作機を自社で設計，製造，広く海外にも販売していた．今でこそ部品加工メーカーとして知られるが，以前はNC（数値制御）専用機など工作機メーカーとしての知名度が高かった．その後，自動車部品などの量産品を自社製造ラインで加工し始め，さらに試作品など多種少量品の加工へと，事業を転換してきた．

　近年，自動車業界を取り巻く状況は刻々と変化．環境基準の強化による高性能の追求や，個性化する消費者のニーズ，同社にとっては業界再編によるメーカーの離合集散も，事業転換への大きな契機となった．「量産品を手掛ける場合，問題になるのがまずコスト．専用ラインを作って大量生産するが，急速に進化する自動車部品を製造しつづけるには同じラインで数種類似たような部品をつくるなどしてしのがなければならない．近年の激変ぶりを見れば，それを続けるのも難しいだろう．そこで始めたのが個々の機械がそれぞれ別の物を好きな量だけつくる変種変量生産だ」と鈴木泰而社長．大量生産から，限定生産への転換．時代の先端を行く超精密加工は一朝一夕にできるものではない．自社の歴史の中で確固とした技術力を築いてきた，その自信があって初めてできる転換だろう．同社のように試作品を大規模に製造する会社はめずらしく，その規模は北関東で最大だ．

　部品の発注者でも厳しく立ち入りを制限されているという工場内を鈴木宏子副社長の案内で見学した．工場でつくられているのは自動車メーカーが開発中のレース

用エンジン部品，ロケット，航空機用部品など，時代の最先端を行くさまざまな試作品．日々しのぎを削る業界各社の企業秘密があふれているわけだ．こうした超精密加工を行うのが五軸同時制御をはじめとした約50台のマシニングセンター（MC）．五軸同時制御のMCは部品を立てたり寝かしたり，傾けたりしながら加工できるもので，複雑に曲面が入り組む飛行機部品などの加工に欠かせない．このMCはそれぞれ設計部門と通信回線で結ばれ，3次元対応のCAD/CAM（コンピューターを利用した設計・製造）で組んだ数値プログラムがやり取りされる．

整然と並んだ機械の横には「機密保持」と大書きされた，布で覆われた大きな棚．素人には何に使われる部品なのか見当もつかないが，関係者が見ればそれとすぐに判る「お宝」が並んでいるのだろう．近年ではIT関連の部品加工も手掛けるようになり，取引相手は20数社にのぼる．各社の企業秘密を預かる同社．高い技術力を持つこともさることながら，徹底した社員教育で各社の信頼を得ているからこそ，できる仕事なのかもしれない．

（「商工たかさき」2000年9月号より転載）

国内シェア8割
世界シェア5割を占めるリコイルスターターを製造
スターテング工業株式会社

東京都杉並区に本社がある「スターテング工業株式会社」（代表取締役：原田正夫氏）．創業者原田幹市氏は，旧榛名町生まれ．東京の学校を卒業後，旧中島飛行機（現・富士重工業の前身）創始者中島知久平氏を頼って中島飛行機へ入社し，荻窪工場でエンジン関係の技術を習得した．しかし，敗戦後軍需産業であった会社はなくなった．職を失った幹市氏は，会社の同僚と2人で板金工場を始めた．ほんの数坪の狭い"小屋"が社屋．プレスの機械を使った，板金外注加工が仕事だった．昭和25年に株式会社を創立した幹市氏は，昭和27年自転車バイクのスロットルレバーやチョークレバーを見て思いついた．

当時のレバーは鋳物製．バイクが転倒するとレバーが折れてしまい操作不能となり大変危険だ．「だったら折れにくい鉄板で作ったらどうだろうか」．自社のプレス機で鉄板製のレバーを作ってみた．サンプル品を持って，幹市氏は北海道から沖縄まで全国を営業して歩いた．レバーはバイクメーカーにすぐさま受け入れられ，オリジナル製品第1号となった．また当時は国策で食糧大増産の時代，レバーは農業

用機械に多く搭載された．スターテングレバーは，開発当時国内シェア100％だった．

幹市氏が次に注目したのは，特に農機具のむき出しになっているエンジンのクランクシャフト部分．ロープを巻く回転体が露出していて，ケガをする恐れがある．板金で作ったカバーで覆い，併せてエンジンの始動ができないかと考えた．こうして昭和35年に開発されたのが「リコイルスターター」と呼ばれる小型エンジン始動装置．こちらもすぐさまエンジンメーカー，農機メーカーに採用された．スターターは，現在でも同社の主力製品で，そのシェアは国内80％という高い数字を誇る．大企業の製品中に当社の小さなロゴが確認できるものもある．「日本中の大企業に買いに来てもらえる専門メーカーになりたい」という目標をもっていた幹市氏の思いは，安全性，耐久性が認められ，時を経るごとに達成されつつあった．時代は高度成長期．幹市氏の会社もその波に乗り，売上高前年比倍々の期が珍しくなかった．

たくさんの需要があり，本社工場（杉並）が手狭になってきた時，高崎市の大八木工業団地への募集が耳に入ってきた．旧榛名町出身の幹市氏は，一番乗りで申し込みをした．昭和39年には，約2,000坪の敷地の中に工場が竣工された．その後，スターターだけでなく，草刈機用のナイロンコードカッターも開発された．そのほか家庭の中でも目にするもの，たとえば，炊飯器，掃除機のコードリール部分，照明器具用昇降器も量産された．"ロープを引くとくるくる巻き戻す機能"を使った製品に基本技術が応用採用され，目標通り専門メーカーとなっていった．

昭和62年2代目社長に就任した息子の正夫氏は，グローバルな視点で会社のことを考えた．「今までは日本の大手メーカーのエンジンの一部として海外へ輸出されていたが，これからは自らが世界展開する」．平成6年にスターテングUSAコーポレーションを，平成15年には，タイ，上海，香港に現地法人を設立し，現地に従業員300人余りを抱える．世界中のエンジンの生産台数は，年間約4,000万台．約半数のエンジンに同社製のリコイルスターターが搭載されている．世界的なビジョンを持ったお陰で，近年の不況を何とか乗り切ってきた正夫氏．「夢を見ることから始める」，まだまだその途上にある．

昭和43年「中央プレス工業株式会社」から「スターテング工業株式会社」へと，社名変更が行われた．その名前は，榛名神社で行われている例大祭にちなんでいる．例大祭のときに神社から街へ繰り出す神様を案内するのは，鴉天狗（からすてんぐ）．山伏装束をまとった鴉天狗は，神を下界に先導して行く．榛名神社で神を先導する天狗．当社にとって"お客様は神様"，その"神"であるエンジンに命を与え，

稼働に導いて行くのは自社の製品．そう考えて「リコイルスターター」と「天狗」を社名に使った．

「この名前からもおわかりのように，父は故郷高崎を愛していたと思います」と正夫氏は語る．以前は地元榛名町からバスを仕立て近所の人たちを工場見学に招いたりもした．榛名神社参道には社名入りの観光案内版を寄贈した．郷土を愛し，郷土での成功が誇らしかったのであろう．安価で同類の部品も中国等で多く出回る中，お客さんは，「スターテング製」を求めてくれている．日本人のものづくりに対する真摯な姿勢を買いに来てくれているといっても過言でない．「スターテング」は先頭に立ち，ユーザーの期待に応えるべく世界中を渡り歩いている．

（「商工たかさき」2010年5月号より転載，一部改変）

ある自動車メーカーの足回りに100％使用される「ボールジョイント」
株式会社オオサワ

倉賀野町に本社を置くオオサワ（代表者：大澤照義氏）は，自動車部品メーカーに製品の一部を納める，いわゆる下請け企業だ．作っている製品は，自動車の自動変速機や足廻りのジョイントの役割をする装置に使用される部品を中心に，主に4種類．自動変速機の前加工品とボールジョイント，クランクシャフト（カーエアコン用部品），これらは全て車に取り付けられる部品だ．残りは，設備機器関係に使われる「リニアケース」といわれるもの．工場内には汎用機のNC旋盤のほか，専用機なども揃え，短時間で高品質のものを作り出している．

自動変速機の前加工品は，量産加工．月に100万個ほど生産を行っている．これが，オオサワの売上高の7割を占める．残りの3割は，少量多品種の生産品だ．ボールジョイントは，全売上高のわずか12％だが，会社を語るのに欠かせない主力商品だ．これは，昭和48年に個人創業で自動車部品加工業を始めた時から生産を行っているというもの．社長の大澤照義さんが，親会社から「これを作ってくれないか」と頼まれたことが，会社創業のきっかけとなったというエピソードを持つ製品だ．これはある自動車メーカーの足廻りに100％使用されている部品．ほかではどこでも作っていない，まさにニッチ市場に対するものづくりだ．直径15ミクロンという，非常に小さな球面に加工を施す．専用機で行うが，近年，その精度はさらに増し，作業効率も上がっている．オオサワは，球面加工のほか，小径深穴加工

や偏芯軸加工なども得意とする．

　これらの技術が必要とされるクランクシャフトは，通常6工程を経て製品化が行われるが，機械メーカーと4カ月間試行錯誤を重ね，3工程で製品を作る機械を開発した．さらに，偏芯軸加工では，工作機械を1分間に最大4,000回転させることができるように改良．これにより，短時間でたくさんの製品を製造することができるようになった．「私たちは，決して特殊な技術を使っているわけではなく，一般的な金属加工を高精度に効率よく生産しているだけなのです」と大澤さん．しかし，言葉の裏には多大なる努力と技術に対する試行錯誤がある．自動車関係の部品を作る中小企業は，業績がメーカーの景気に左右される．オオサワも今まで大小あるが，その影響を受けてきた．そうした時に，他業種の製品や販売先の新規開拓を行わないのか，との問いには「まったく思わない」との答えが返ってきた．一般的な製造業の場合，メーカーとの関係上その構造や使っている部品の詳細を多く語りたがらない．そのために，オオサワも製品の詳細は公に明かせないということも理解して欲しい．

　　　　　　　　　　（「商工たかさき」2010年11月号より転載，一部改変）

極細線から特殊電線を巻く技術は日本でトップクラス

株式会社トクデンプロセル

　トクデンプロセル（代表者：古川和男氏）は，上佐野町に本社工場，ビジネスセンター，配送センター，埼玉県さいたま市に支店を置く，諸電線・電子機器および電子部品の販売や各種電子，電気機器及びその部品加工を行う企業．昭和29年に電線メーカーが北関東地区での市場拡大のために高崎市に拠点を置き，営業活動を開始したのが会社創立のきっかけだ．そのために，製造技術はもちろんだが，営業力があるのも特徴である．様々な太さの電線を巻きコイルを作る技術に優れており，身近な製品では自動車ランプや監視カメラ部品に用いられている．そのほか，通信・電子・計測機器の組み立て，金融機関のATMの制作，モニター組み立てや検査などの業務も幅広く行っている．

　髪の毛よりも細い電線と特殊電線を巻く技術は日本でトップクラス．例えば，平角（ひらかく）線と呼ばれる平たい電線を扁平縦巻にする技術だ．平角線は丸い電線に比べて，巻いたときの隙間が少ないために，密度，つまり占積率が高くなり，

小型化して消費電力が少なくて済むというメリットがある．しかし，平面であるために巻くと円周に差がでてしまい，技術面において実現が非常に難しい．トクデンプロセルは，これを成功させた．

2000年頃から，自動車のHIDランプ（高輝度ランプ）に使用する高圧トランスに，この平角線扁平縦巻技術が活かされている．2001年には中国の大連で合弁会社を作り生産を行っている．ここで作られた製品は，日系中国工場1社だけに納められ，日本だけでなくヨーロッパやアメリカなど世界中の自動車にも取り付けられている．

中国工場では1カ月に70万から80万個のコイルを生産．つまり，自動車1台にライトは2個取り付けられるため，約35万台分以上のコイルを作っていることになる．トクデンプロセルは，自動車ランプの部品を供給する2次メーカーなので，製品の一部として世界中の自動車メーカーに納められ，様々な車種に取り付けられる．世界シェアは40％を越える．また，監視カメラ用のサーボモーターコイルも世界の半分のシェアを誇っている．

売り上げはリーマンショック前までには回復していないが，前年対比では倍以上となっている．HIDランプに使用されるコイルは，社内全売上額の10パーセントに満たないが重要な基幹事業である．また，プリント基板組み立てでは，半導体の試験装置製造を行う世界のトップクラスに入る企業に納めている．製造過程では，顕微鏡を使ったハンダ付けを行っている．誰もが出来る技術ではなく，人を育てなくてはならない．同社では，10年以上の作業経験を持つベテランも少なくない．

同社では，製造部門，販売部門が一体となって，お客のニーズを捉え，満足してもらえるものをいかに安く速く提供できるかを第一に考えている．そのために，前述のような多品種小ロットの生産が多くなっている．もの作りに特化し，生産技術だけで勝負する同社だからこそ引き合いは絶対断らず，新しい商品を提案する．そのために，多品種小ロットの生産が行われる．

社長の古川和男さんは，自社について「地域に雇用をもたらすことと，利益をあげ，会社をさらに発展させること」が必要だと考えている．そのために，おもな製造拠点は中国以外は高崎にしかなく，高崎に製造の主力を置くことは，今後も変えるつもりはない．地元に地固めをしてこそ，企業が発展すると考えているからだ．リーマンショックの時もリストラを行わずに乗り切った．

（「商工たかさき」2010年11月号より転載，一部改変）

安全の光りを生む自動車部品製造

株式会社小野製作所

　小野製作所では，除雪車や工事車両に使われるランプの製造を主要事業としている．金属板を曲げるカール機を自社開発し，防水性に優れたランプの効率的な生産体制を確立している．入社9年目の組付担当・竹前欽章さんは，各部署で製造されたパーツを組み立て，納品前の最終チェックを行う事業部を統括している．生産するランプは約120種類，組み立ては手作業で行う．製品ごとに異なる癖やポイントを全て把握し，入念なチェックを心掛けながら組み立てや動作テストに臨んでいる．全社で月間約7,000個を製造するが，わずかなキズや光り具合の違いをも見逃さない．町で見かけるランプも自社製のものは種類まで瞬時に見分けられるという目利きだ．「品質管理に最大限の注意を払い，会社の信頼を守り抜くことが私たちの使命です」と語る．こうして出荷された高品質なランプは，国内はもとより海外でも広く利用されている．「自分の作ったランプが使われる現場を見かけた時，最も充実感を覚えます」と笑顔で話す．「社会で役に立っている」という満足と自信を糧に，ものづくりに生きがいを感じている．

（「商工たかさき」2013年12月号より転載，一部改変）

電気機械や航空機などの精密板金加工

株式会社林製作所

　林製作所では0.15ミリの薄板から16ミリの厚板材を高精度でレーザー加工する．従来レーザー加工では難しかった微細なスリット加工の技術を持ち，電気機械や航空機など様々な業種の部品を作成する．型を使わず自由な形に切り出すことができるレーザー加工は，多品種少数生産にも対応が可能で，発注数が1個という場合も少なくない．第2グループサブリーダー大塚利昭さんは「私達の業界は一発勝負．そこで結果を出さなければならない」と話す．また「同じプログラムで加工しても全く同じ物ができるとは限りませんから」と温度や湿度で変化する材料の特性を見極め，現場でプログラムを修正する．

様々な素材から毎月2,500種類以上の部品加工を行うが「一度作成した製品の加工プログラムは，たいてい頭の中に入っています」と知識はもちろん，長年にわたって無数の加工を施してきたという経験値が，正確な判断を支えている．「ものづくりは，経験やノウハウの蓄積をどれだけ持っているかが勝負になる」と林社長も厚い信頼を寄せている．

（「商工たかさき」2012年4月号より転載，一部改変）

新聞のチラシ丁合に技術力発揮
全国シェア100％の鉄道車両けんいん車

株式会社丸山機械製作所

毎朝配られる新聞の朝刊に，挟み込まれてくる折込チラシ．正月には新聞の本体以上に分厚い折込チラシが挟まれてくる．紙質も大きさもばらばらのチラシを新聞に挟み込みやすいように，1部ずつ1つにまとめるのが「新聞折込広告丁合（ちょうあい）機」という耳慣れない装置．一般の人はほとんど見る機会のない新聞販売店向けの専門機械だ．この分野で業界第3位，全国シェアの20％，北海道に限れば80％を占めるのが丸山機械製作所．広告丁合機だけでなく周辺関連機械，さらにはJRなど鉄道関連の車両を引っ張る車両移動機などを，社内加工による部品製作から組み立てまで一貫生産している．

丸山機械製作所は現在の丸山恭一社長の父・市治氏が1950年に創業．省力化を図る機械製造を柱に当初はプラスチック成形機を作っていた．広告丁合機の製造を開始したのは1973年．丁合機の発案者から相談を受けたのをきっかけに製造に乗り出した．新聞の折込チラシは通常，新聞が配られる前日までに新聞販売店に持ち込まれ，新聞に挟み込みやすいように1つのセットにまとめられる．販売店の受け持つエリアによって事情は異なるが，挟み込むチラシのセット数は約5,000．例えば10種類のチラシを折り込む場合，1枚1枚を組み合わせ5,000セット作る作業には大勢の人手と時間を要する．その省力化を図るのが丁合機．「折込チラシは小さいのは葉書サイズから大きいのは新聞サイズのものまである．おまけに紙質，印刷によって，表面もザラザラ，ツルツルと様々．そうした種類の異なるチラシを1枚1枚組み合わせ1つにまとめる．一番のポイントは給紙です」と丸山社長は製品開発の上で，最も難しい技術開発は給紙技術と言う．開発当初，8種類のチラシを1分間に45セット作るのが精一杯だった丁合機は，現在では23種類のチラシを1

分間に135セット作るまでに改良されている．

　丁合機のもう1つの難しさは，熟練者ばかりが操作に当たるのではないという点．丸山社長は「操作を行うのはアルバイトが多く，丁合機はなるべくメンテナンスフリー．できればボタン1つですべてが終了するような機械が望ましい」と話す．1976年，同社は丁合機の販売とメンテナンスを担当する川上機工（株）を設立．川上機工はエリアごとに営業拠点を設け，全国的なサービスネットワークを築いた．

　丸山機械製作所の丁合機「セットマン」は操作性，効率性，安全性に加え，他社の同種機械よりも静粛性に優れ，作業中の会話もスムーズにでき，作業の効率アップにつながっている．同社の丁合機の性能にひかれ，他社の機械からの乗り換えも多いという．

　丁合機のほか，丁合機と接続して折り込み作業を軽減する搬送機，振動と空気の力でチラシをそろえる紙さばき装置，雨の日に新聞をラッピングする自動包装機など，新聞販売店向けの各種省力機の開発にも力を注いでいる．今後の開発目標としては，1つにまとめられたチラシを短時間で新聞本体に折り込む装置の本格的な実用化を図りたい考えだ．

　丸山機械製作所が広告丁合機の製造を始める以前から造っているものに，鉄道会社の操車場や整備場で，車両を移動する際に用いられる車両移動機・車両けんいん車がある．小さなディーゼルエンジンを動力に，短い距離をゆっくりしたスピードで移動させる簡便な装置として，鉄道会社にはなくてはならないもの．旧国鉄時代から受注を受け，現在でもJR，私鉄を含め全国のシェアはほぼ100％．新幹線基地でも，10両以上の長い編成の車両を動かす道具として活躍している．

　「JR新前橋駅などで，小さなけんいん車が長い貨物車両や電車を引っ張っていたら，それはうちが造った移動機・けんいん車です」と丸山社長は胸を張る．全国各地で一般の人の目には触れられない車両基地などで，400基近くの移動機・けんいん車が，文字通り縁の下の力持ちとなって稼働している．

　広告丁合機，車両移動機・けんいん車のほか，電車などに使われる空気バネの付帯部品も製造．それぞれ異なる分野・用途の製品を製造していることになるが，丸山社長は「1つの機械を組み上げ完成させる力には自信ある．新聞販売店向けにしろ，鉄道会社向けにしても，小さな市場だが決してなくならない市場．大手が参入しない小さな市場にこそ，我々中小企業の生き残る道がある」と力強く語る．

（「商工たかさき」2003年3月号より転載，一部改変）

鉄道車両用電気連結器国内シェア 90%

株式会社ユタカ製作所

　ユタカ製作所は，車両用ジャンパ連結器（鉄道車両の制御回路などの電源回路を連結する機器）や，電気連結器など鉄道車両部品の開発から製造まで行う．特に，風雨や寒さ，振動など過酷な状況で車両間の電気配線を接続する技術は日本一．ジャンパ連結器は国内の全ての鉄道車両で使用されている．

　近年，鉄道の運行ダイヤは超過密化している．同時に「安心」「安全」「遅れない」は当たり前で，車両の連結や切り離しの作業は時間短縮が課題となっている．もう1つは作業時の安全性だ．以前は車両の下にもぐり電気連結器の脱着を手作業で行っていたため大変危険な作業だったが，自動電気連結器は運転席のボタン1つで車両の連結と同時に電気系統の連結も行ってしまう．連結器以外にも多くの部品を作っているが，どれも乗客には見えない車両部分に取り付けられる製品を製造している会社だ．売り上げは95％が鉄道車両メーカー．納入先は北海道から沖縄まで．JR・私鉄を問わず，国内の鉄道に乗れば，同社の製品が付いていないものはないという．

　昭和23年，鉄道車両用電線継手製造会社として東京大田区で創業した．10人程の町工場から鉄道の電化とともに業績を伸ばし，鉄道車両部品の設計，製造，販売，修理を行うメーカーとして鉄道各社から信頼を得ている．昭和30年代後半には，国鉄の輸送力増強，電化区間延長により受注が増え，本社から100キロ圏内に新工場の増設を検討．静岡，甲府，高崎，水戸，宇都宮など，いくつかの候補地の中から首都圏に近く交通の便の良い高崎への進出を決めた．昭和36年に大類地区の養蚕倉庫跡に分工場を開設した．昭和30年代後半から40年代は，養蚕産業の衰退で新たな労働力確保が出来ることも高崎へ進出した大きな要因だったと取締役工場長の石﨑昌義さんは語る．その4年後，剣崎町の八幡工業団地の造成と同時に現在の高崎工場を建設．以来全ての製品は高崎で作られている．

　日本で走る鉄道車両の総数は約50,000車両．鉄道メーカーや電車の種類によって部品の仕様は異なり，接続部分の形状もJRは丸型，私鉄は角型と統一されていない．そのため，機械化が難しく，組立工場内ではほとんどの工程を手作業で行う．同社への注文は少量多品種，設計から試験，製造まで自社で行う．車両の寿命は40年といわれ年間に製造される車両数は1,500～2,000車両．新型車両の製造では，

部品の設計段階から関わり試作，耐久テストも高崎工場で行う．工場内には，電車の走行を原寸で再現する試験室があり，実際に車両が運行する状況で製品の耐久検査が行われる．何万回もの耐久テストをクリアし製品となる．開発にかかる時間は，時には数年にもなることもある．

　ほとんどが車両の型式ごとの製品．別の型式の部品は，また一から研究開発を行う．手間のかかる作業だ．エコなど時代の風潮も色濃く設計に反映される．近年はハイブリッド式の車両に対応したものも製造するようになり，素材も鉄からアルミニウムなどに変え，軽量化した仕様でも安全性と耐久性を実現する製品を開発する．ユタカ製作所では部品製造の他にメンテナンスも行うので，鉄道各社と長い付き合いとなり，信頼関係が業務の鍵となる．昭和60年ごろ競合する製品を作る会社の撤退が相次ぎ，現在ユタカ製作所を含め2社．

　人材教育にも力を入れ，教育訓練や外部講習を利用．資格取得にも積極的で，NC旋盤技能士試験や溶接検定試験，鉄道車両製造・整備技能士鉄道車両配線士などの受験を奨励，スキルアップを図っている．顧客を絶対に裏切らないスタンスが，信頼を得て他業者の新規参入を許さない．日本の鉄道車両技術は世界的にも引けをとらない．海外の鉄道車両メーカーと競い，台湾新幹線や中国新幹線などに日本の車両メーカーが採用され，ユタカ製作所の製品も海外で活躍している．また中国の鉄道車両メーカーと技術提携契約も締結している．さらに，同社はシェアの高さに満足せず，市場を広げようと積極的だ．「当社は過酷な状況で電気連結をする，"つなぐ技術"が得意．鉄道関係以外に製鉄所などで使用される産業用電気連結器をはじめ，新しい市場を開拓中」と石﨑工場長．前向きな姿勢はものづくり職人の魂を感じる．

　　　　　　　　　　　　　　（「商工たかさき」2010年5月号より転載，一部改変）

柔軟発想が経営のカギ　自社規格バネ3000種を生む"町工場"

有限会社中里スプリング製作所

　生産拠点の白倉工場（甘楽町白倉）を訪ねた．1階のショールームから3階の社長室まで，多種多様なバネが並ぶ．顕微鏡でのぞいて，初めてそれと判るような極細バネから電車の車体を支える極太バネ，免震ビルに欠かせない筒バネ，純金製のバネなどという物もある．

社屋の随所に垣間見られる「遊び心」．これが同社を支える原動力だ．決して広いとはいえない建物に20数人の社員．規模こそ小さいが，同社が生み出す製品は最先端の医療現場で使用される医療用クリップから，ワイヤーアート，アクセサリーまで国内31都道府県の800社が利用する．1997（平成9）年版の中小企業白書にもその名を連ねる，知る人ぞ知る超優良メーカーだ．

今年が創業50周年．先代社長の時代は県内企業の下請けを中心に仕事を行っていたが，24歳で会社を引き継いだ息子，中里良一現社長が旧態依然とした会社に限界を感じて大改革，旧知の顧客を切り，社の幹部を入れ替え，大鉈を振るって今日を築いた．2代目と言いながら経営理念などを語る口ぶりはパイオニアそのもの．「新生中里スプリング」の創業者としての自負がうかがえる．

「入社した当時の会社は，バネ屋のくせに，プレスや溶接など，頼まれたことは全部やってしまう典型的な町工場だった．中里だったら何でもやると思われていた」と中里社長．2代目就任後，まず行ったのが顧客の整理．数年掛かりで親の代の顧客をすべて入れ替えた．

「そんなことをしていると仕事が来なくなるぞ，と良く言われたけど，1軒断るとランクが上の顧客が10軒集まった．系列でも下請けでもなく，自立したメーカーにするには既存の顧客との従属的な関係を切ることが必要だった」という．仕事をくれる馴染み客を切る．通常の感覚ではなかなか出来ないことだろう．ところが中里社長はこれをいとも簡単にやってのけ，しかもその姿勢は今も変わらず続いているという．

社員に顧客を受け持たせたら，1年間は様子を見る．2年目の始めに，担当した社員に顧客の印象をたずね，当初よりも顧客が好きになっていれば2年目も受け持たせるが，もしだめならば，社長が自ら出向いて仕事をキャンセルしてくるという．

「既存の顧客だけで食べようとするから苦しくなる．日本には何百万社の会社があるんだから，嫌いな客であれば断って新たに開拓すれば良い．要は発想の仕方だろう」と話した．こうした大胆な発言も，日々の仕事の裏付けがあるからこそいえるものだろう．

顧客整理に続いて同社が行った「製品の自社規格化」は大きく業績アップにつながった．受注頻度の高い209品目を自社規格としてカタログ登録したのが15年前．これが好評を博したことから，品数を増やし現在3,000種がカタログに載る．このカタログは検索機能を備えたCD-ROM版で，顧客がスプリングの太さ，形状，材質などを入力することで必要とする商品が容易に見つけられる仕組みだ．しかも，これら商品には即納体制がとられ，午後3時までの受注はその日のうちに出荷する

という．

　3,000種の商品の中には用途が限定されるような特殊な物も多く含まれるが，これも「社の方針」と中里社長．「規格化はもともと，他社がなかなか取り組まない緊急品の需要に応えようと始めたもの．販売方法もそうだが，製品の形，量でもスタンダードは捨て，よそがやりたがらないものを中心につくっている．100個つくって2万円より，2個造って2万円の方が良いでしょう」と笑う．結果，同社には時代の先端を行く特殊バネの注文なども多く舞い込むようになった．

　取材後の印象は「社員の夢と遊び心を形あるものに進化させる会社」といったところか．国内で，いまだ16県には取り引き先がないが，まれに見る元気な会社．全国制覇も間近いことだろう．

（「商工たかさき」2000年9月号より転載）

お客様の想いをカタチにする　当社にしかできない鋳鋼製造

昭和電気鋳鋼株式会社

　昭和電気鋳鋼(株)では，重要保安部品に代表される特殊用途の難易度の高い鋳鋼粗材を顧客の要求に素早く対応し提供している．具体的には，鉄道車両部品や自動車用部品，土木鉱山・建設機械向け部品，更には道路インフラ整備向け，解体機械部品向けなどが得意であり，材質では，一般的な炭素鋼鋳鋼品から，特殊なニッケル／マンガンクロームモリブデン鋼鋳鋼品やステンレス鋼鋳鋼品など，強度・靱性・硬度・耐腐食性・耐熱性を備えた鋼鋳物など幅広く手掛けている．高い鋳鋼製造技術が評価され，当社でしか製造できない高い製造技術レベルが要求される鋳鋼品も含め，創業以来，破損クレーム"ゼロ"を継続している．

　先々代社長が前身である昭和電気製鋼(株)を戦前の昭和14年に起業し，鋳鋼一貫生産会社として創業して以来既に77年の歴史を重ねてきている．永年培われた鋳鋼技術はベテランの職人から若手の技術者へ，独自の製造技術として継承され国内でも当社しか取扱いのない鋳鋼鋳物を製造し顧客に提供し続け，中堅の鋳鋼製造会社として着実に発展してきている．創業者の孫にあたる現社長・手塚加津子氏は，来る30年を見据え，多様化・複雑化する顧客の要請にスピード感をもって対応するために，新たに世界最新鋭の造型設備を導入し，極めて高い寸法精度の鋳鋼製造や生産能力の安定を実現した．また，品質保証体制も充実させ，顧客の要請に応じ

凝固解析などを活用し他社でも困難とされる鋳鋼粗材に積極的に取り組んでいる．このように鋳鋼技術・技能の充実を図っているうえに，高い鋳鋼技術・技能で，提案型営業という形で顧客との材料共同開発も積極的に進め，独自の領域を切り拓いてきている．

会社の行動規範として「昭和の3K（気づく，考える，行動する）で一流を目指そう」を掲げ，昭和電気鋳鋼のものづくりをする上でのこだわりであり信念としている．

(昭和電気鋳鋼ホームページより作成，元原稿に加筆，修正のうえ掲載)

真空鋳造法による高品質鋳造

株式会社秋葉ダイカスト工業所

鋳造品質で最も多い問題は，鋳造時に発生してしまう鋳巣（ダイカスト品の内部にある空洞）だとされる．多くの場合，鋳造後に含浸処理を行うことで鋳巣を塞ぎ解決している．しかし，高い気密性や強度レベルを要求する部品においては，品質トラブルを起こす原因になる．そのため，秋葉ダイカストでは，鋳巣の発生を防ぐために，鋳造時に真空鋳造法を採用している．真空鋳造法とは，金型キャビティを真空引きで減圧し元々存在していた空気を減らしてしまう手法．巻込み巣の基となるガスが少ないことにより，大幅な巻込み巣を改善できるほか，充填の流れを阻害するガスが極端に少なくなるため，湯回りが良くなるメリットもある．この技術は，中小・中堅レベルのダイカストメーカーでは希少な技術だが，自動車業界はもちろん，ポンプなどの産業用機械にも採用されている．鋳造品質を守るため，X線透視検査に代表される品質保証を確立し，自動車業界ならではのカンバン納入体制と合わせて，高度なQCD（品質・コスト・デリバリー）の管理体制を構築している．

秋葉ダイカストでは，お客様に基本仕様を提示していただくだけで，デザイン制作，試作モデル製作を行うことができ，ダイカストでの量産に向けた最適化も同時に行っている．また，お客様が抱えている課題に対して従来品とは異なった提案を積極的にしている．「複合部品の一体化」「切削レス」「軽量化」「強度改善」「放熱性の向上」等，様々な問題解決実績がある．「全員が技能士」をモットーに掲げ，オペレーター全員が技能士資格を取得しており，その確かな知識と伝承された技によって，高品質・高精度のダイカスト製品が生み出されている．

秋葉ダイカストでは，大小さまざまなダイカスト製品を，独自設計によるユニークな金型によって，他社では出来ない複雑で精巧な製品を作り出している．ランプリフレクターやドアミラーベース，フットレストなどの蒸着・塗装・メッキを施した内外装部品．そしてモーターやポンプ，ブラケット，さらには CVT 油圧回路やステアリングギアボックス，パーキングブレーキ，パワーステアリングなどの重要保安部品まで生産している．

　秋葉ダイカストでは，2011 年 9 月に環境方針として「地球環境の保全活動は人類が自然との共栄を得るための基本的義務との認識に立ち，環境保全に重点を置く企業活動を通じて常に明るく健全な環境を地域社会と共に築き守る事である．よって製品供給・サービス等企業活動における環境側面について，調査・評価により認識し，技術的経済的に可能な範囲で環境目的・目標を設定し，汚染の予防及び環境影響に対する環境マネジメントシステムの継続的改善を図る」ことを決定し，次の項目を重点項目とし，実施している．

　1. 電力使用量の削減による省エネルギー活動．2. 廃棄物の削減や分別を行い，リサイクル及び廃棄による水質・土壌汚染の予防を図る．3. 生産性の向上，製造環境の向上により，環境影響に対する改善を図る．4. 製品の設計レビュー・工程レビューでリサイクル性・廃棄性を考慮し，環境ニーズに応える．5. 環境関連の法規制・条例・協定及びその他の要求事項，必要に応じ自主規定を設定し，環境保全に対する管理を実施する．6. 環境方針及びこれを達成する為環境目的・環境目標を設定し，定期的に見直す．これらは文書化され，全従業員に周知すると共に実行・維持に努める．7. 環境活動を通じ，全社員と共に環境に対するモラルの向上に努め，地域社会における美化運動等環境保全活動に協力する．8. 環境方針は，外部に対する開示を行う．

　秋葉ダイカストでは，2010 年 7 月より，ベトナム（ホーチミンシティー及びビンズン省）にダイカスト部品及びダイカスト金型製造拠点を設けて量産を開始し，2011 年 4 月にはタイで真空ダイカストによる耐圧部品や重要保安部品などの高品位ダイカストの製造をすすめている．

　（秋葉ダイカスト工業所ホームページより作成，元原稿に加筆，修正のうえ掲載）

コスト削減に日々挑戦　ベアリング生産に30余年の歴史

八木工業株式会社

「オンリーワン？　うちでつくれるものは他社でも同じようにつくれるだろうし，その努力を続けてもいるだろう．自分しかできないだろうなどとあぐらをかいている余裕はない．日々競争なんだから」．元請けからの相次ぐ設計変更の指示，たえざるコストダウン要請，安い海外製品の流入など脅威にさらされる毎日．柔らかな物腰とは裏腹に，舵取りする八木社長の目は真剣だ．

1889年（明治22）年に曾祖父が興した農機具鍛冶屋をルーツに大正期の籾すり機製造，昭和初期の鉄鋳物製造業を経て現在に至る．戦後高度経済成長の波に乗って成長，鍛造から機械加工までの一貫生産システムを築き，国内屈指の技術を磨き上げた．特にトラック後輪等に使われる円すいころ軸受，内外輪の搾出鍛造では並ぶ物がなく，一般乗用車でも，同社の製品が欠けることで走れなくなる車は多い．しかし，同じ物を同じようにつくり続けていただけでは成り立たないのが鍛造加工業界．社の成長の記録は徹底した合理化と技術革新の歴史でもある．今でこそ耳慣れたリストラも，すでに同社は1970年代に断行．300人余りの社員を100人減らしながら，製品の質を落とすことなく利益をあげた．

現在，年商78億5,000万円（2000年2月現在），従業員245人．押しも押されもせぬ企業の長になっても，心はいつも現場にある．社のユニフォームを身につけ，胸には「取締役社長　八木」のプレート．後ろ姿だけを見れば一般社員と見分けがつかない．「社長の現場はお客様の所，背広を着て顧客回りをしなければいかん，と怒られることもある．だけど作業現場は色々な意味で宝の山だから，制服制帽で毎日1回は必ず回る」という．

「先代社長の父親と違って，怒られないから社員も良いんじゃないか」というが，合理化への情熱は先代社長にも勝るように見受けられる．人材育成の一環で始めたTPM（トータル・プロダクティブ・メンテナンス＝総合生産保全），人事考査への能力主義導入もその現れだ．「この業界，体力のない会社は競争に負ける．お客様からの，どんな要求にも応えられる体制を整えなければいけない．利益だけを考えれば，人件費を削るのが最も効果的だが，給料を減らされるのは自分だって嫌だ．それよりも，時間＝コストの発想で，個々の作業時間を短縮し，さらに不良品が減らせれば，まだまだコストは下げられるし，競合他社との競争にも勝てるだろう」

という．さらに「能力主義には語弊がある．能力があるのに働かない人間だっている．うちのはやる気主義．たとえ能力は劣っていても，やり遂げようとする努力を評価したい」と続けた．

　月額数千万円を売り上げる生産ラインも，元請けのモデルチェンジなどで数年のうちに使えなくなってしまうという変化の激しい業界．設備投資にも，機を見るに敏の大胆さが必要だ．「同じ1つのことを5年以上やるな」は，先代から受け継いだ言葉．「ベアリングはつくり始めてもう40年になる．主力の製品とするには寿命が来ているのではないか」と八木社長．競合他社との差別化，新技術，新商品の開拓，コスト削減と課題は山積するが，新たな分野でのオンリーワンを目指す社長の言葉は，自信に満ちあふれていた．

（「商工たかさき」2000年6月号より転載）

JISQ9100認証取得，ステージは大空へ

株式会社町田ギヤー製作所

　今年（2015年）2月に航空宇宙及び防衛業界向け品質マネジメント規格である「JISQ9100」認証を取得したことで，町田ギヤー製作所の知名度と信頼感が劇的に向上している．リーマンショック後の景気低迷期に，海外へ活路を見出すか，高崎で事業を続けるかの岐路に立たされた．選んだ道は高崎での事業継続，そのための手段はコストダウン圧力からの脱却が図られる高い付加価値を持つ製品作りを実現すること．同社にとってそれは航空宇宙・防衛産業といった最先端の成長産業への参入という決断だった．

　「地上から空へ行こう！」町田和紀専務取締役のかけ声で，全社挙げての取り組みが始まった．およそ1年間の準備期間で，社内の意識や品質管理能力は格段に向上し，数々の厳しい条件をクリアして認証取得することができた．「いままで相手にしてもらえなかったような航空機や産業用機械分野の大手メーカーなどから問合せや相談が増え，対等のパートナーとして一目置かれるようになりました」と，町田専務は予想以上の反響に胸を躍らせる．工場視察の申入れも増え，社員たちはより一層プライドをもって仕事に打ち込んでいる．「今は設備投資に資金をまわしましょう」という言葉が若手社員から上がるほど社内は活気づいている．現状維持は後退と同じ．だからこそ攻めていく必要がある．

昭和 20 年，同社は戦後の荒廃した街で各種歯車の設計・加工・販売を目的に創業した．以来 70 年にわたり，求められる歯車や機械ユニットを供給することで建設機械を中心に多くの産業分野を支えてきた．部品加工だけでなく製品の設計から製造までの工程を一貫して行える生産体制を強みに，リードタイムを短縮し，物流や生産，管理等のコストの削減や情報漏えいのリスク削減といった顧客先の問題解決にも対応している．さらに，高度化するニーズへの対応のため 1 万分の 1 ミリ単位で加工できる世界で 5 台しかないという成形研削機を導入するなど，より高精度な製品生産を実現した．

　「こうした工場の生産設備の充実と品質管理の強化が JISQ9100 認証取得に結びついたといえます．おかげで英ロールスロイス社製ヘリコプターのエンジン部品を受注することができました」．同社の航空宇宙産業参入への大きな一歩が踏み出された．

（「商工たかさき」2015 年 10 月号より転載，一部改変）

社会の動きに敏感に反応　一品物エレベーター製造

イーケーエレベータ株式会社

　夕暮れ時，高崎市内から高崎・榛名・吾妻線を箕郷方面に北上，北陸新幹線沿いに進むと榛名白川の土手沿いに一際目立つ建物が見える．太めの煙突のように見えるライトアップされた建物に「EK」の文字．イーケーエレベータ(株)の試験棟だ．

　1964（昭和 39）年の創業．海老沼博社長が一から興した．実家は菓子原材料の販売で名を知られた海老沼商店．創業前には実家商店で営業回りをしていた．「子供のころから機械いじりが好きでね．ラジオもテープレコーダーも自作した．営業回りは菓子の材料を売るのが仕事だったけど，当時，菓子の製造機は故障しても修理してくれる会社がなくてお客さんが困っていた．菓子作りの知識がないと直せない機械だった．直せる物は全て直してあげた．随分と感謝されましたよ」と話す．

　菓子材料の販売から畑違いの製造業への転身．「父親も業界の陰りを察知していたから『これからは技術がなければだめだ』って．抵抗はなかったですよ」．創業して真っ先に手がけたのがパン切り器の製造販売．次いで焼けたパンをのせて置くラック．浅草の河童橋などに納品していた．エレベーター製造会社として歩みだしたのは創業から 4 年後の 68 年のこと．「創業して間もなく，実家の海老沼商店が高崎

市の井野町に社屋を建てそこに同居した．2階が倉庫だったため，荷物の出し入れ用にホイスト式のリフトを造ったのが第1号．これで会社の将来が方向づけられました」という．同年，社名をエビヌマリフトと改称し，昇降機を専門に造り始めた．

商品として納品した第1号は水上駅前の食堂に納入した"ダムウェイター"．大好きな機械いじりを事業にしたわけだが，第1号の販売にこぎ着けるまでの道のりは遠かった．「失敗は数知れず，デモンストレーションをしようと試作機を持ち込みながら，大勢の人たちの前でリフトが動かなくなってしまったこともありました．基礎が未熟だったからそれは大変でした．幸いだったのは親類の経営する鋳物工場があったこと．全般にわたって支えられました」と創業時の苦労を語る．

エレベーターと一言に言っても，機構的にはロープ式，油圧式の2種．用途では乗用，荷物用，人荷用，自動車用，小荷物用と多種にわたる．このうち，同社が主力とするのは小荷物専用昇降機と荷物用の大型エレベーター．小荷物専用機は主に厨房用，給食の配膳用に造られたもので，県内各地の小中学校，保育所，幼稚園，民間ホテル，レストランなどに納入実績を持つ．荷物用の大型では積載量6トンを超える物，奥行きが11メートルのロングトラック用，間口が6メートルにもなるフォークリフトごと乗れる物もある．こちらは北海道を除く全国各地に顧客を持つ．

「大手メーカーは量産出来る乗用エレベーターが主力商品．一時，荷物用にも進出しかけたが，採算が合わなかったのか，間もなく見られなくなりました」という．同社で造る大型エレベーターは全て一品物．完全オーダーメイドだ．運ぶ荷物の重さ，形状に合わせて造る．これが大手との「差別化を図る道」だという．

創業以来，会社は順調に業績を伸ばし，95年には2つの工場を併せ，現在地に延べ床面積1,270平方メートルの本社工場を新築した．昨年は敷地内に展示場を開設，ホームエレベーターや介護機器の取り扱いも始めた．

唯一気がかりなのが，多層階の店舗，工場，倉庫の建設が著しく減少していること．建物が新築されなければ新たな需要が生まれない．保守点検の回数を減らす事業所もあり，メンテナンスの収益にも影響している．同社の売り物は「独自の技術とアイデア」．近年では都内の喫茶店用に造った，飲み物を運ぶテーブルが昇降する「ドリンクリフト」という変わり種商品が，人づてで秋田，青森の方に伝わり納入した実績もある．「技術者の養成と技術力の向上が急務．提案型の新商品も開発したい．社の運営はそろそろ長男の専務に，自分は開発に専念したい」と社長は機械の虫が騒ぐ様子．傍らで聞く孝之専務も「全国に展開するサービスステーションと連携し，販売，メンテナンス部門の強化を図りたい」と心強い．時代の流れに敏速に対応しながら成長してきた同社．次なる展開が楽しみだ．

(「商工たかさき」2001 年 5 月号より転載)

手巻きのテクノロジー　トランス・コイル製造

エス・エス電機有限会社

　エス・エス電機では昭和 42 年の創業からトランス（変圧器）を製造している．量産に馴染まない機器や，試作段階での組み込み部品としての受注が大半であることから，多品種少量の生産体制を敷き，各工程はほぼ手作業で行っている．持ち込まれた設計のまま製造するだけでなく，顧客の製品ニーズを確認し改良を提案できることも同社の強みだ．今までに 1,000 種を超えるトランスを製造し，通信機器の制御装置や信号機，太陽光発電のパワーコンディショナー（出力変換機）など様々な電子機器に使われている．

　トランスの製造で一番のキモが，銅線をボビンと呼ばれる芯に巻く，巻線作業．理科の授業で見たような均一に巻かれたものを想像しがちだが，間隔を開けたり，詰めたり，線の張り具合など顧客の求める製品特性を発現させるため，きめ細かく対応する．一連の流れがあまりに滑らかに行われるので，一見簡単な作業のようだが，「感覚を体に覚え込ませなければならず，経験の積み重ねが必要．銅線も太さや被膜の有無など多種多様で，巻き取る感覚もそれぞれ異なります」と話す社長の関さんは 25 年の手練れだ．修得には 3～5 年はかかるという．1 つの工程だけを把握しているのでは，製品の品質が安定しないというのが 3 代目社長・関貴史さんの考えで，現場全員がすべての工程に携われるという多能工化を進めてきた．次世代に技術を継承したいと人材の育成にも力を注いでいる．

（「商工たかさき」2015 年 12 月号より転載，一部改変）

産業用ロボットの研究開発

株式会社サンシステム

　（株）サンシステム（代表取締役社長：五十嵐豊氏）は，産業用ロボットの研究開発・設計・製造を一貫して行っている企業である．20 代の頃から製造機械として

の産業ロボットの開発事業に携わっていた五十嵐社長が,「開発だけにとどまらず,製造までの全工程を手掛けながら,新しいロボットを生み出したい」という考えのもと,平成8年に創業.その後,順調に業績を伸ばし現在では,大手メーカーの製品開発支援を柱に,幅広い分野で開発・設計・製造に取り組んでいる.

現在,13名のエンジニアが在籍しているサンシステムでは,工程ごとに担当者を振り分けるのではなく,ひとつの製品に対して,研究開発から製造までの全工程を同一スタッフが担当するスタイルを貫いている.「加工や組立てなど,あらゆることに考えを巡らせなければ,良い設計は生まれません.製造工程での問題点を設計にフィードバックするにも1人の担当者が受け持つことでスピードアップが図れる.パソコン上の操作だけでは読み取れない奥深さがあるのです」と五十嵐社長はその意図を語る.

また,スタッフ内から「こうすると面白そう」「こんなことを試してみたい」という興味や遊び心が生まれ,そこから派生して独自の実験や試作に取り組むこともある.受注業務以外のアイデアも多く,一見すると無益な開発を繰り返しているようにも見えるが,これも開発には不可欠な"閃き"や"創造力"を導き出すための大切な要素.「無駄があってこそ,実益が生まれる」という五十嵐社長の経営方針に支えられて,スタッフの想像力が向上しているといっても過言ではない.

今春,サンシステムではロボット事業部「ロボファクトリー」を開設した.これまで生産設備を中心に携わった幅広いロボットの開発実績と経験を礎に,今後の事業の柱として自社ブランドのロボット開発も視野に入れてスタートさせた.日本科学技術振興財団との共同研究事業も実現し,得意分野である光学系のノウハウを活かして,海底・宇宙の探査ロボット,また,独自に医療介護分野のロボットの開発・製造へと進出していきたい意向だ.「日本のロボット技術は世界でも最高レベル」と自信を持って語る五十嵐社長.その技術をグローバルに発信すべく,サンシステムは新たなステージへと歩みを進める.

(「商工たかさき」2013年6月号から転載,一部改変)

世界シェア3位の技術力

太陽誘電株式会社

高崎駅東口の江木工場の上に立つ「太陽誘電」の看板で,高崎市民なら誰でも知

る太陽誘電．日本のトップチームとして活躍するソフトボール部も高崎市民の誇りだ．「That's」ブランドを知る人は「カセットテープやCD-Rのメーカー」と思い浮かぶかもしれない．太陽誘電の創立者，佐藤彦八氏は高崎市榛名町出身で，独創的で豪放磊落，傑出した人物として語り継がれている．佐藤氏は戦前からセラミック素材の研究に取り組み，1950年に太陽誘電株式会社を設立，高性能なセラミックコンデンサの開発と量産化に成功した．「誘電」とはセラミックコンデンサに関わる技術用語で，太陽誘電は創業以来60余年にわたってこのコンデンサを作り続けている．

佐藤彦八氏が創業した太陽誘電は町工場から出発し，アジア，北米，ヨーロッパに展開するグローバル企業に成長．積層セラミックコンデンサの生産量は世界合計で年間2兆個．太陽誘電は世界シェア第3位を誇る．同社の製品は，電子部品として欠かせず，パソコンやテレビ，携帯電話にもメーカーを問わず使われているそうだ．携帯電話には数百個，テレビには約1,000個のコンデンサが使われており，太陽誘電の製品は実は身近にたくさんあるようだ．

太陽誘電は，業界の最先端を走り続けてきた．太陽誘電R&Dセンター（開発研究所）の岸弘志所長は「材料から製品まで一貫した研究開発，生産体制が太陽誘電を支えている」と技術力を誇る．アジアの工場などで厳しいコスト競争に対応する一方，最先端製品は国内，とりわけ高崎を中心とする県内工場で生産されている．県内の従業員数は約3,000人で，地域雇用にも大きく貢献している．電子機器の小型化，高集積化により，小型化と大容量化が国際市場で生き残るカギになっている．スマートフォンで使われているコンデンサは，シャープペンシルの芯先よりも小さい．ミクロン単位の技術を研究開発するとともに，高品質な生産ラインを構築している．

電子機器メーカー，家電メーカーなどはさらに高集積な製品開発を行っており，太陽誘電は，供給先の将来計画を見込んだ超小型コンデンサの研究を続けている．「競争から脱落することはできない．常に最先端に位置づけられるよう努力している」と岸所長は語る．現在，最小の製品が0.4ミリ×0.2ミリだが，今後の国際市場での競争に負けないため，さらに小型の製品を開発している．この製品の中に100以上の特許技術が詰まっている．榛名の森に建つR&DセンターはNASAをモデルに設計され，日夜，研究開発に明け暮れる研究者に，豊かな自然環境が発想とやすらぎを与えてくれるそうだ．

太陽誘電は，高崎市の科学教室に協力したり，市内小学生の施設見学も受け入れている．見学に訪れた子どもたちは最先端技術に驚きの声を上げ，目を丸くしてい

る．高崎まつりや榛名まつりに神輿を出し，地域とのつながりを大切にしているのも太陽誘電の企業理念だ．

　産学官連携として，同社を会場に北関東産官学研究会主催によるビジネスマッチング事業を開き，地域企業とのコラボレーションをめざしている．「昨年はお互いに応用できる技術があり好評だった．今年も開催したい」と岸所長．地域でのモノづくり連携の成果にも大いに期待したい．

（「商工たかさき」2012 年 9 月号より転載，一部改変）

LED 蛍光灯を自社開発　品質と低価格で大手に挑む

株式会社トステック

　トステック（代表取締役：山森利行氏）はLED（発光ダイオード）蛍光灯の開発・製造・販売を行っている．LEDは10年ともいわれる長寿命と，一般的な蛍光灯に比べ消費電力が約1/3ということで人気を集めている．大手企業も次々にLED商戦へと参入し始めているが，トステックのLED蛍光灯は他社製品の半額以下で品質も良いと注目を浴びている．

　制御盤を中心とした産業機械関連の設計・製作をしてきたトステックに転機が訪れたのは4年前．山森社長が中国を訪れた際，上海の電気店でLED蛍光灯の存在を知った．中国では電力供給が追い付かないという事情があり，日本より早くLED蛍光灯が使われていた．これからは日本も省エネ商品は売れると見込みLED蛍光灯の自社開発に取り組み始めた．

　大手企業が採用しているコスト高となる"高輝度LED"にこだわらず，安価で発熱の少ないLEDを使用することで低価格を実現した．例えば高輝度LEDタイプの蛍光灯は，60個のLEDで明るさを確保しているが，安定した明るさを保つために冷却装置が必要になる．トステックでは高輝度LEDの約1/20の価格のものを高輝度タイプの約5倍使うことで明るさを確保しつつ，発熱量が微量のため冷却装置も不要となり低コストを実現した．

　部品は中国の協力工場で生産し，日本で組み立てるという製造法を採用．「海外製品では品質が安定しない場合があります．最終的に自社で組み立て，検査することで厳しいチェック体制が確立でき，ユーザーからの信頼に結び付くのです」と山森社長．こうして開発したLED蛍光灯は現在，特許申請中．「特許を取得できるだ

けの技術と，他を圧倒する低価格が大手に対抗する最大の武器」と期待を寄せている．「高寿命なLED製品にリピート客は期待できません．常に新規客の獲得を目指していきます」と山森社長．現在は省エネ対応を進める企業，工場などの交換需要が中心だが，今後は一般家庭の利用も視野に入れ，さらなる低価格への挑戦とLED電球などのバリエーション拡大へ向けた商品開発にも取り組む．ベンチャー企業として，安価で質の良い製品を他社に先駆けて供給することで省エネに貢献したいと，大手に挑むトステックには勝算があるようだ．

(「商工たかさき」2010年2月号より転載，一部改変)

LEDランプの製造と農業分野への参入

株式会社成電工業

　成電工業（代表取締役：滝沢啓氏）は，1971年の設立以来，自動化された装置や機械を制御する配電盤などの設計・製造を主体に，半導体製品の加工などをおこなってきたが，2008年秋のリーマンショックで，外需に依存していた本業は大きなダメージを受けた．その後，リスク分散の必要性から新たな事業を模索し始めた滝沢社長が選んだのは，LEDランプの製造と農業分野への参入だった．

　LEDランプのメーカーとしては後発であるが，取引のあったLEDの国内トップメーカーである日亜化学工業のLED素子を採用し，主要部品は純国産製でありながら価格は1本8,900円に設定し他社との差別化を図った．また，保証期間も国内最高クラスの5年保証で品質の高さには自信がある．節電対策も重なり事業は追い風に乗ったが，メーカーという重責を担う新たなチャレンジが始まった．「スタートして1年半，昨年暮ごろから売れる野菜ができるようになり，今は市内のホテルや軽井沢のレストランなどに出荷しています」と話す滝沢社長．なんと，もう1つの新規事業として，電気制御や半導体など従来からの技術を応用し，自社工場内で葉もの野菜の栽培に乗り出した．

　水や空調，蛍光灯・LEDなどで湿度や温度，明るさなどを人工的に制御し，計画的な野菜の生産が可能．食の安全に危機感がつのる昨今，クリーンルーム内で栽培された野菜は，病原菌や病害虫の心配がなく無農薬．価格や品質も安定しており好評だ．急激な環境変化で食料問題が深刻化する中，安心・安全で安定供給のニーズはあると分析する滝沢社長は，今後さらに自社で蓄積した栽培ノウハウなどのソ

フト面と併せ「完全密閉型栽培システム」としての販売を視野に入れている．レストランなど店舗内用ディスプレイとしても提案する．

　創業から40年を経て，機械の制御機器，半導体製品の加工からLEDランプメーカー，そして滝沢社長の念願だったという農業分野への参入など，常に新しい事業に取り組んできた．何度も試行錯誤を繰り返しながら，時代の潮流を見据え新しい分野に挑戦している．今後も斬新なアイデアと攻めの経営は続く．

（「商工たかさき」2011年7月号より転載，一部改変）

"ものづくり"をサポート
特殊工具の開発で，製造業の革新に貢献
株式会社柏ツール

　柏ツール（代表取締役社長：上原健嗣氏）は，"ものづくり"の基本には道具ありという考えのもと，機械加工用工具の開発・製造を行う会社として創業した．扱う製品はドリルの刃や特殊工具など多品種少量生産ながらも，現場に合わせて使いやすく耐久性のある工具を開発・提供することで製造業の発展に貢献してきた．常に合理化や効率化を考えた製品の開発を行い，現在その活躍の場を徐々に広げてきている．

　「創業時から，生産性の向上に寄与できるような工具の開発を第一としています．信頼と実績を積み重ね，少しずつ成長を遂げてきました」と営業部長の上原正行さん．

　製造技術，特に工作機械の進歩に伴い，ハイスピード・大量生産にも対応できる強度と耐久性を誇る刃物の開発を続けた．何より重要なのは，刃先の厚みや角度など，機械に合わせた高精度の製品を提供することだ．以前であれば，摩耗した刃物を定期的に研磨する必要があったが，刃先部分だけを交換できるスローアウェイ方式を採用することで，高品質な工具の安定供給とコスト削減にも貢献できた．

　特殊切削工具のノウハウを活かし，自社製品の開発にも取り組んでいる．その代表例が"KTエコタイン"だ．ゴルフ場やサッカー場の芝は，田畑と違い通年使用され，踏み固められる．そのため芝の根や周りの土をほぐし，通気・通水性を良くするために行う穴開け作業（エアレーション）が必須であるが，この作業で使用する刃物を自社で開発．金属を加工する切削工具を開発してきた経験を活かし，従来製品と比べ耐久性の高い製品の開発に成功．全国から高い評価を得ている．驚くこ

とに，Jリーグで使用されるサッカー場の5割以上で"KTエコタイン"が使用されている．

「今後も地域に根付いた産業とともに，地域にもっと役に立てるような製品の開発を続けていきます」と上原部長．地元企業とのさらなるパートナーシップの構築に力を入れていく．同時に，"KTエコタイン"の普及率のアップと，海外進出にまで視野を広げる．ものづくりを支えてきた柏ツールが，高崎を拠点に大きく飛躍しようとしている．

(「商工たかさき」2010年5月号より転載，一部改変)

ダイカスト，プラスチック金型の設計製作

有限会社小林製作所

　小林製作所は，ダイカストに使われる「金型」を製作している．ダイカストとは，溶かした金属を金型に圧入し，固め製品を造り出す方式．大量生産には必要不可欠であり，あらゆる製品に鋳造された部品が使われている．ダイカスト製品の品質は「金型」により大きく左右される．そのため高精度な日本製の金型は，国内だけでなく海外でも多く使われている．金型の製造は，切削の工程は主にマシニング加工で行い，他社との差異は少ない．しかし"磨き"や"型合わせ"などの仕上げ作業は人の手に委ねられるため，担当者の技術や経験によって大きな差が生じてくるという．

　「金型の精度が製品の精度に直結するので，形状やポイントを見極め1/100ミリ単位にまで気を配ります．磨き，型合わせの工程の善し悪しは，金型の寿命にも関わるので丁寧かつ慎重に作業を進めます」と語るのは工場長の篠原克巳さん．15年間のキャリアで培った経験と知識を買われ，現場では全工程のチェックを任されている．仕上がりの是非を判断する最高責任者として，品質基準に妥協はなく，従業員の管理や育成にも余念がない．こうして生み出された金型が，世界に進出した日本のものづくり企業を支えている．

(「商工たかさき」2013年7月号より転載，一部改変)

金型製作・精密部品製造

株式会社東製作所

　(株)東製作所では高硬度材の切削加工をメインに、各種精密部品の製造を業務としている。熟練職人の高技術に加え、五軸複合加工機という最新設備の導入により、複雑形状の切削や工程集約への対応も可能としている。研磨の必要がないほど滑らかに仕上がった同社の製品からは、その優れた切削技術を読み取ることができる。社内ナンバーワンの実力とキャリアを誇る佐鳥さんは、業務中、切削マシンの"音"に全神経を集中させている。「微細な音の変化から、刃先の摩耗具合やトラブルの有無を判断します。機械化によってものづくりは格段に進歩しましたが、まだまだ職人の経験や勘に頼る部分は多いのです」と話す工場長の佐鳥祐一さん。そのキャリアを後世に継承すべく、若手育成にも力を入れている。あらゆるイメージを具現化するために、ノウハウを駆使して工程集約の作業工程の立案や事前の段取りを「考える」のも佐鳥さんの重要な仕事のひとつ。"想像"から"創造"へ。切削のスペシャリスト・佐鳥さんを中心に、新たな道筋が示されようとしている。

（「商工たかさき」2014年1月号より転載、一部改変）

コンピュータも及ばない金属加工　匠の技

株式会社山岸製作所

　刃物や工具を加工物に対して適切な位置に導く「治具」は、切削（旋盤）などの金属加工に欠かせない補助工具で、金属加工の精度や生産効率を左右する要といえる。山岸鍋夫会長は、この治具造りの"匠"ともいえる存在。顧客から求められる製品の図面を見れば、長年培ってきた技術と経験をもとに、必要な治具の形を頭に描き、設計図面もなしに手動で工作機を動かしながら治具を造り上げる。コンピュータ制御のない工作機は、山岸製作所会長・山岸鍋夫さんだけが使いこなせる専用機だ。

　御年88歳。機械が動き出すと、瞳が輝き職人の顔になる。「父は70代まで、朝8時に出社し、時には残業もしました。社員から製品図面と簡単なイラストを見せ

られ，治具造りを頼まれると，嬉々として取り組んでいましたね」と良一社長は笑う．旋盤一筋に70余年．16歳から金属加工の現場で働き，職場を転々としながら旋盤を中心に切削加工技術の腕を貪欲に吸収し磨いてきた．結婚し15坪の家を構えると，その軒先で創業し夫婦共に早朝から深夜まで夢中になって働いた．

そんな両親の背中を見て育った良一社長と祐二専務の兄弟に受け継がれたモノづくりのDNAは，同社の精神的・技術的基盤となり，航空宇宙開発分野への進出を視野に入れ，大きな一歩を踏み出していく．

（「商工たかさき」2014年11月号より転載，一部改変）

レーザー彫刻で多層彫りに挑戦

株式会社エムケイ製作所

「この木札は，わずか4ミリの厚さに11層の段彫り細工をレーザー彫刻で両面に施しています」と話す松本光基さん．今年から，一般ユーザー向けにレーザー彫刻製品の受注製作を本格的に開始した．レーザー彫刻では，製作物の設計図をデータ化することがポイント．多層になる彫り方をどの順番でどのくらいの深さで彫るかを考えてデータを入力することが腕の見せどころだ．多くの業者は単層彫り中心だが，光基さんは11層の細工ができる方法を試行錯誤して習得した．まだ，この数の細工ができる人は全国でも数少ない．

抜型製作で会社にレーザー加工技術があり，レーザー彫刻を事業化しようとしたものの，頭に描いたものを実際にカタチにするまでには3年以上を要した．彫刻する素材は主にツゲなどの木材やアクリル．特に木材にレーザー彫刻を施した後は，風合いを出すために手作業でヤニとすすを洗い落とし，椿油を塗り込む．「顧客ニーズにより近づくことで，量販店の製品との差別化を図りたい」と，モノづくりの可能性を拡げることにわくわくしている様子が，光基さんから伝わってくる．

（「商工たかさき」2013年9月号より転載，一部改変）

レーザー加工機のノズル国内シェア NO.1

株式会社群協製作所

　レーザー加工機の先端部・レーザーノズルの製造・販売で国内シェア・ナンバーワンの実績を持つ．レーザーノズルは消耗品でメーカー純正品が高価なこともあり，ある時取引先から「これ，作れる？」とノズルの製作を依頼された．創業以来プラント用の鋼管継手が主力製品で，旋盤加工の技術力は高く，精密なレーザーノズルの製作も難しいことではなかった．納めたノズルの精度と，純正品に比べ価格が半値ほどであることから，大変感謝された．「こんなに喜ぶなら，もっと大勢の人も喜ぶはずだ！これは売れる」と直感した．

　県内外，飛び込み営業に社長自ら靴をすり減らした．日本地図の中で取引先が出来た都道府県を赤鉛筆で塗りつぶしながら顧客を開拓し，平成20年ついに全国制覇を実現，全国2,000社の固定客を掴んだ．現在はアメリカやアジアなど海外にも顧客を広げている．

　そんなに売れるなら競合が現れそうだ．しかし，売れると言っても1つの工場で1カ月に消耗するレーザーノズルは1，2個．単価は1個5,000円ほどで送料は基本無料．しかも，レーザー加工機のメーカー・機種，穴径などで型式が異なり，現在1,500アイテムを揃えている．「2,000社でようやく利益が出るような分野だ．アイテム数，取引先数，どちらを見ても新規参入は無理ではないでしょうか．海外生産も輸送コストや納期などを考えるとロットや単価があわない．」

　2,000社の顧客と1,500アイテムの製品を管理するため，営業・管理部門には力を入れ，「商社なみの営業力」と自負する．中小企業にしては多くの従業員を管理部門にあて，顧客フォローや製品・出荷管理を行っている．さらに，取引先2,000社の実績をもとに業界では有名なイスラエルのレーザーレンズメーカーの国内総代理店となり，レーザー加工機の消耗品を幅広く営業品目に加えた．また，最近ではレーザー加工機に付帯する集塵機のフィルター洗浄に乗りだし，銅管継手，レーザーノズルに次ぐ同社3本目の柱として育てている．

　営業にも作業服を着ていく．漢字の社名も昭和の響きがして，初めてのお客様も，ものづくりの仲間として親近感を持ってくれるという．「自分が生きるフィールド，中小企業の土俵で相撲を取るのが大切だ」と遠山昇社長は力を込めた．

（「商工たかさき」2011年9月号より転載，一部改変）

抜群の加工センス

株式会社エムエスケイ

　(株)エムエスケイでは，建築機械部品や半導体関連部品をはじめとした精密部品の加工を主に手掛けている．大企業から個人のお客様まで業種を問わず受注しており，様々な製品の製作に柔軟に対応できる技術力の高さが評判だ．入社24年目の専務取締役・武藤光広さんは，会社の中でも一番の古株．「経験を積んでいることもあるが，ものづくりのひらめき，センスがずば抜けている」と遠間康博社長から太鼓判を押されるように，社内外からの信頼がとても厚い．「取り扱う金属は様々な形状のものがあるので，加工方法や工程を考えることが重要になります」と話す武藤さん．製造業においては，担当者の発想やセンスが製品の出来栄えや生産効率に大きな影響を与える．武藤さんはアイデアに富んでおり，他社では加工が難しい形状の製品の加工にも進んで取り組み，高精度・高効率の加工を実現している．その技術は，取引先工場のラインや内職用の組立治具の製作にも活かされ，取引先企業から「武藤さんにお願いしたい」とのご指名もあるという．自身の技術を磨く鍛錬を続けると同時に，若手の育成にも力を入れている．「だんだんといい人材が育ってきています」と話すように，その技術力と発想力が次代へと引き継がれている．

（「商工たかさき」2014年3月号より転載，一部改変）

摩耗した工具を蘇らせる

株式会社高栄研磨

　同社は，製造現場で使用され，欠けたり摩耗したりした超硬ドリル等産業用切削工具を再研磨して蘇らせる企業として，昭和50年に創業．商社とのパートナーシップで事業を展開し全国に顧客を広げている．また，リーマンショックの中，思い切った設備投資で工具の製造にも乗り出した．顧客の使用状況を踏まえ，より適切な形状や精度で工具の提案を行い，信頼を得ている．

　超硬素材を，ダイヤモンドの粒子を装着した砥石で研磨する．入社11年目にして現場の中核を担う若きリーダーの再研磨部製造課長・星敬介さんは，ミクロン単

位の精度で研磨し，ドリルの刃先は新品同様生まれ変わる．「まずやらせてミスを
したら，次にどうするかを自分で考えさせます．失敗を恐れず経験を積むことが大
切です」と後輩の技術指導にも忙しい．星さんは，幸運にも初代社長から直々に厳
しい指導を受けメキメキと腕を上げた．「1～2ミクロンを追求する世界で優秀と
いわれる職人になるには，もって生まれたセンスも必要です．先代は彼の中にそれを
感じ取ったのでしょう」と，星さんを採用した鷹野普也現社長もその成長に目を細
める．「難しい課題をクリアしたときが最高」．星さんは，製造業を支える縁の下の
力持ちという誇りを持ち，若手が増えて活気づく工場を盛り立てていく．

（「商工たかさき」2014年5月号より転載，一部改変）

デザイン性に優れた国内唯一の技術メーカーをめざした挑戦

株式会社シミズプレス

　シミズプレス（代表取締役：清水紀幸氏）は，パイプ鋼のスエージング加工（絞
り加工）のスペシャリストだ．スエージング加工はパイプの一部や末端を叩き伸ば
しながら細く成型する技術で，シミズプレスは多様なパイプ素材，複雑な形状，
多種小ロットに対応できる国内でも数少ない企業だ．応用分野は機械部品からエクス
テリアと幅広い．デザイン性に優れた加工技術を持つのは国内では同社だけだ．シ
ミズプレスは部品加工にとどまらず，「デザインパイプ」を独自開発し，販売も行
っている．このパイプは木彫のような風格があり，「グッドデザインぐんま」にも
選ばれ，インテリアやエクステリアの市場を狙っている．

　東日本大震災以降，再生可能エネルギーに注目が集まり，太陽光発電システムの
設置が全国で加速した．新規事業者が続々と参入し，設置しやすい平地がなくなる
と山の斜面や農地での設置ニーズが増え，地盤の悪い条件で効率的に施工すること
が施工業者の大きな悩みとして浮上した．ソーラーパネルの架台は強風に耐える基
礎部分が必要だが，山間部の急傾斜などコンクリート基礎が作りにくく，杭を打つ
にも重機が入らない．事業者間の価格競争や設置工事の増加で，工期の短縮とコス
トダウンも伴い，簡単に施工できる工法としてスクリュー型の杭打ちに注目が集ま
り，施工業者から資材メーカーに注文が殺到した．この時，スクリュー型の金属杭
を製造しているのは国内で奈良県の1社だけで，納品まで3カ月待ちの状況に，資
材メーカーは冷や汗をかき始めた．

ある日，シミズプレスに見積もりの依頼が相次いだ．ある資材メーカーが何社かに打込み型杭の製作を依頼したらしく，回りまわった結果，各社がシミズプレスにたどり着くことになってしまった．清水社長の開発者魂が燃え，先行する製品より優れ，価格面でも勝負できる新製品に挑んだ．スクリュー部分など随所にアイデアを加えて半年以上にわたって改良し，何十本もの試作品を作った．様々な地盤で杭打ち実験を繰り返し，群馬県産業技術センターに引き抜き強度の試算を依頼した結果，通常の杭の3倍の能力を持つスクリュー型基礎杭が誕生した．スクリューのらせん部分を連続させずに分割することで，地盤への貫入効果を上げ，製造コストを抑えることができた．

 この杭は，手持ちの小型インパクトレンチで施工でき，施工後すぐにソーラーパネルを架設できる．発電期間が終了して撤去する際は，杭は金属リサイクルでき，コンクリート基礎のような産廃処理も必要ないので環境面でも評価されている．

 清水社長は，スクリュー型基礎杭の応用分野として，地盤の悪い施工現場や仮設のフェンスの基礎杭を開発し，販売を始めた．この製品は現場の作業性に優れているので，土木工事の様々な場面で取り入れることができそうだ．デザインパイプは，群馬県が進める「がん治療技術地域活性化総合特区」の一環として，医療や介護の分野での展開が始まっている．パイプに柔らかな曲面が加工できるので，通常の丸いパイプに比べて体力が衰えた人でも握りやすく，ベッドサイドやトイレなど立ったり座ったりする時の手すりに適している．「どの会社も作ってくれなかった」と看護師から喜ばれているそうだ．こうした試作的な取り組みを積み重ね，同様の悩みを抱えている全国の医療・介護現場へ展開も視野に入れている．「メーカーをめざしていくためのアクション」と清水社長は考えている．

 「自社の強みを生かした技術で社会に貢献できる．喜んでくれる人がいるのは大きな励みになる」と清水社長は語る．常に「次へ，次へ」と動いている清水社長から挑戦を続ける熱気が伝わってくる．

（「商工たかさき」2014年11月号より転載，一部改変）

配電盤や制御盤の設計製造

クシダ工業株式会社

 クシダ工業は，電気設備や上下水道設備などインフラ設備で業界をリードしてお

り，同社八幡製作所では，配電盤や制御盤の設計製造を行っている．ものづくり補助金で，クシダ工業はメガソーラー用の配電装置の開発に伴う生産システムの構築に取り組む．

東日本大震災以降，再生可能エネルギーとしてメガソーラーが注目され，全国で設置が進んでいる．再生可能エネルギーの固定価格買取制度により，期間20年間，買取価格1kWh当たり42円が20年間継続するとなっていることも追い風になっている．事業者は，20年の長期で採算計画を策定しているが，この20年間という期間が，設備サイドから見ると，とても厄介だという．八幡製作所の樋口真一所長は「メガソーラー装置が20年間にわたって，きちんと動かないといけない．言い換えれば，装置を20年間保証するということです」と手放しで喜べない状況を語る．メガソーラー事業は始まったばかりで，どの企業にも20年間の実績や前例などはない．「それだけに技術が求められる分野になるはず」とクシダ工業では大きな将来性を予見していた．

「クシダに頼めばなんでもできる」と言われるほど，クシダ工業の配電盤は高い評価を受けている．これまでの経験から，メガソーラーに伴う技術蓄積はゼロではなかった．現在，主力となっている製品は，水処理施設や工場，店舗，建物に設置する配電盤で，一つひとつが設計の違うオーダーメイドの一品物．クシダ工業は加工から組み立てまでの一貫生産体制を持っており，国内でも数少ない生産能力を持っている．各工程では，職人的な技術が発揮され，競争力と差別化に結びついている．制御システムは大規模なものもあり，工場内では，実際の稼働状況を再現しながら様々なテストも行っている．製造過程で仕様が変更されるのは日常茶飯事で，「技術がないとお客様の要求に応えられない」という．

こうした技術基盤をもとに，メガソーラー分野では，一品物ではなく，量産化をめざしていきたいと考えている．クシダ工業では，将来戦略の中で量産化をめざした新たな生産ラインを構築するため，高精度の板金設備の導入を検討していたところ，タイミング良く「ものづくり補助金」の募集を目にした．クシダ工業が考えているメガソーラー用の配電装置は，詳しいことは企業秘密だが，世界一とも言える能力を持ち，風力発電など他の再生可能エネルギーにも応用できる．メガソーラーの設置場所は限られ，国内市場が頭打ちになることが予想され，海外市場も視野に入れている．

長引く不況やリーマンショックで「一時期は，大手工場の電気設備の受注がゼロになったこともあった」という．メーカーの生産拠点が海外へ移り，国内投資が減少したことも受注量に響いた．「これからの分野に，クシダがどれだけ取り組める

かが，生き残りのカギ」と量産化の新事業を考えてきた．「量産化に必要な生産性，コストダウンをこれから研究していきたい」と樋口所長は意欲を見せている．専用の生産ラインを新設し，専任スタッフも配置していく計画だ．

クシダ工業が国の補助制度に応募したのは今回が初めてだった．計画書づくりに参画したメンバーは，社内で部門を超えた意見交換をしながら「選考者は専門家ではないので，内容をわかりやすく説明するのに工夫した」と語る．樋口所長は「社員にとっても新しい挑戦．新しい領域の事業を考え，当社の環境関連技術に生かしていきたい」と考えている．

（「商工たかさき」2013 年 8 月号より転載）

ネジ，支持脚メーカー

相原製鋲株式会社

体育館の床は適度な弾力性が求められ，二重床の構造をしている．コンクリート基礎の上に支持脚と呼ばれる長さ数十センチから 1 メートルほどの鋼材の支柱が並べられ，水平を調整しながら床材が張られており，コンクリート基礎と支持脚の間にはクッションゴムの台座を挟み，床から受ける疲労感や関節への負担を軽減している．この床下に使う支持脚は，相原製鋲の製品の 1 つだ．社名の「鋲」は，業界ではネジ類を意味しており，この支持脚は水平高を微調整する機構がネジとなっている．二重床はスポーツクラブやエアロビクススタジオ，剣道場などで使われている．OA 機器の床下配線に便利なので，オフィスでも施工されている．

相原製鋲は，ネジ一筋に約 70 年の企業で，「ネジのことなら何でもまかせてほしい」と相原武社長は語る．ネジはボルトとナットの総称で JIS 規格に定められており，ボルトを雄ネジ，ナットは雌ネジと呼ばれ，相原製鋲は雄ネジ＝ボルトを専門に生産している．戦後間もない昭和 21 年に新町で父の栄さんが創業し，昭和 40 年に綿貫町の高崎工場が稼働を開始した．当初は，ホームセンターに並ぶ木ネジや釘なども製造していたが，海外製品などとの単価競争が激しくなり，BtoB の生産に特化した．現在，1 カ月に約 170 トンのネジを生産しており，取引先は自動車や機械，建設関連が多いそうだ．製造しているネジは直径 8 ミリから 25 ミリで，材料の鋼材も多様だ．全てを並べると約 300 から 400 種類に及ぶという．用途は客先の企業秘密であることも多く，相原社長も自社製品がどのように使われているか，よ

くわからないという．

　相原製鋲ではネジの製造を，常温の金属棒を金型に入れ圧力を加えて成型する「冷間圧造加工」と呼ばれる製法で行っており，材料ロスも少なく切削と違って金属くずなどは排出されない．高崎工場は創業者の栄さんが用地の確保など準備を進めてきたが，完成の前年に他界し，武社長が 26 歳で会社と新工場の建設を引き継いだ．「会社を成長させようとがんばってきた父に新工場を見せたかった」と振り返る．「親会社というものはなく，下請けという気持ちもない．ネジメーカーとしての自負を持っている」と語る．「できないネジはない．お客様に頼まれるものは全てつくれるようにする」と技術力に自信を持ち，ものづくりの奥深さが工場内に溢れている．製品によっては作業工程も多く，まさに手づくりと言えるネジもある．ネジに刻まれた「らせん模様」の美しさは，産業を支える工業技術の粋を感じさせる．「1 台の自動車に何本のネジが使われるかわからないが，1 本のネジの強さが自動車の性能に影響し，1 本のネジの重さが車重を大きく左右する」と語る．ネジを製造している企業は，県内でも数社しかなく，貴重なものづくり技術といえそうだ．

　機械器具の脚部に取り付け，高さを調整するアジャストボルトで実用新案を取得している．設置場所が必ずしも平らな場所に設置されるとは限らない．相原社長が考案したアジャストボルト（フレキシブルレベラー）は，15 度の傾斜まで対応できる．ネジの仕組みは昔から変わらないが，「応用していくことがものづくりの面白さ．どう使うかが，付加価値につながっていくでしょう」という．相原製鋲では 10 年前に ISO9000 を取得し，生産管理に力を入れてきた．「小口化，短納期化が進む中で，ISO の取得は役立っている．社員教育も非常に大切であり，スキルアップや意識の向上につながっている」．ものづくりは現場が最も大切であり「社員一人ひとりの力が発揮されないといいものができない」と相原社長は考えている．

（「商工たかさき」2014 年 11 月号より転載，一部改変）

試験と計測のエキスパート

株式会社ペリテック

　ペリテック（代表取締役・平豊）は，工業製品の頭脳ともいえる電子基板が正常に作動しているか，またはどこに異常があるかなどを解析するための"テスター"をオーダー受注し，国内大手メーカーや研究機関などへ提供している．「安心・安

全な工業製品を提供するためには，電子部品の入念な試験や計測が不可欠」だと語る平社長．例えば，最近の自動車は安全性や利便性の向上を目指し，高度な電子制御用コンピュータが搭載されているが，この分野でも同社の試験・計測機器が広く活躍している．

若手の技術者である松田さんは，研修中の身ではあるものの，ハード製作・ソフト開発の両方に携わり，自身の技術向上に努めている．ひとつひとつの部品に対し，テスターを使って慎重に動作確認を続ける松田さん．細かい部品や基板を相手に気の遠くなる作業ではあるが，これがすべての基礎となる重要な業務．時には，プログラムを修正しながら部品のテストを進めて行くこともある．将来，立派なシステムエンジニアになることを目指し，全力で日々の業務に臨んでいる．世界でもトップレベルの域にある日本の工業製品は，こうした裏方の技術の確立と，技術者達の努力に支えられて生み出されているのである．

（「商工たかさき」2012年3月号より転載，一部改変）

「醸造プラント」国内シェア9割

株式会社三宅製作所

取引先は，アサヒビール，オリオンビール，キリンビール，サッポロビール，サントリーなど国内の大手ビールメーカーが並ぶ．事業内容は，ビール醸造プラント，ウィスキー醸造プラント，ブランデー醸造プラント，ワイン醸造プラントなどを主に取り扱っている．私たち一般消費者には馴染みのない会社だが，業界ではなくてはならない会社である．

昭和24年創業．当初は，本社のある大阪で製品を作っていたが，ビールメーカーや同業者が次々に東京に進出するにつれ，関東圏への進出を考えるようになった．創業当時は，巨大なタンクを船で運搬することが多く，港に近い場所が工場の立地に適していた．しかし時代が変わるにつれ，輸送の中心が陸上輸送になったことや東京から近いということから，高崎市が建設地として選ばれた．昭和39年，大八木工業団地内に高崎工場が落成．今や高速道路網や新幹線なども発達した高崎市，「候補地選びは間違っていなかった」と取締役工場長の三宅敏博さんは話す．

取引先メーカーの数も多く，受注するタンクの仕様や設置する環境も異なるため，製品は全てオーダーメイド．そのため醸造タンクの製造工場は，各メーカーの企業

秘密が集まっている．この各メーカーの秘密を実践するには，高い技術力やノウハウが必要だ．ウィスキーの蒸留工程で使われる「ポットスチルコンベンサー」の素材は，銅がもっとも適している．醸造過程で，味わいに必要な成分を保つ特性や殺菌性があるというのがその理由だ．銅は，他の金属に比べて熱の伝導率が高いため，溶接などの加工には適していないが，三宅製作所では高い技術で，自在に銅を加工することが可能である．また，特に銅製品は鉄に比べやわらかいため消耗が激しく，メンテナンスが度々必要である．適切な時期に，適切なメンテナンスを行う判断力が必要だ．自社の製品に対するフットワークの良いメンテナンス体制が，大きな強みとなっている．高い技術力ときめ細やかなアフターサービスが，各メーカーからの信頼に繋がっている．

「群馬は私達の技術を活かすのに適した土地．ものづくりをするのに群馬県民の真面目な気質は合っている．また，県内には工業高校の数が多く教育も行き届いており，ものづくりのための土壌が整備されている」と三宅工場長．高崎工場の落成当時は，醸造タンクの製作の中心は大阪だったが，今では製作部門の中心が高崎工場に移っていることが，このことを証明している．

醸造タンクの開発には，時代に応じた最先端の技術と，たたく，伸ばすという創業当時からほとんど変わっていない"鍛冶屋"の手仕事が重要となる．この２つの技術がうまく融合されていることが，三宅製作所が業界をリードしている理由となっている．これらの技術を若手に会得してもらうには，マンツーマンでしかもたくさんのベテランから仕事を教えてもらうことが必要だ．新入社員は２週間の導入教育の後，工場の仕事に入る．工場で仕事に携わりはじめて１年後，ようやく醸造タンク設置現場での作業に関われる．その後，いろいろな現場で仕事を覚え10年以上をかけて一人前として仕事を任されるようになる．１人の従業員が，ほぼすべての分野に関わるため，クライアントの要求に対して早いレスポンスが可能となり，さらには製品に対する責任感も増す．国内シェア９割を誇る理由の１つは，この徹底した従業員への教育にあるのだろう．

（「商工たかさき」2010年５月号より転載，一部改変）

"寡黙な製品"で世界をリード
フェノールレヂン，ぶどう糖メーカー

群栄化学工業株式会社

「創業当時の会社を知る人は『みずあめ屋』って呼ぶんですよ．親しみを込めてね．甘い物のなかった時代，随分と人気を集めたようですよ」と有田喜一社長．訪ねた本社は広大な敷地の一角にあった．群馬工場を併設するこの敷地は約10万平方メートルあるという．

創業者は喜一社長の父・伝蔵氏．喜一社長は工学博士の学位を持つ経営者として知られるが，伝蔵氏も終生，学究の人だった．終戦翌年の1946年，大橋町に甘味料製造販売会社・群馬栄養薬品を設立．理化学研究所で合成樹脂の研究をしていた伝蔵氏は，当時の食糧難を見かね，甘藷から採った澱粉糖の製造販売を始めた．社員は理研時代の同僚を含む20数人．この「水あめ」は良く売れた．

会社設立の5年後，伝蔵氏は本来の専門分野である工業用フェノールレヂンの製造を開始．同社はこの時から世界有数の化学メーカーへの道を歩み始めることになった．

フェノールレヂン．一般的には合成樹脂と一言で説明されてしまうこの物質．同社が「レヂトップ」の名で製造する製品の主な用途だけで鋳造用，塗料用，断熱・防音材，耐火物，砥石，半導体封止等々，12種類もあげられる．会社案内では「あらゆるモノを支えるマルチ素材」とうたうが，門外漢にはなかなか難しく，その性質にいたっては全く見当もつかない．

「異なる物質をくっつける性質だけを見れば『接着剤』というのが分かりやすい表現かも知れません．でも，フェノールレヂンの性質はもっと複雑．一般向けに簡単に，というのが一番難しい」喜一社長は笑う．フェノールレヂンの専門メーカーとしては世界有数，同社の製品がなければ成り立たない業種があるとまで言われながら，その製品の顔は見えない．「どこにも群栄化学謹製と書いてないから気づかないと思うけど，自動車，パソコン，携帯電話から住宅の壁，鋳物など，製造工程で関わる製品は把握し切れないほどありますよ」という．

例えば自動車を見てみよう．電子制御を行う基板や半導体，高熱の油を通すオイルフィルター，猛烈な摩擦力が加えられるブレーキライニング，ディスクパッド，足元マット下のフェルト等々，全てにフェノールレヂンが使われている．また，鋳物成型部品には鋳造の段階で鋳型の砂に混ぜられる．部品を削る際に使うグライン

ダーの円形砥石はフェノールレヂンで固められている．その他，塗料や断熱材，ゴム部品など，フェノールレヂンにかかわらない部品を探す方が難しい．

　物質を加工してものをつくる方法は大まかに3つある．物質の一部を取り除いて形を作る方法と，物質の形を変形させて作る方法，そして最後が物質に他の物質をくっつける方法．ものづくりの基本は大昔からほとんど変わらない．しかし，その取り除き方やくっつけ方は日進月歩，新たなくっつけ方が見つかれば，それが1つの技術として業界をリードすることになる．ものづくりの世界は，一般の目に触れない部分で大きく変化している．

　物と物をくっつける物質，フェノールレヂンは80年以上も前から世界で研究されていた．単純に接着する性質に，耐薬品性，耐熱性を加えるなど，加工技術の進歩に合わせ，さまざまに姿を変えている．同社が現在製造するフェノールレヂンは多種多様．全て顧客との打ち合わせを重ねながら，要求に即した製品を生産するという．薬品の配合を変えて何百種類も作るのですか？との素人の問いに「毎日食べている御飯の炊き方と同じ．同じ米でも水を増やして時間をかければ，お粥になるし，水加減を同じにして火加減を変えればお焦げができる．そんな風に考えてもらえれば」とのお答えだ．

　最先端のものづくりの，さらにその先をにらんでの仕事．本社，群馬工場の従業員約200人の内，ほぼ50人が研究職というのもうなずける．宇宙ロケットの噴射口に使われるというカイノールもそうした研究から生まれた製品．フェノール樹脂を元にしたこの高機能繊維（ノボロイド繊維）は工業化が難しく，これを実現した同社は大河内記念技術賞を受賞，世界唯一のメーカーとして注目を集めている．

　民間のヘルシー志向に乗って再び始まった澱粉糖製品部門も順調だ．売り上げは全体の約4割．「ぷちすうぃ〜と」「グンエイオリゴS」「梅しぼり」など，消費者に見える製品も作られているが，この分野でも大半は清涼飲料水などに含まれ，それと知らずに口にしている物が多い．

　同社の製品のほとんどは人目に触れない．でも，同社の製品がなければ私たちが手にし，口にすることのできない品物が，何と多いことか．

　最後にフェノールレヂンの製造プラントを特別に案内していただいた．大小のタンクが並ぶプラント内で作業する社員は数人．"火加減"も"水加減"も全てコンピューターで集中制御されている．工場とはいうものの，薬品臭はなく，騒音もない．自己主張はしないが，ものづくりには決して欠かせない物．そんな寡黙な製品らしい生産風景だと感じた．

（「商工たかさき」2002年7月号より転載）

> ## 世界に誇るバイオ技術
>
> ### 協和発酵キリン株式会社高崎工場・バイオ生産技術研究所

　2000年8月に宮原町のキリンビール高崎工場が閉鎖され，高崎から「キリン」が消えてしまったという印象が強いが，萩原町に，もう1つの「キリン」工場が残っている．しかも，その「キリン」は従業員数，生産高とも，かつてのビール工場を上回っているという．

　1980年代に，多角化をめざしていたキリンビール株式会社がビールの発酵技術を応用したバイオテクノロジーで医薬品分野への進出を計画した．その最前線として高崎市萩原町に医薬事業の製造・物流拠点を建設し，1990年に高崎医薬工場として操業を開始した．その後，この工場は「キリンファーマ株式会社高崎医薬工場」となり，2008年に協和発酵工業株式会社と合併，「協和発酵キリン高崎工場」として，隣接するバイオ生産技術研究所とともに最先端のバイオ医薬品の研究，生産を継続している．

　高崎工場で生産されている医薬品は，医療機関で使用され，ドラッグストア等で目にすることはないので製品名そのものは消費者に知られていないが，人工透析やがん治療など高度医療に貢献している．生産している医薬品は遺伝子組み換え技術が応用されたバイオ医薬品である．工場には国内最大級の1万リットルの培養施設があり，特許技術をはじめ他社に真似のできないバイオノウハウが蓄積されている．環境に配慮した製造過程も，高崎工場自慢の技術力だ．

　医薬品分野における協和発酵キリンは，貧血治療薬「ネスプ」を主力にアジアへも輸出している．中島祥八工場長は「日本発グローバルスペシャリティファーマをめざしたい」という．今後，協和発酵キリンはバイオ医薬品メーカーとしてグローバルに成長することを目標としてバイオ医薬品製造の重要拠点である高崎工場へ新たな製造設備を建設する予定である．現在は，研究所と工場で従業員約400人の体制だが，今回の製造設備の建設により500人程度に増員されるという．医薬品工場の事業規模はかつてのビール工場時代を大きく上回っている．

　協和発酵キリングループでは，地域社会の人々との交流を重視した活動を通じて，社会との関わりを深めていきたいと考えている．高崎工場では，環境保全活動を毎月行っており，具体的には高崎市中心市街地，観音山，工場周辺の清掃活動を実施している．また，水資源を守るため倉渕町わらび平で「協和発酵キリン高崎水源の

森づくり活動」を行い，長期的な森林保全活動にも取り組んでいる．子どもサッカー教室，夏休み子ども科学教室も好評で，今年は長い歴史を持つ同社卓球部の選手による卓球教室を新たに計画している．

（「商工たかさき」2012 年 9 月号より転載）

国内最多種の抗ガン剤を製造
日本化薬株式会社高崎工場

　群馬の森の南側に敷地が広がる日本化薬(株)高崎工場．敷地は 56 万㎡，東京ドームの 12 倍の広さで，緑に囲まれた工場だ．「戦争中は陸軍が火薬を作っていたんだよね」と，市民に有名な所だ．明治から終戦まで，陸軍の火薬製造所があり，日本で初めてダイナマイトが製造されたと歴史に刻まれる．戦後，民間に払い下げられ日本化薬(株)高崎工場となった．

　日本化薬の前身は 1916 年に創業した「日本火薬製造株式会社」で創立 96 年の歴史がある．同社は戦後も炭坑などで使用する産業用火薬を製造していたことから，今でも，この工場で火薬を作っていると思っている市民もいるかもしれないが，現在は医薬品工場となっている．誤解を受けることも多いらしく「火薬ではなく化薬です」と小泉工場長は笑顔で語る．

　日本化薬の事業はエレクトロニクス産業に使われる樹脂など機能化学品，医薬，自動車の安全性を支えるエアバッグ用技術などセイフティシステムズ，農業用薬剤などアグロ事業を展開し，高崎工場は医薬分野の中核を担う．エアバッグを瞬時に膨らませる技術には同社の火薬技術が活かされているそうだ．

　日本化薬の医薬品は，当初ペニシリンなど抗生物質でスタートした．日本化薬の「バリオチン」という水虫薬を年輩の人は記憶されているかもしれない．現在，高崎工場は最先端の発酵技術，合成技術，製剤技術で抗がん剤を中心に医薬品を製造するハイテク工場となっている．4 階建ての高さで容量 100 トンの発酵タンク 4 基を備え，製造品目は 40 種類を超える．「抗ガン剤では，国内で最も種類が多い」と小泉工場長は言う．

　高崎工場は，効率的で汎用性の高い製造ライン，高度な環境汚染防止システムなどハザード対策，欧米の厳しい基準にも対応した生産システムを誇る．「生命関連産業として不断の進歩が必要」と社員教育にも力を入れている．早くから輸出を行

い，欧米から品質管理の監査員が毎月のように訪れているそうだ．高崎の立地は物流に有利で輸出にも全く支障はない．同社の製品は搬送もデリケートで，空輸で海外に送られている．

(「商工たかさき」2012 年 9 月号より転載，一部改変)

金属加工のスペシャリストを目指す

株式会社羽鳥鐵工所

(株)羽鳥鐵工所は工作機械の製造を行っているが，特に衝撃吸収の技術を高め，プレス機の主要部品であるダイクッションと呼ばれる機構や，地震の際の揺れを抑える免震装置などを手掛けている．近年は，横揺れだけでなく縦揺れの地震にも対応できる世界初の三次元免震装置の開発にも携わり，その技術力の高さが注目されている．

同社は一点物の製品をオーダーされることも多い．顧客からの要望に応えるためには，細かい気配りをしながら手作業による精密加工が欠かせないという．「切削箇所ごとに機械を止めては採寸し，入念にチェックを繰り返します」と話すのは機械加工技能士の龍見雄史さん．13 年のキャリアでマシニングによる溝加工や穴開け，型削りなどを任されている．加工精度が製品の仕上がりを大きく左右するため慎重で正確な作業が求められるという．「先輩社員の技術にはまだまだ及ばない」と謙遜気味に語るが，経験を積むほどに精密な金属加工の難しさを痛感し研鑽を続けている姿に，現場の中核を担う人材として羽鳥武久社長も期待の眼差しを向ける．龍見さんが手がけ，精巧に切削加工が施された金属部品が，同社製品の骨格となり息づいている．

(「商工たかさき」2013 年 8 月号より転載，一部改変)

日本の農家を守れ　各種農業機器，省力化装置を開発

株式会社マツモト

「むきむき」「きり子」に「マメモーグ」．マツモトの商品名は皆ユニークだ．「む

きむき」はネギの皮むき機，「きり子」は根，葉切り機，「マメモーグ」は枝豆もぎ取り機といった具合．「農家の人に1度で覚えてもらおうと，極力印象に残る名前を考えているんですよ」と話すのは平成13年度県総合表彰で「商工功労」を受賞した松本弘社長．1953（昭和28）年に先代の父親が創業，2年後，高校を卒業したばかりの弘社長が手伝いに入った．「借金だらけで継ぐのは嫌だったんだけど，別の会社の採用通知が届いたのがばれて怒られてね，それで仕方なく…．スタートから一緒だったから，2代目ではなく，1代目半だって言っているんですよ」と苦笑い．

55年に有限会社松本鉄工所，66年に松本農機鉄工株式会社，そして92年に株式会社マツモトに社名変更した．この間，農業機械の開発一本で営業．ネギ，枝豆関連の機器は全国ネットで取り引きされるヒット商品だ．

農業機械と言われて真っ先に思い浮かぶのはトラクターや耕耘機といった類だが，マツモトが開発するのはこうした機器に接続し，より作業効率を上げるためのアタッチメント．「トラクター製造など大手メーカーの仕事に対抗するのは会社の規模的にも厳しい．ならば，農家が求める機能をアタッチメントで提供出来ればと考え，周辺機器の開発に集中している」という．

商品開発に欠かせないのが現場で働く農家の声．これまでに造られた製品は全て，農家の要望を形にしたものだ．一番人気のネギの皮むき機は空気圧で表皮を吹き飛ばす優れ物．その後，ネギの根切り，葉切りを機械化出来ないかとの要望に応えて生まれたのが「きり子」，両方の機能を併せた「ベストロボ」もある．

高齢化が進む農業の現場．作業の効率化，省力化を望む声は年々高まるばかりだ．大根洗い重量選別機，トマトを枝から振り落とす収穫機は序の口，乗用コンニャク植付機に至っては，コンニャク玉を植え，根腐れ防止の薬をまき，覆土し，防草用の麦を植え―と，1台数役の働きだ．国，県の農業政策に伴い生まれる商品もある．「水稲育苗根切り機」は県農業試験場が開発した平らな場所に水を張ったプール式苗箱で唯一ネックになっていた根切り作業を機械的に行う省力化装置．農家からの声を受けて同試験場とともに共同開発した．また，現在はネギのセーフガード発動に伴い，生物系特定産業技術研究推進機構（生研機構）の「21世紀型農業機械等緊急開発事業」に参加，長ネギの調整装置の開発に取り組んでいる．「セーフガードは200日，4年，8年の3段階に分かれるが，最長でも4年が限度だろう．この間に国内農家が外国産品に対抗出来るような環境を造らなければいけない．ネギに関して農林水産省は，根切り，葉切り，皮むきの出荷調整の部分が省力化出来れば対抗出来るという考え．『開発を助成するから1日も早く完成させるように』と厳

命を受けました」という．

　今回開発する機械は根切り，葉切り，皮むきまで全てを自動化し，可能ならば選別機までを合体，オペレーター1人で出荷調整作業ができるようにする．畑から掘り出したネギを1つの機械だけで市場に出荷できる形にするわけだ．

　市場に並ぶネギは太さ，長さのほか，1本について葉は3枚までなどといった厳しい規格がある．しかし，相手は自然の農作物．太さ，長さもまちまち，曲がった物だってある．それを1つの規格に当てはまるように調整するのだから，その技術が並大抵でないことは容易にうかがい知れるだろう．根切りの位置決めの幅は約3ミリ．さまざまなデータを読み込ませたコンピューターで制御する．大まかな機構は出来たが「まだ満足行く精度，スピードが出ていない．もう一練りしなければ」と松本社長．期限を限られた仕事，心休まらない毎日だ．

　「技術による農家の支援」が社の基本．営業回りで農家と交わす言葉の中に新製品開発のヒントを探る．「営業のスタッフに良く言うんですよ．『冗談の中にも良い話があるんだよ』って．農家が言った言葉1つ1つを聞き逃さないようにしないと，開発のテーマが出てこない．開発するテーマがなくなったらうちは終わりだから，農家の要望や希望，アイデアといったものは全て私の耳に入れるようにしています」

　農業の近代化とともに歩むマツモト．卓抜した開発力を支えるのは，現場の声を的確に吸い上げるスタッフの情報収集力だった．

（「商工たかさき」2001年5月号より転載）

ブロック製品でシェア11％　全国トップの優良地場産業

エスビック株式会社

　榛名山・二ツ岳の噴火が，後世の群馬に1つの地場産業を生んだ．渋川市から子持村に広がる軽石層は軽量ブロックの主要原料．大消費地の首都圏に近い利を生かし，戦後間もなくから生産が本格化，急成長を遂げた．群馬は現在，シェア18.4％を占める全国一のブロック製品生産県．このトップの座を支えるのがエスビック(株)だ．

　創業は終戦から7年後の1952（昭和27）年11月．現会長の柳澤本次氏が建築用コンクリートブロックを製造する新日本ブロック研究所を興した．「食品を作ろう

か燃えない家を造ろうかと迷ったようです．食糧難は朝鮮戦争の特需景気でかなり改善されましたが，日本の住宅は木と紙が主流．燃えない建材をと考えた時，大正期から造られていたブロックはすぐに候補にあがったのですが，関東大震災でブロック建造物に被害が出て，建材への利用が何となく控えられていたんですね．それがブロック建築先進国の米国が駐留軍基地の兵舎にブロックを使用して，再度ブロックに注目が集まったころ，52年11月28日に建設大臣名でブロック建築の許しが出たそうです．この日が当社の創立記念日になりました」と柳澤佳雄社長．

　戦後しばらく，コンクリートブロックは新時代の建材として大いに注目された．中でも，軽石を素材とした軽量ブロックの人気は高く，公営住宅はもちろん一般住宅でも需要が増えた．創業時7人の従業員は10年で300人にまで急増．当初，手作業の多かった製造ラインも，その後次々と自動化が図られ，量産体制が確立された．

　同社は現在，高崎市内の3工場と箕郷町の本社工場，茨城県のつくば工場の5カ所で自社製品を生産する．ブロックマシンは計20台．全国に最も出回る景観材の「インターロッキングブロック」（全国シェア13％）は高崎市島野町のOLB工場のマシン4台で昨年，66万平方メートル分を生産，出荷した．マシン1台に付く人員は平均3人．直接，製品に手を触れることはなく，原料の投入から製造，出荷までが一連のラインで流れている．

　全国のブロック業界の動向を見ると第1世代と呼ばれるコンクリートブロックは81年頃を境に出荷量が減少，89年頃，再び増加に転じたが，バブル崩壊とともに再び伸び悩んでいる．これに変わって第2世代と呼ばれる「化粧ブロック」と第3世代の「インターロッキングブロック」は年々増加，市場価格の変動はあるものの，増加傾向に変化はない．さらに，5年ほど前から始まったガーデニングブームでは輸入レンガをはじめ，造園関連商品の需要が急増，「ブームのピークは越えたが一部の人のトレンドとして定着，今後も安定した需要が見込める」（佳雄社長）という．

　年商132億円．堂々の業界ナンバーワンとして順調に成長し続ける同社だが「トップにはトップとしての苦しさがある」という．「マンネリ化しないこと，常に新商品の開発を心がけることが必要です．日本の大企業の多くは2番手企業．国内外でヒット商品が出ると，それを真似た自社製品を安く造り，大量に売りさばいて伸びてきた．ところが，ヒット商品が出にくくなると，元々の開発力が欠如しているのだからなかなかうまく行かない．今多くの大企業が困っているのは，この開発力の欠如なんです」と社長．

新商品開発はどんなメーカーでも，常に大命題として掲げられている．しかし，100個の新商品を出しても，ヒットするのが2，3個と言われる中，開発への投資は大きなリスクとなる．「自社の体力以上のリスクを負ってはいけませんが，商品開発に伴うリスクは絶対に必要．それと製品のライフサイクルを見据える目も大事．思いついたらすぐに造り，売れないとなったら次の商品開発に乗り出す．このスピードも要求されます」と話す．この中で最も難しいのがライフサイクルの見極めだろう．年商30億円弱，同社創業以来の大ヒット商品と言われる「リブロック」．今ではブロック塀の代名詞のようにも言われるが，81年の発売から4年間は全く売れなかったという．「3年で諦めていたら，大損でした」と笑って話すが，商品の先行きを見極める真剣勝負は今も続けられている．

　開発部隊の先頭には社長自らが本部長として立つ．今年は16種類の新商品を世に送った．「これだけ出しても，売れるのはせいぜい，2つか3つでしょう．他社の売れ筋を真似て新製品を造るのは確かに手堅い方法ですが，トップメーカーとしては他社を待っていられない．常に，新商品を提示し続けなければならないが，その開発の先頭に立つのは私の仕事だと考えている．開発は大きなリスクを伴うものです．そのリスクを開発者自身に負わせたら，大胆なアイデアなんて出ませんよ．社員が働きやすい環境を整え，未来の夢を見せてあげるのが社長の仕事だと思うんです」．同社はガーデニング用ブロックを増産するため今秋，箕郷町に新工場を建設する．「ガーデニング用の石に注目しています．新工場で造るブロックは自然石の風合いに近い加工を施したもの．今年は1億円ほどの売り上げを見込んでいますが，数年後には3〜5億円程度まで伸ばしたい」という．そう遠くない将来，同社の日本一がまた1つ増えそうだ．

（「商工たかさき」2002年7月号より転載）

職人の勘を数値で管理　マンホール鉄蓋製造

株式会社水島鉄工所

　案内された応接室の壁に掲げられた日本工業規格（JIS）の表示許可書．品目には鋳造品（鉄系）とだけ書かれ，規格番号の横に書かれた名称も球状黒鉛鋳造品とあるだけ．具体的な製品名はどこにも見あたらない．球状黒鉛鋳鉄（ダクタイル鋳鉄）は素材名であり，許可書の文面からすればダクタイル鋳鉄を使った鋳造品全般

にJIS表示をしてもよろしいということか―. 首を傾げていると後ろからご説明頂いた.「当社は決してオンリーワンじゃないけど, 自慢が1つある. それがこのJISの許可書. 普通は個々の製品に対してJIS表示が許可されるが, これはダクタイル鋳造品を造る工程そのものがJISの認可を受けたもの. 言わば工場に与えられたJIS. 100人以下の中小事業所では全国で初めて与えられたんですよ」と水島直定社長. 全国初のJIS取得には並々ならぬ努力があった様子. ISOももちろん取得している. 1916(大正5)年創業の会社に79(昭和54)年入社. 対外的には4代目とされるが「当社は3代にわたって婿入り. 一般にいう同族会社とは違うよね. 婿はね, その会社がどういう生い立ちで来たか見ようとするでしょう. その上で昔のことを忘れて仕事が出来るのが良いところ」と笑う.

事業内容は上下水道用鉄蓋, 通信・電力用鉄蓋, 工作機械用部品, 特殊車両用部品, 農業・河川用水門の設計施工と鋳物製品全般にわたるが主力はマンホールの鉄蓋製造. オリジナルの型を持たず, 他社の型で製品だけを作る同業者が多い中, 高崎市をはじめ4, 5都市にオリジナル品を納入, 老舗メーカーの意地を示す.

"下水道の顔"とも言われる鉄蓋. 古くは欧米の型を真似た幾何学模様がほとんどだったが, 15年ほど前に相模原市がアジサイの花をあしらった鉄蓋を導入してからデザイン化が進み, 今では多くの市町村で地域の花や風物をあしらった鉄蓋を使うようになった. 機能的にもより安全性, 強度を高めたものへと, 日々変遷している. 公共事業に関わる仕事は受注量が急変する可能性が少なく, こつこつ地道に行えばほぼ安定した利益を得ることができる. 劇的な変化が少なく, 中小メーカーに適した仕事といえる. しかし水島社長は「変化が少ない分, 逆に恐さもある」と話す. 導入する設備の種類, 導入の時期などを見誤ると「取り戻しが利かなくなる」. 少ない変化に乗り遅れないよう, 商品開発への努力が怠れない訳だ.

「県内2番目に導入した電気炉, 県内初導入の樹脂砂と, 先代までは間違った投資をしていない」と話す現社長が取り組んだのは製造工程の数値管理.「私が来た頃はまだ, 職人肌が通用する時代だった. 鋳物屋は職人の勘に頼っていた分が多く, 技術の継承も難しかった. 溶けた鉄の色具合で温度を判断し, 冷やす速度の緩急で強度を微妙に変えるという世界. 今でもそうした現場作業者ならではの技術に頼る部分は残されているが, 極力数値で判断出来るように工夫した」という.

鉄蓋の型に鉄を流し込む工程では, 大型の温度計を手に, 腕時計で秒数を計る姿が見られる. 壁には作業工程毎の秒数の目安を示すカンバンも張られている.「安定した製品を送り出すための努力. 見た目では判らない強度の微妙なばらつきも, 数値管理で克服した」と話す. 耐荷重試験機, 成分分析器などの検査機器も県内に

先駆けて導入，製品の品質，精度を数値で裏付け，取引先の信頼に結びつける努力も怠らない．

型から外された鉄の固まりは，バリ取り，研磨，塗装を経て製品になるが，この間には通常の抜き取り検査部門の他，各工程の担当者が製品を検品する体制も取られている．例えばバリ取りは 3K などと敬遠され，多くの会社が外国人労働者に頼ったが「当社はバリ取りの段階で検品するから，言葉に問題がない日本人でないと駄目だ．3K どころかお目付役ですよ」という．

公共事業の受注は比較的安定してはいるものの，ここ 3 年ほど数パーセントずつ落ち込んでいる．「数ある鋳物業もその大半は部品製造．技術力は付くだろうが下請けを脱していない．その点，当社は製造業でありながら出来た物は即商品になる，設計から生産まで一貫して行えるメリットがある．マンホールで生き残ろうとすれば，オリジナル品の作成が不可欠．今後も新たな需要を喚起しながら，新製品の開発に努力したい」と力強い．

(「商工たかさき」2001 年 5 月号より転載)

国内唯一，PTP の 6 割を再生

ラジエ工業株式会社

平成 10 年，首都圏の清掃工場から発生したダイオキシン報道の衝撃で塩化ビニールの処理に人々の大きな関心が集まった．環境問題への取り組み，資源のリサイクルが今日では図られているが，ダイオキシンで話題となった塩ビの再生をラジエ工業は 30 年も前から既に取り組んできた．ラジエ工業 (従業員：53 名，資本金：7,500 万円) は昭和 46 年に創業，放射線照射業務に取り組み実用化に成功．放射線照射は，医療，理化学，バイオ，高分子，宇宙工学など高度に応用されている．日本原子力研究所などとの産学官連携でも成果を上げ，国内屈指，世界的な企業として成長している．また，夏の夜空を彩る花火の打ち上げに用いる導火線や仕掛花火用ランスなどの火工品製造，プール用循環濾過装置といった特化した分野での技術開発を独立させて深耕している．同社では，産廃の再生処理は売上の 2.3 パーセントにしか過ぎず，事業を始めた昭和 50 年代は，リサイクル・再資源化の考え方は一般的ではなかった．採算に乗るのが難しい時期も長かった．ラジエ工業はどのような見通しを持って取り組んできたのだろうか．

ラジエ工業が処理しているのは，PTP と呼ばれ，薬のカプセル剤や錠剤などのプラスチックシート包装材．薬が入るようにドーム型に成型され，裏にアルミ箔を貼り合わせて作られている．昭和 50 年代，ラジエ工業は，群馬県経済連の農業用ビニールのリサイクル事業に協力し，再生品を買い取り販売していたことがあった．ある時，実験器具の放射線滅菌技術について共同研究を行っていた PTP 用塩ビシートメーカーがこのことを知り，「製薬工場が PTP 屑の処理に困っている」と相談を持ちかけて来たのが経緯だ．当時ラジエ工業は，塩ビ再生品を扱ってはいたものの，再生するノウハウはなく，全くの手探りから始まった．プラスチックシートに貼られたアルミ箔をどうやってはがすかという技術的な問題，また採算ベースに乗るだけの PTP 屑の確保と，再生品の販路など市場性も課題だった．

　化学コンサルタントの協力を得ながら 2 年間の研究を経て，昭和 53 年，月産 20 トンの PTP 再生処理プラントが稼働した．群馬県の「再生利用産業廃棄物処理指定」第 1 号だった．原料の PTP 屑は塩ビシートメーカーの仲介で全国の主要製薬会社から集めるルートを確立．再生品の販路としては，良質で安価なこともあって床材メーカーに流通させることができた．プラスチックシートとアルミ箔を貼り合わせる接着剤は熱で剥離しやすくなる．PTP 屑を数センチに細断し，高速ミキサーで加熱しながら撹拌すると徐々にアルミがはがれてくる．この時に，炭酸カルシウムの粉末を加え，アルミの再付着を防止．アルミは顆粒状になって，ふるいで分別される．このプロセスには難しい技術が要求されたが，PTP とアルミを 99.9％ 分離することに成功した．この方法は 30 年間変わっていない．「化学的な薬品処理はなく，また放射線技術にも全く関連はありません．物理的な方法を採用したことがこの事業を成功に導いた」と開発を担当した佐藤利男常務は振り返る．化学処理を行えば，廃液処理などにコストがかかり，また違った環境負荷をも与えかねない．

　現在，当初の倍の 40 トンを月産処理しているが，採算のとれない時期も長く続いたという．当初，PTP 屑は製薬会社から無償で引き取っていたが，処理の有料化を打診したところ時代背景も手伝って各社とも理解を示してくれた．廃棄物を"再生"から"処理"するというスタンスに替え，平成 5 年「廃棄物処理業者」に指定を切りかえ，事業を継続している．以前は剥離したアルミ屑も再利用業者に販売できたが，アルミの価格が下がり，現在は産廃処分をしているが，新たな用途の開発が課題という．しかし，アルミ屑の排出量は，体積比にした場合，持ち込まれる PTP 屑の数パーセント．「処理をしないで PTP がそのまま最終処分場に埋められるとすれば，処分場の延命に相応の貢献をしているはず」．今までの取り組みが評価される時代になった．「今でも会社全体からすると充分貢献しているとは言えない

が，製薬会社も事業継続を望んでいるし，再生品は品質，価格で床材メーカーに評価されている．リサイクル時代に入って事業に対する周囲の評価も高まっている．赤字にならない限りはこの事業を続けていきたい」としている．ラジエ工業は，全国から出るPTP屑の6割強を処理．シェア，技術とも国内唯一となっている．

（「商工たかさき」2004年11月号より転載，一部改変）

"ゴミ"からの錬金術

― 株式会社エコ・マテリアル ―

　大量に廃棄された携帯電話やパソコンなどの電子部品，工場から排出される金属スクラップが，「都市鉱山」と呼ばれる有用なレアメタル資源として注目されている．ところが実際に金属スクラップから，有用な金属だけを分離・抽出して純度を高めるには，思いのほか設備が必要で，想像以上に手間とコストがかかってしまう．中澤社長は，「潜在需要は大きいと確信していたが，再生してペイできる金属，方法が限られていた」と話す．レアメタル類は数多くあるが，事業化できるのはほんの一部だ．中澤社長は「他社にはない技術力で成功していきたい」と精力的に取り組んできた．産業廃棄物として埋め立てられていた金属スクラップのリサイクル技術を確立して，2008年の操業から3年で採算ベースに乗せ，全国へとシェアを広げている．

　使えない産廃として処理料を払って廃棄していたスクラップが，有価物として引き取ってもらえれば，排出企業にもメリットは大きい．持ち込まれる廃棄物は，実に様々だ．数種類の金属片が混在した粉砕クズ，表面が化学変化した金属板，部品を打ち抜いた端材など，大きさや形状も異なり，表面には油汚れやサビなども付着している．分離する方法は，電気・化学分解，熱処理など一様ではなく，人手でそぎ取るケースもある．おまけに搬入されるのは不定期で，ロットもそれぞれコンテナ袋で数袋程度．多品種少量で，大規模な処理プラントではとても採算があわないうえ，ノウハウが必要なわりに儲けは少ない．ゆえに「大手はこんな小ロットに手を出さず，新規参入もないのでしょう．お客様にとって，使い勝手の良い会社でなくてはならない」と中澤社長は言う．

　決め手は，ノウハウだ．金属の分離・抽出，精製が実用レベルに至るまで，何度も実験を繰り返し，機器の改良をはかっていく．付加価値を高めるインゴット（金

属の延べ板・延べ棒）プラントも稼働し，リチウム電池からニッケルとコバルトを分離回収する技術も実用化目前だという．「開発をしないと成長が止まる．結果を出すことが面白い」と，研究開発が中澤社長の天職のようだ．全国展開で倍々の市場拡大を見込み，リサイクルの錬金術に夢がふくらんでいる．

（「商工たかさき」2011年9月号より転載，一部改変）

国内で2社だけの特殊印刷機製造

有限会社望月製作所

　阿久津町の望月製作所は，ストラップのひもやリボンなど，細くて長い布テープなどの素材に特化した専用印刷機を製作している．この分野の印刷機を製造しているのは国内では2社しかないそうだ．ロール状に巻かれた布テープが印刷機を通り，再びロールに巻き取る「ロール・ツー・ロール方式」で，印刷機を連結すると多色刷りも可能で，望月製作所では6色まで対応できる．一度に複数色を印刷できるので手間もかからず大幅な効率アップとなる．この印刷機はスクリーン印刷を応用したもので紙や布など素材を選ばず，ゴムのような伸縮素材，織目がある布でも精細に印刷できる．布幅も大小に対応し，アパレルメーカーにとっては欠かせないものとなっている．衣類の衿の部分に付けられたロゴマークのタグや，服の裏側の素材・洗濯表示のタグなどに使われている．

　望月製作所は，昭和51年（1976）に，孝治社長の父，公徳会長が創業し，機械の修理・メンテナンスを行っていた．繊維産業が集積する福井県に顧客が多かった．当時，布テープ用の多色印刷機は国産にはなく，「国産の機械があれば」と持ちかけられたのがきっかけで公徳さんの機械屋精神に火が付き，昭和52年に第1号機を開発した．当時は印刷した布製品は洗濯するとインクが色落ちし消費者クレームにつながることがあったが，望月製作所の機械を使うと洗濯に強い製品ができ，福井県の繊維業界での導入が進んだ．

　昭和61年5月，イギリスのダイアナ妃が来日し，世間はダイアナフィーバーで包まれた．ダイアナ妃が日の丸をデザインした白地に赤の水玉模様のワンピースを着ていたのをきっかけに，この年は水玉模様が大流行となった．水玉模様の布地を織機で織るのは手間がかかったが，望月製作所の印刷機を使うと簡単にできた．繊維業界の一部は織りから印刷へと大きく移行し，業界内で「望月の機械を買えばな

んとかなる」と言われるようになった．この業界では8割の企業が望月製作所の機械を導入しているという．

望月製作所の評価は高まり，多種少量のアパレル製品が低コストで生産できるので用途は拡大した．受注の多くは繊維業界の口コミで，孝治社長は「宣伝も営業もしていません」と話す．「会長は機械職人で，お世辞も言えない．電話でお客様をどなっていた時は横でハラハラしたが，お客様との信頼の絆で結ばれている証拠でしょう．メーカーにならなくてはいけないと，父が取り組んできた機械の価値をお客様に認めてもらっている」と孝治社長はうれしそうだ．海外から突然，注文のファックスが届いた時は，会長と社長が目を見合わせて驚いたそうだ．

同種の機械はヨーロッパや中国で生産されており，価格面での比較は避けられない．望月製作所の製品は耐久性があり，既に20年，30年の長期間，問題なく稼働を続けている実績がある．「どちらがいいですかと聞くと，望月を選んでくれる」という．機械部品の調達や加工のアウトソーシングは高崎市内．「高崎のものづくり仲間なら，品質や技術がしっかり見えているし，細かな注文や無理も言える」と孝治社長は語る．

会長のこだわりで，メンテナンスがしやすいのも望月製作所の特徴だ．顧客側で対応してもらえるので，望月製作所から出向く労力を軽減できるが，保守サービスなどの稼ぎどころを捨てることになる．会長も社長も「それでいい」という．「お客様に利益のある機械となり，事業の拡大に役立てば，もう1台導入してもらえる」と考えている．実際に10台，15台と導入している企業もあるそうだ．メンテナンスのしやすさは，機械の内部を簡単に覗かれることでもある．多くの企業が機密とする電子制御部も顧客側で対応しやすいよう，パスワードによるプロテクトをかけていない．プログラムしたデータが盗用されるリスクは避けられず，実際に海外メーカーに不正コピーされていたそうだ．

孝治社長は「他社が望月と同じ性能が出せるわけではない．今よりも良いものが，必ず登場するので，技術の独占を考えるのではなく常に向上させていきたい．必要な技術は特許を取得しており，望月の技術力を示したい」と意欲を見せる．積極的なPRをしてこなかったので，これまでは，口コミの県外顧客が多かったが，最近は県内企業から改めて注目される機会も増えてきたそうだ．応用分野を広げ，新しいマーケットを創造していきたいという．

（「商工たかさき」2014年11月号より転載，一部改変）

LEDプリントヘッドの世界シエア76％

株式会社沖デジタルイメージング

　沖デジタルイメージング（代表者：荻原光彦氏）は，沖電気工業と沖データから分社した企業．沖データグループの関連企業として1999年10月に設立された．今年，高崎市横手町に本社，製造拠点を八王子から移し，現在，LEDプリンターのプリントヘッドの開発，設計，製造，販売を行っている．販売先は沖データのほか，他のメーカーにも供給する．

　LEDプリンターとは，電子写真プリンターの光書込み部にLED（＝発光ダイオード）を使ったものであり，前身である2社が開発した製品．LEDを利用し，ドラムと呼ばれる感光体にトナーを付着させ，それを熱と圧力で紙に転写して印刷を行う．インクジェットプリンターなど他の方式に比べ，高品質で高速に印刷することができ動作音も静か．つまり，コンパクト，高解像度，高速印刷，高効率なプリンターなのだ．

　LEDプリンターの開発は，他社プリンターとの特徴を差別化するために，1966年沖電気工業と旧電電公社（NTT）が共同で世界ではじめて成功させてから始まった．1980年代から生産は始まり，当時は用途が限られており，月に10台ほどしか需要がなかったため，LEDヘッドは100万円以上もする高価なものだった．市場は小さく，ある大手企業に納める程度だった．その後開発が進み，1989年頃から量産期に入った．LEDプリントヘッドの特徴を活かした小型のLEDプリンターは，1,000ドルを切るプリンターとして世界に紹介されるようになった．この頃，プリンターには，さらなる高精度が求められていった．開発を繰り返し，当初の5倍ほどまで精度を高めたヘッドを量産できるまでになった．

　2001年頃からは，カラー機に搭載対応のチップを生産．さらに小型化させることを追求し，2006年頃からは，LEDアレイチップの材料であるウエハを大型化して，ロスが少なく効率的に材料を使うことにより，コストダウンに成功．後述する新技術「エピフィルムボンディング」も用いられ，独自の新型ヘッド（スマートヘッド）が実現した．

　全世界で年間約171万本生産されるLEDプリントヘッドのうち，同社の生産本数は130万本．76％のシェアを誇る．A4，A3サイズのプリンタヘッドだけでも，多いときには月に20万本生産する．しかし，プリンター市場全体から見ると，オ

フィス用のプリンターは現在光書込み部にレーザーを使ったレーザープリンターが主流となっている．

「スマートヘッドの実現でレーザーからLEDへの切り替えも始まった」と社長で理学博士の荻原光彦氏．この業界は日々新しい技術や製品が求められている．つねに新しい提案を行うために，従業員一丸となり，研究開発を進めている．スマートヘッドが実現したのは，薄い膜状のLEDを使ったプリントヘッドの量産に成功したからである．これは，「エピフィルムボンディング」という世界で初めて実用化に成功した独創技術を用いて作るもの．薄膜状のLEDを，別の材料の上に，分子間力を用いてシールのように貼り付ける技術だ．ガラスやプラスチックなどいろいろな基材の上に張ることができ，曲面にも対応できる．この技術を使えば，小さな面積にたくさんのLEDを形成することも可能なので，高密度，高精細な光を形成できる．超小型ディスプレイで，昼間や明るい場所でも見やすくなる．発光部はほとんど発熱しないので，いろいろな場所に取り付け可能．応答速度も速く，省電力化も実現した．現在このLEDを，プリントヘッド以外にも使えないかと考える．また，クリーンな環境での開発・製造も念頭に置き，地域密着型の企業になろうと努力している．

（「商工たかさき」2010年11月号より転載，一部改変）

ケロリン桶は高崎産

関東プラスチック工業株式会社

　黄色い重厚なプラスチック桶の中央に内外薬品の頭痛薬「ケロリン」の宣伝が印刷され，銭湯や温泉で使われているいわゆる「ケロリン桶」は関東プラスチック工業で50年間製造され続けているロングセラーだ．昭和の庶民文化の味わいがあり，内外薬品の本社がある富山県の土産品になっており，都内の大手DIYグッズ店でも販売されるプレミア商品だ．

　内外薬品のホームページによれば，子どもが銭湯で蹴飛ばしても，腰掛にしてもビクともしない驚異的な桶で，別名「永久桶」と呼ばれているそうだ．ケロリン桶は根強い人気で全国に行きわたり，これまでに200万個，現在も，年間4～5万個が生産されているという．このケロリン桶が高崎で作られていることだけで，関東プラスチック工業は高崎市民の自慢になりそうだ．

子育て家庭でお馴染みのキャラクター「ミッフィー」の絵柄が入ったメラミン食器も関東プラスチック工業の製品だ．今から43年前，日本で初めて特約生産を開始し，現在は，同社の海外拠点で生産されている．絵本「くまのがっこう」のキャラクター食器も関東プラスチック工業のオリジナル商品となっている．ミッフィーのプレート皿に幼い頃の思い出を持っている人も多い．親子2世代，3世代にわたって愛されているロングラン商品だ．

　他にも技術を活かし，同社はプラスチックで陶器のような質感やガラスのような透明感が表現できる．製品は茶碗や皿など3千から5千アイテムに及ぶそうだ．

　プラスチック製品の用途は幅広く，産業や家庭のあらゆる分野で使われているが，関東プラスチック工業は昭和36年に設立され，厨房器材や業務用食器など食に関わる製品に特化し，付加価値の高い製品づくりをめざしている．プラスチック食器メーカーは，全国に7，8社で，関東プラスチック工業は安定したシェアを持っているそうだ．プラスチック食器にはメラミンのような熱に強い「熱硬化性樹脂」と，熱で柔らかくなるポリプロピレンなど「熱可塑性樹脂」の2種類があり，関東プラスチック工業は，どちらにも対応できる数少ない企業という．

　プラスチック食器は，昭和50年代に学校給食の食器が金属のアルマイトからメラミンやポリプロピレンなどに移行し，広く普及した．給食の時間の重い食器運びから，子どもたちが解放された．関東プラスチック工業の栗原正広工場長によれば，学校給食用の食器は耐熱温度120度で「食器洗い機で洗って1,000回使えることが標準となっているので5年間使える」というから，とても丈夫で長持ちすることがわかる．

　プラスチック食器は，絵や模様が入ったことで普及が加速したが，栗原工場長は「プラスチックに絵を入れるのは画期的な技術だった」と語る．関東プラスチック工業は，特許技術を取り入れた独自の製造技術を持っている．四角い渦巻模様と龍の絵柄の中華どんぶりは，同社の人気アイテムの1つで，過去に絵柄を変えたら売れ行きが落ちたので元に戻したそうだ．

　製法は，プラスチック樹脂の粉末を金型に入れて高温高圧で成型し，絵柄を印刷した特殊紙，陶磁器のような透明感を出す釉薬を加工するもので手間がかかっている．中華どんぶりだけでなく，ケロリン桶をはじめ，同社の製品は手作業の工程も多く，手作り品といっても良い．食器の内外両面や透明な食器に絵柄を入れたりすることもでき，技術を活かした商品企画やデザインも同社の大きな強みになっている．

（「商工たかさき」2014年11月号より転載，一部改変）

一貫生産システムで商品化期間を短縮
総合技術力で顧客のトータルコスト削減

東邦工業株式会社

　日々新しい技術が生まれ，激烈な商品開発競争が繰り広げられるノートパソコンやデジタルカメラ，携帯電話などのIT商品．企画から生産，商品化までの開発期間が，その商品の売れ行きに大きく影響するため，そのスピードアップが求められている．プラスチック成形から出発した東邦工業は，商品の製品設計から，プラスチック成形に必要な金型製作，さらには組み立てまで行う一貫生産システムを全国に先駆けて確立．商品開発の時間短縮を実現するとともに，トータルコストの削減を可能にし，大手メーカーの大きな信頼を勝ち取っている．

　北村正行社長の差し出す名刺には「プラスチックのトータルプロデュースメーカー」と記されている．創業は1960年．高崎市旭町に電気部品のプラスチックを成形する会社として生まれた．当初はラジカセやVTRなどの電気機器を中心としていたが，北村社長は「プラスチック成形だけでは会社が伸びない」と考え，関連工場との工程別の分業体制を見直し，製品の企画・デザインから金型設計，金型製作，成形，塗装，シルク印刷，完成組み立てまで一貫生産システムの構築を目指し，現在では社員数195名，年商61億円の優良企業に成長した．

　東邦工業の取り引き相手は東芝，カシオ，キヤノン，ソニー，日本アイ・ビー・エムなど国内トップメーカー．商品はノートパソコン，プリンタ，デジタルカメラ，携帯電話，DVDプレーヤー，液晶テレビなど精密機器のボディ部分．メーカーがデザインした開発商品を具体的な形にするため，素材選択から設計まで行い，メーカー側の希望を具現化する．その上で，プラスチック成形のための金型を設計し，あわせて金型も製作する．同社は，毎分2万回転する最先端の高速マシニングセンターなどを導入し，金型製作に要する時間を圧縮．携帯電話のボタンからノートパソコンの本体部分まで年間1,200種類もの大小様々な金型を製作する．

　東邦工業の最大の自慢である成形には，厚さ0.4ミリの薄さのプラスチックをつくり出す最新のウルトラスーパーマシン（超薄肉用射出成形機）が威力を発揮する．IT商品に用いられるプラスチックは強度だけでなく，熱や電磁波などにも対応しなければならないため，それぞれ材質も異なる．成形も複雑で100分の1ミリ単位の精密さが求められる．同社が導入した6台のウルトラスーパーマシンは，全国でも19台しか稼働していない最先端マシン．樹脂を高速，高圧で金型に充填し，複

雑な造形のプラスチックボディを薄く，強く，正確につくり上げる．

　成形が完了したプラスチックは，塗装ラインに乗るが，ここでも同社の最先端技術が光る．IT商品の外観はまるで金属のような質感を持っていたり，鏡のような光沢を備えている．そうした高品質のプラスチック塗装を可能にしているのがスピンドル式自動塗装機．ノートパソコンのカバーを鏡のようにツルツル，ピカピカの高輝度・超光沢の塗装面に仕上げる．北村社長は「高品質の塗装はごみの混入が大敵．不良率を下げることが技術力」と難しさを話す．同塗装機は携帯電話なら月100万台の塗装を行うことができるという．塗装を終えたプラスチック部品はロータリー式パッド印刷機により，携帯電話のボタンのような小さな部品にも，1つ1つの細かい印刷が施される．さらには多品種小ロットの商品についても，社内でのセル生産方式（1人ないし数人が1つの製品を手作りする方法）による組み立て作業を行っている．

　同社が確立したこうした一貫生産システムは，それぞれの工程を別々の企業が分散して受け持つ分業体制に比べ，自社内で同時進行的に各工程を進められるため，時間だけでなくトータルコストも削減できる．「通常の分業体制なら6カ月要する商品開発の期間を，うちなら3分の2の4カ月で，商品化にこぎつける」と，確立したシステムに自信をのぞかせる．

　システム構築の背景には，東邦工業社員が取り組んできた努力がある．社員が部署ごとに「Syo Syu Dan（小集団）」と呼ばれる19のサークル組織を作り，不良品の発生や生産性の向上，受注拡大など，それぞれの職場で発生する課題や問題点を改善している．四半期に1度の結果発表で各サークルが競い合うことで，社全体のコストダウンと効率化が図られている．

　北村社長はモノづくり現場での中国の脅威に対して「中国の技術力は確実に上がっているが，輸送などの時間を考えれば，開発期間という面でまだまだアドバンテージがある」と話す．同社はさらなるトータルコストの削減を目指し，ベトナム・ハノイに新工場を建設．来年5月から稼働させ，世界を視野に入れたモノづくりの発信拠点にしていく考えだ．

　　　　　　　　　　　（「商工たかさき」2003年3月号より転載，一部改変）

鎌倉時代より継承された組子文化

── 有限会社伊藤産業 ──

　組子細工の継承者で建具職人の星野芳広さんは，細く加工した木材に，溝・穴・ホゾ加工などを施し，釘を使うことなく1本1本組み付けていく．0.1ミリ単位での緻密な作業が伴う伝統木工技術である組子細工には，完成までに数週間を要するケースも珍しくない．鎌倉時代より継承された組子文化は，欄間や障子などの装飾に多く用いられてきた．その作品には格子や菱形の紋様が規則的に並び，独特の味わいと美しさを好む人も多い．

　田辺文雄社長が書き起こしたデザインに基づき，6名の職人で創作に臨む．「根気と集中力はもちろん，挑戦への意欲は欠かせない」と話すのは，メンバーを束ねる星野さん．繊細なオリジナルデザインを実現するためには，技術だけでなく経験も必要となる．およそ40年のキャリアがあるにもかかわらず，日頃から技術の向上とアイデア創出には余念がない．コンクールや展示会にも積極的に参加し『グッドデザインぐんま』を筆頭に，多数の賞を受賞している．完全オーダー制によって大手企業との差別化に成功した伊藤産業．その陰には，長い年月をかけて育んできた職人の確かな技術と，衰えることのない向上心が影響しているのは言うまでもない．

（「商工たかさき」2011年11月号より転載，一部改変）

組子の技術を次世代へ

── 有限会社塚田木工所 ──

　一級技能士・塚田正志さんは，昭和20年創業の塚田木工所の3代目．建具職人として，平成24年度の全技連マイスターに認定された．全技連マイスターとは，(社)全国技能士連合会が認定する称号．一級技能士の資格を保有し，20年以上の実務経験と優れた活動実績を持ち，後進育成に熱心な技能士が認定される．今回の認定は県内の建具業界で4人目の快挙であった．

　塚田さんは伝統技術である"組子細工"を継承する職人のひとり．組子とは，細い木材に組手（くで）と呼ばれる凹型の加工を施し，組み合わせて幾何学的な模様

を表現する技法．0.1ミリ単位の緻密さが要求される難しい技術である．昔から襖や障子などの建具に用いられることが多かったが，和室離れが進むにつれ，職人の数も減少しているという．

「組子はとても奥が深い．先人が築き上げた技術を習得し，次世代に残すことが私の役目」と話す．同業者で『組子研究会』を立ち上げ，現代文化に調和する組子の可能性を探求しながら，若手職人の育成にも熱心に取り組んでいる．45歳とまだまだ若い．技術向上のため，昼夜を問わず研鑽を積む日々が続く．業界を背負う期待の職人として，その活躍から目が離せない．

(「商工たかさき」2012年12月号より転載，一部改変)

建具製作

有限会社武井木工

ぬくもりや安らぎのある木工製品の提供を心掛け，緻密な細工が施されたオリジナル建具の製作にも積極的に取り組んでいる(有)武井木工．入社6年目となる一級技能士・中村和清さん(29)．「どんな仕事でも必ず受けてこなす」という方針の武井和弘社長と二人三脚でほぼ全ての作業にあたり，主に引き戸やドア，作り付け棚などの建具の製作を行う．作業は加工だけでなく，材木の乾き具合や素材選びにも細心の注意を払う．専門学校で木工を学び，以来常に木工に携わってきたことを自身の誇りとして，難しい仕事，納期の厳しい仕事も苦にせずこなしている．「若手職人だから技術やキャリアに乏しいと思われたくない」と努力を重ね20代にして建具一級技能士の資格を取得した．実力が示された喜びを感じると同時に，肩書に恥じぬよう，今後も職人道を追求する決意を新たにしている．師である武井社長から技術を学ぶほか，夜間に行われる同業者の勉強会にも参加し，伝統の組子の技術を学ぶなど，貪欲に研鑽に励んでいる．「自分の技術を駆使して，より多くのお客様の笑顔を生み出したい」という想いを胸に，今日もノミを握りしめる．

(「商工たかさき」2014年2月号より転載，一部改変)

だるま・獅子頭製造

岡田だるま店

"張子獅子頭"は，明治時代から伝わる高崎独自の縁起物．型からはずした獅子頭の表面に，魔除けの色である赤を塗り，まゆや耳は墨，口と鼻は金色の塗料で描く．製法や素材はだるまとほぼ同じだが，その形状は帽子のようになっており，子どもの頭にかぶせることで夜泣き・かんの虫が治まり，健やかに育つと言われている．

その昔，神功皇后が幼い応神天皇（八幡神）に唐獅子を与え，思いやりのある元気な子に育てたという話に由来しており，安産・子育ての神様として信仰を集める山名八幡宮の，春と秋の例祭に奉納される．かつては，豊岡地区と鼻高地区で盛んに作られていたが，少子化の影響もあって，現在この技を継承するのは1軒のみとなった．その希少性から「群馬県ふるさと伝統工芸品」にも指定されている．

全工程が手作業で大変な手間がかかるが，「元気な子に育ちますように」という想いを指先に込め，ひとつひとつに獅子の魂を注入していく．魔を追い払うほどの形相に，時には怯えて泣き出す子もいるが，「嬉しそうに獅子頭をかぶる子ども達を見るのが，何よりの楽しみ」と語る．職人歴60年．獅子頭に対する想いと技術は，4代目である長男の登志光さんへと伝承されている．こうして育まれた高崎の伝統は，新たな時代を担う子ども達の健やかな成長を，見守り続けることだろう．

（「商工たかさき」2012年2月号より転載，一部改変）

"気品と粋" 日本の伝統工芸を継承

藍田染工有限会社

武士の礼装である裃から発達したと言われる江戸小紋は極めて細かい模様が特徴的で，遠目から見ると無地のようにさえ見える．近年では，技術の進歩によって機械染めも増えてはいるが，その風合いや濃淡のバランスなど，熟練職人が手染めの伝統技法を駆使して染め上げた江戸小紋の気品には遠く及ばない．精巧に彫られた伊勢型紙を白生地の上に置き，防染用の糊をヘラで置いていく型付け作業は寸分の

狂いも許されない染めの最も重要な作業，染付け後は蒸しと洗いの作業を経て仕上げの染め直し作業が続く．

江戸小紋師・藍田愛郎（本名：田中愛郎）さんは，平成19年に日本伝統工芸展で新人賞を受賞，日本工芸会正会員として藍田染工(有)で日々制作に励んでいる．成人式に母が染めた江戸小紋の着物に感動したという愛郎さんは，大学卒業後22歳で弟子入りを決意．師匠である藍田正雄さんの卓越した技術を目の当たりにしながら，次世代の江戸小紋師として技術と文化，心意気を継承すべく，研鑽の日々を送っている．

「着物文化を知らない世代が増えていく中，日本の伝統美である"江戸小紋"を守り抜き，後世に伝えるのが私の役目です」と真剣な眼差しで語る．「自分が辞めれば，真の江戸小紋は途絶えてしまう」そんな重責を感じつつ，半生をかけて伝統を守り続けた親方の背中を追いかけ藍田の名を襲名し挫折と克服を繰り返し終わりなき職人道を粛々と歩み続ける．

（「商工たかさき」2015年1月号より転載，一部改変）

400年を超える地場産業　高崎の染物

株式会社清水捺染工場／有限会社丑丸染物店／有限会社中村染工場

慶長3年（1598年），井伊直政が箕輪から高崎城に移った際，染物職人も移住．その歴史は今も高崎市元紺屋町，中紺屋町の町名から偲ぶことができる．中山道を往来した旅人が高崎宿に入ると江戸と見紛ったという商都高崎．「お江戸見たけりゃ高崎田町，紺ののれんがひらひらと……」その繁栄の中心にあったのが染物産業だった．

高崎に染物業が発達したのは，地の利・水の利・素材の利の3本がそろっていたから．人，物，情報が行き交う高崎には，染料を洗い流せる豊富な烏川水系があった．さらに，上州は繭，生糸，絹織物の一大産地．全国から腕の良い職人が集まり一大染物産業へ発展．当時，伊勢白子の型紙商人が高崎を拠点に商圏を広げ，高崎はその型紙で木綿に藍を染めた．

清水捺染工場の清水英徳さんによると，文化年間（1804〜1818），高崎では絹が手機により製織され，安政3年（1856年），英国のウィリアム・パーキンが合成染料を発明後，捺染糊による捺染が始まった．

「京都に於いて染色の今日の如く盛ならざりし時代には，此の地を以て唯一とせり…」と高崎市史にあるが，明治34年には京より友禅染の職人が移り住み高崎捺染が開始．より繊細な表現ができる型紙の使用で高崎捺染は隆盛を極め，高崎は京都，江戸，加賀と並ぶ一大産地となった．

江戸末期創業，丑丸染物店の丑丸浩さんは6代目．祭りや鳶の半纏，暖簾などを染める印染めを行っている．かつて各職人による分業で行われていた染めだが，型作りから仕立てまで家族で全ての作業をする．半纏に染める江戸文字の図案は先代の常太郎さんが書いた7,000文字余りをコンピューターに入力．伝統とデジタルを融合させた．浩さんの藍は自ら育てた天然染料によるもので，江戸以前の本物の色を現代に蘇らせている．フリーハンドで模様を描くなどのアイデアで新たなファン層を獲得．「世界に通用する日本文化を伝えていきたい」と語る．

明治30年創業，中村染工場の4代目中村純也さんは「注染」と呼ばれる型染め技法によって昔ながらの手ぬぐいを染めている．染料を薬缶に入れ，生地の上に作った防染糊の土手の中に注ぎ込む注染．色合い，柄の輪郭のにじみや揺らぎはそのまま魅力になる．伝統的な和柄に加え，デザイナーによるポップな柄や奇抜な模様はランチョンマット，ワインボトルのラッピングやスカーフ，額装でアートにもなる等，手ぬぐいの可能性を広げている．1枚で幾通りにも使える手ぬぐいは，使い込むほどに愛着がわくものに．今や染物を受け継ぐ職人は，ほんの一握りである．それでも進化を遂げる高崎の染物は，頑なに，かつ柔軟に現代を生きる高崎の誇れるブランドである．

（「商工たかさき」2015年4月号より転載，一部改変）

椅子やソファを甦らせる技

伊藤椅子製作所

椅子張職人・伊藤一夫さんは，椅子やソファを張り替え，新品同様の座り心地に甦らせる椅子張職人．椅子の構造や用途，素材は千差万別で，布地の摩耗や穴，内部のウレタン類の劣化など，あらゆる症状に対応するには，技術と経験が必要だ．布地材の型どり，縫製，張り替えをひとつひとつ手仕事で丹念に行っている．

高校生の頃から父，文夫さんの手伝いをしながら技術を学んだ．複雑な形状の椅子でも「やり方が体にしみついていますから」と難なく作業をこなす．修理だけで

なく布地の色や素材を変えるリフォームにも対応する．子どもがソファの上で飛び跳ねたりするかなど，ライフスタイルによって張りの強さやウレタンの量を見極めるといった心配りも細やかだ．

　個人のお客様だけでなく，業務用で使用されるスポーツジムのトレーニングマシンのシート，バイクの座席の修理などにも，伊藤さんの技術が発揮される．ベストな座り心地をリーズナブルな価格で提供することがモットー．ボロボロの椅子をピカピカにし，お客様に驚かれることが嬉しい反面，一度リフォームすると末永く使えるのでリピート客にならないと苦笑する．

　　　　　　　　　　　（「商工高崎」2011 年 9 月号より転載，一部改変）

店舗用木製什器，オーダー家具製作

有限会社小田川木工所

　明治 26 年の創業以来，数々の木製家具を生み出してきた．商品ディスプレイ棚などのフルオーダーの店舗用什器の製作が大半を占め，加工から組立まで全工程が職人の"手作り"で進められている．製作物に応じて道具から作ってしまうこともあり，そうして作られた無数の道具が並ぶ様子を目にしただけでも，威厳と風格が伝わってくる．また，著名な建築家であるブルーノ・タウトからも製作を依頼されたこともあり，高崎の歴史を担う，老舗木工所として定評がある．

　熟練した職人を束ねるのは，工場長の岡田行男さん．家具職人として 60 年近く研鑽を積みあげ，誰もが認める一流の職人として慕われている．「どんなオーダーにも応えられるだけの技術を持っています．釘などの接合道具を使わない純粋な和家具も製作できる希少な職人の 1 人です」と小田川富夫社長は岡田さんの腕を評する．

　70 歳を超えた今でも現場で陣頭指揮を執る岡田さん，「木の種類や木目によって加工方法が変わるので木工は奥深いです．歳を重ねるごとに楽しさが増してきます」と照れ臭そうに話す．"生涯現役"の目標を掲げ，小田川社長との最強タッグで作品に挑む日々が続いている．

　　　　　　　　　　（「商工たかさき」2012 年 9 月号より転載，一部改変）

ソファの先進技術を開拓

株式会社馬場家具

　日本初のフットレスト連動型リクライニングソファを開発・製造した(株)馬場家具．リクライニング機能や音響体感機能など機能付きソファの先進技術を切り拓き，自社ブランド「インターリバックス」を周知させている．

　製造部設計課係長・丸岡実さんは入社25年目．開発部で新製品の試作を手掛ける，キャリア13年の頼れるリーダーとして活躍する．デザイナーが描いたソファのデザイン画から，必要となるパーツや素材を判断し，型紙を作成して試作品を作る．ウレタンの量や革の張り具合など微調整を重ねて仕上げ，展示会で評価を仰ぐ．「実際に座ってみてフィット感などを確かめないとわからないことも多いです」．快適な座り心地を実現するため，人の手による感覚的な要素があることから，熟練者の技術や勘がものをいう．また，生産効率や低コストを視野に入れた製品開発が基本で，試作の段階で製造工程のこともしっかり考慮する．量産化が認められると，国内外の工場に赴き技術指導を行うことも重要な役割で，製造現場での知識と経験がここでも発揮される．試行錯誤の末にできた製品が高評価を受けたときの喜びはひとしお．「他社に負けない高品質なものづくりにこだわりたい」とソファ作りへの情熱は人一倍だ．

（「商工たかさき」2014年4月号より転載，一部改変）

椅子の"救急医"

有限会社小栗製作所

　小栗製作所は創業50年以上のソファ・椅子の製造会社だ．全ての作業工程は熟練の職人が手作業で行っており，手際の良さに見とれてしまうほど見事．どんなに品質の良い椅子でも，長年使えば劣化し，不具合が出てしまう．何とか愛着のある椅子をより長く使ってもらいたいという思いから始めたのが，椅子のリフォームだった．自社，他社問わずどんなソファ・椅子の修理にも対応している．

　椅子職人・中根武男さんは入社して37年の大ベテラン．入社当初から椅子作り

の職人として先輩たちに鍛えられ，その腕を磨いてきた．仕事の正確さはもちろんのこと，その速さは誰にも負けないという自負があり，社長の小栗道男さんは全幅の信頼を寄せている．

修理はソファ生地の張替えやウレタンの交換が主な作業．生地の張替えは仕上がったときにしわが寄らないことがポイント．そのための生地の微妙な張り具合は，長年の経験からくる勘に頼らざるを得ない．「ソファ生地を張る時には神経をとがらせます」と話すほど繊細な作業だ．

熟練の技を駆使し，お客様にとって愛着のある椅子をよみがえらせている中根さん．「修理の終わった製品をお客様に引き渡す時，いつも感謝と感動の言葉をいただき，それが仕事の励みになっています」と，満面の笑みに自信があふれた．

（「商工たかさき」2015年3月号より転載，一部改変）

ヘルメットのトップブランドを支える 高品質ガラス繊維で勝負

安全基材株式会社

オートバイのグランプリ，自動車のF1など世界を舞台に繰り広げられるモータースポーツの現場で，レーサーたちが最も信頼し自分の命を託すヘルメットに，燦然と輝く「Arai」の文字．乗車用ヘルメットの国内トップブランド，アライのヘルメットの骨格である帽体を作っているのが，ガラス繊維・強化プラスチック製品の製造・加工を行っている安全基材だ．ヘルメットのほかにも，ガラス繊維の特質や軽くて丈夫という強化プラスチックの特性を生かした商品を製造し社の理念である「人の役に立つ」「世の中の役に立つ」仕事にまい進している．創業は1962年．新倉秀雄社長が義兄であり初代社長を務めた秋田昌氏とともに，防塵マスク，安全靴など主に作業現場で使用される労働安全保護具の販売を目的に創立した．新倉社長は「当時の社員はわずか3人．安全靴やガスマスクをスクーターに積んで，安中や渋川など県内各所の工場を回って売り歩いた」と創業当初を振り返る．「人の役に立つ」という社の理念は，労働者のための安全から始まった．

ヘルメット製造に乗り出したのは，アライヘルメットの前身である新井広武商店社長の新井氏との縁から．67年からヘルメット（乗用帽）の製造を本格的に始め，国内での二輪車人口の増加，その後のヘルメット着用義務化などが追い風となり，順調に業績を伸ばした．アライのヘルメットは国内のみならず，海外でもトップブ

ランドの1つに成長．安全基材が製造するガラス繊維で強化したFRP（強化プラスチック）製の帽体は，アライのヘルメットの心臓部となり，両社の強固なパートナーシップを築き上げた．新倉社長は「人との付き合いが会社を育ててくれる」と，人との絆の大切さを強調する．

　バイク愛好家からあこがれの的となっているアライのレーサーレプリカヘルメットは同社の榛東工場（榛東村）で帽体が作られ，いったんアライの工場に納められ検査を受けた後，剣崎町の本社工場で，美しい塗装が施される．アライの安全基準は最も厳しいとされる米国のスネル規格を上回るもので，安全基材の帽体はそうした基準に耐える強さを誇っている．

　市場で1個6〜7万円するアライの高級乗車用ヘルメットのほか，安全基材は創業当初からの労働安全のための工事帽ヘルメットの製造にも力を入れている．大手メーカーがひしめき，韓国や中国からの安価なヘルメットが押し寄せる厳しい競争の中，同社は工事用ヘルメット分野では，細かいニーズへの対応に活路を見出している．営業部門のない同社では，働く人のための大手チェーンストアとの提携により，中小企業からの数個単位の発注に対応し，企業のロゴやマークをヘルメットに入れるきめ細やかなサービスを確立．ヘルメットを被る働く人に，安全だけでなく「誇り」も供給している．ヘルメットでは消防士用，競輪選手用なども製造している．

　ヘルメット，労働安全のための防具とともに，安全基材の柱となっているのがガラス繊維の特性を生かした製品．中でも砥石の芯材は，工業用のみならずホームセンターなどで家庭用に販売されている砥石まで含め国内販売の60％のシェアを持つ．毎分5千回転ものスピードで回る砥石．骨格部分がしっかりしていないと，作業中に破損したりして大きな事故につながりかねない．安全基材の強固で高品質なガラス繊維の芯材は，市場から高い信頼を勝ち取っている．

　軽く丈夫という特性から様々な用途に用いられるガラス繊維だが，その丈夫さゆえに製造工程において生ずる端材の処理には頭を悩まされる．安全基材はそうしたガラス繊維の端材の処理に早くから取り組んだ．同社はヘルメットの帽体製造過程で排出される端材を，商品の1つであるプランターの部材に再利用．2000年の高崎市市政100周年記念事業として特注のプランターを受注し，シンフォニーロードに設置された．軽くて丈夫な上，デザイン性にも優れた同社のプランターは，ヘルメットや砥石の芯材など主力商品に隠れているものの，ロングランのヒット商品だ．

　押し寄せる中国製品に国内製造業の苦戦が続いている．新倉社長は「中国をはじめ海外の技術力は日本に追いついてくる．将来海外で製造できないものはなくなる

だろう」と考えている．そうした状況に国内の製造業の生き残りの道について「ヘルメットにしろ労働安全保護具にしろ，人の命に関わるもの．『売りっ放し』でなく『最後まで商品に責任を持つ』姿勢を貫かねば．結局は品質で勝負していくしかない」と強調する．

（「商工たかさき」2003年3月号より転載，一部改変）

アクリル加工が天職

株式会社正和

　工場長・佐藤渉さんは，「大勢の目にとまるので，自分が納得したものでないと安心できませんから」と，作業に神経を集中させる．坂間正和社長は佐藤さんを「アクリル加工に関して，抜きん出た技術力を持っているクラフトマン」だと言う．看板製造一筋で45年，独学でアクリル加工の技術を身につけた．「お客様に喜んでもらえる時が一番うれしいです」と満面の笑顔を浮かべる．丁寧で，まじめすぎる仕事ぶりは周囲もあきれるほどだ．

　坂間社長は，佐藤さんのクラフトマンシップを活かしたものづくりとして，看板や什器製作の分野に加え，デザイン性の高いアクリル製インテリア小物を品目に加えた．フォトフレーム，眼鏡ディスプレイなど，こだわりの技と独特の感性で仕上げた手作りの一点物は佐藤さんの真骨頂で，店舗インテリアとして商品の魅力をきわだたせる．アート性の高いアクリル工芸品といえる．「シンプルな工具が好きだ」という．NCマシンよりも正確だと思えるような切断を，電動ノコギリでやってみせる．「ちょっとずれるとイビツになりますから」とまた，満面の笑顔を浮かべる．佐藤さんの技を海外に紹介するのが坂間社長の夢だ．

（「商工たかさき」2011年7月号より転載，一部改変）

防犯・防災機器販売

有限会社 オフィス First

　平成15年に防犯用品を取り扱う会社を起業した一級技能士・田胡栄一さん．ガ

ラスを強化する防犯フィルムの取り扱いに合わせて，フィルム貼りの施工技術を一から学び始めた．全くの素人からスタートしたにもかかわらず，職人気質で勉強熱心な性格が幸いし，わずか10年でガラス用フィルム施工（建築フィルム作業）一級技能士の試験に1度の受験で合格するほどの腕前を習得．現在，建築用ガラスフィルム貼りの分野で依頼者からの信頼も厚い．商業施設やショールームなどの高さ5mにも及ぶ巨大な一枚ガラスに，ひとつの気泡やしわもなくフィルムを貼り付けるには卓越した技術が必要となる．工場などの建築現場では，ほこりやチリも多くフィルム貼りの環境としては厳しい場所での作業となる．湾曲した大型ガラスも1度に貼るには微妙なこて先への力加減も必要になり経験者ならではの技だ．大型施設や公共施設の施工は一級技能士でなければ施工できず，田胡さんの出番だ．高崎ではガラス張り専門に施工する業者はオフィスFirstだけ，専門の職人が少ないのが現状だ．加えて大震災以降は，節電対策としてガラス用断熱フィルムが注目され，田胡さんへの信頼と実績で県内はもとより県外からの受注もあり，業界のスペシャリストとして多忙な日々が続いている．

（「商工たかさき」2013年2月号より転載，一部改変）

鉄のプロとして地球規模の貢献をめざす

―― 石井商事株式会社 ――

　昭和18年に東京都葛飾区で創業した石井商事は，製鋼原料の仕入れ・販売業として創業した．そして，金属の再資源化と，取り除いた後の不要物の有効利用に取り組んできた．昭和37年に高崎営業所を，46年に高崎工場を開設し，埼玉の八潮工場とともに精製・加工の拠点となった．平成7年に開発・製造した鉄粉を利用した住宅建材・高性能制振遮音材『すーぱー静香』の販売も始めた．『すーぱー静香』は，現在国内シェア80％を占めている．

　平成13年に高崎の営業・生産拠点が分社化され，石井敏明氏が代表取締役に就任した．高崎の仕事を取り仕切っていた父親の仕事にあこがれ，幼い頃から「鉄」に親しんできた石井社長は，「鉄」の可能性を広げ，社員たちも仕事に誇りを持てるようにと，新たな事業を模索した．翌14年群馬工業高等専門学校との産学連携により金属リサイクルに関する共同研究を開始したことから大きな転機を迎え，水質浄化やリン除去など，国内や海外数カ国で特許を取得するに至った．

平成16年自然にやさしい炭素繊維と鉄材を使って河川や湖沼を浄化する仕組みを開発，薬剤を使わない世界初の試みに成功した．水中のリンが増加することでアオコが大量発生し，酸素不足から生態系の破壊を招くが，リンを鉄イオンと結合させ無害なリン酸鉄にすることで，環境へ負荷をかけることなく除去できる．環境水だけでなく産業排水にも有効だ．特許取得まで約4年を要し，水質浄化材『すーぱーぴーとる』が誕生した．さらに，佐渡ケ島の加茂湖での水質浄化実験から，鉄板を入れた炭素繊維には，牡蠣や魚が着卵しやすく，しかも生育のスピードが速く大きく育つことが判明した．これが海水に適応する商品『ミスタースチールカーボン』の開発につながり，東日本大震災でダメージを受けた岩手県山田町の牡蠣養殖復興の大きな力として，科学技術振興機構（JST）の復興促進プログラムに採択された．石井社長は，自社の技術や商品の普及で，地球規模の貢献が実現できることに大きな手応えと誇りを感じている．夢は「地球温暖化をくいとめる」こと．

(「商工たかさき」2013年3月号より転載)

県内唯一の銃ケース製造所

有限会社岡村鞄製作所

　岡村鞄製作所では手作りの銃ケースや装弾を入れるバッグを製造している．あまり知られていないが，国内で革・布製の銃ケースを製造している数少ない事業所だ．手がけるのは2代目の代表である岡村実さん．自身もクレー射撃を嗜み，指導員5段で，自他ともに認める腕前の持ち主．自社製品を使って競技に赴くので，必要と思う機能や改善点を使用者目線として体感していることから，取引先からの信頼は特に厚いものがある．
　昭和5年の創業当時からある足踏みミシンは，今も現役で活躍中．足でペダルを踏み，体のバランスを取りながらまっすぐに縫うのは熟練の業だが，電動ミシンと違い，縫製のスピードを自分の感覚で調節でき，針を狙った位置でピタッと止めることができるので，使いこなせれば抜群の使い勝手だという．鞄の修理やリメイクも手掛けるが，その丁寧な仕上がり，技術力が口コミで広がり，注文が後を絶たない．「愛着のあるバッグを長く使いたいというお客様が多いので有難いです」と鞄職人・岡村実氏は話す．
　4年前から実さんの娘である恵美子さんが入社したことにより，女性ならではの

目線を生かし，がま口やアクセサリー小物などの製造も始め，製品の幅が広がった．「今ある技術を受け継ぎながら，オリジナル製品の製造・販売を強化していきたいです」と今後を見据えた事業の展開をスタートしている．

（「商工たかさき」2015 年 8 月号より転載，一部改変）

温もりあふれるオリジナルの革製品

雨ザラシ工房

　革職人・小野里健一さんが革製品の魅力に出会ったのは高校生の時．店頭で見つけたヌメ革の鞄にひと目惚れし，バイト代や小遣いをコツコツと貯め，手に入れた．ヌメ革とは，タンニンなめしを施しただけの，染色・塗装がされていない革で，革そのものの風合い，味わいが魅力だ．その後，21 歳の時，縁あって革製品の店に勤めることになり，以来 18 年間，オーダーメイドや修理を手掛ける革職人として腕を磨いてきた．

　今年 5 月に独立．念願の店舗には，小野里さんオリジナルの鞄やバッグ，財布，ブックカバー，椅子などが並ぶ．扱う革は，伝統工法息づく栃木レザーを主としたヌメ革で，長く使っても飽きのこない，シンプルだが考え抜かれたデザインが持ち味だ．この日手掛けていたウェストポーチは，「たばこや携帯用に」という男性からのオーダーで，赤い革の縁をブルーの麻糸で仕上げる個性的な一品．ミシンではなく一針一針手縫いで仕上げることで，手作りならではの温かみが宿る．代表作，通称「くりがま」は，ころんとした形が栗そのものの"がま口"で，試作中，偶然生まれたという商品．出展したクラフトフェアでは，アクセサリー感覚で首から下げられると，特に人気が高い．

（「商工たかさき」2016 年 10 月号より転載，一部改変）

深絞りから生まれたボールペン

株式会社島田製作所

　60 年にわたりボールペンや万年筆，シャープペンなど筆記具の製造を手がけて

いる島田製作所．輪島塗の老舗「輪島屋善仁」とのコラボで作製したボールペンは，伝統工芸と現代技術の融合が魅力．同社のパーツに本漆を塗り蒔絵という技法で細かい絵柄を施している．退職記念や外国人へのプレゼント等に好評という．

「ステンレス製2色ボールペン」は，外装全てに様々なステンレス材と加工技術が取り入れられている．サビにくいとされるステンレス製は，衛生管理の厳しい食品メーカーからの依頼がきっかけで手掛けるようになった．珍しいステンレス製はマニアにも人気だ．

ボディにシルバー（92.5％）を使用した「スターリングシルバー」．比較的難易度の高い金や銀素材の加工は，同社の得意技術である深絞りプレス加工によって，0.8mmの平板から形状化される．

15年前から職人の経験や技術なしには実現できない多品種少量生産に転換し，人材育成や社員の若返りに熱心に取組んできた成果が同社の存在を際立たせる．自社ブランドは，手作り感，高級感にこだわり，顧客先と競合しないよう差別化している．異業種との出会いによって生まれた新たな着想を元に嶋田幸久社長が楽しみながら手がけている．

（「商工たかさき」2015年4月号より転載，一部改変）

全国屈指のブロックメモメーカー

リード工業株式会社

イラストや写真，社名やロゴマークが側面に印刷されたキューブ型．晴れ着女性やペットの写真が印刷された直方体型．「一体どうなってるの？」と思わず興味を引かれる，ねじれた状態がオブジェのようなタワー型．ショーウィンドーに飾られたカラフルな積木のようなものは，リード工業（代表取締役：大塚伸一氏）製造の"ブロックメモ"．同社は，一側面が糊づけされ紙が1枚ずつサッとはがせるメモ帳の全国屈指のメーカーだ．大手金融機関や保険会社をはじめとする企業のノベルティーから，結婚式や成人式など記念日を演出する個人向けグッズとして，小ロット生産にも応じている．

メモ用紙を1枚だけつかんで持ち上げても，本体から離れてしまうことはない．机に置いて横からはがせば簡単に1枚はがれる．この優れた機能は，独自の接着剤と塗布技術により実現したもの．紙質や気温・湿度によって数種類の接着剤の配合

を微妙に変えるなど，5年をかけて接着剤の開発とノウハウの蓄積に取り組んできた．「炎天下に何日も放置したり，2階から放り投げたり，耐久テストを繰り返しました」と大塚社長は当時を振り返る．

さらに，厚物断裁は難しい中，独自の技術で比類のない厚さ24センチの断裁を可能にし，ねじっても割れないオブジェのような"タワーブロックメモ"を実現した．また，ブロックメモの側面に印刷する技術も独自で開発した．

同社は，昭和55年に東京都北区で製本業を創業し，伝票やメモ帳などを受注生産していた．そして昭和61年に，高速道路の整備やインターネット時代の到来を視野に，大塚社長の母の出身地・下仁田町に近い上信越自動車道・吉井インター付近に移転．日本一の"メモ屋"として業界をリードしたいという思いを込めて社名を「リード工業」に改称した．

「他社に真似されるような品物でないと，ニーズを掘り起こせません．あえて技術は教えませんが，模倣は大いに結構．当社の商品への愛着や工夫，努力はどこにも負けないと自負していますから」．手がけた"ブロックメモ"を眺めながら，「1枚1枚はがしていくと，側面の印刷物が欠けてしまうので使えないという人もいます．使えないメモ帳というのもなかなか面白いでしょう」と笑う．「遊び心」をキーワードにした商品開発で，"メモ帳の枠を超えるメモ帳"の創造と，新市場の開拓に挑む．

（「商工たかさき」2011年5月号より転載，一部改変）

手彫りにこだわり印を刻む

有限会社大友印舗

大友印舗は，明治期から続く印鑑の専門店である．3代目の一級技能士・大友孝男さんは「"眼"が衰えない限り，現役にこだわりたい」と，72歳を迎えた今でも店頭に立つ．字入れから仕上げまでの全工程を手作業で行う．巻き竹と呼ばれる道具に印材を挟み，球状の形をした棒台に手で固定しながら大小の小刀を自在に操り，一文字ずつ彫り進めていく．

親指をテコの支点にして刃先を操るため，指には極度の重圧が掛かる．しかし，キャリア60年の指は立派な職人ダコで覆われており，既に痛さは感じないという．ごく僅かなベテラン職人にしか扱えない熟練した技法といえる．丁寧な作業を経て

完成した手彫りの印鑑は，量産品と比べて強度に優れ，印影が美しいと言われている．また，模倣が困難なため，防犯性が高いという特徴もある．

「印鑑は結婚や出産など，人生の節目で使っていただく大切なもの．だからこそ，誇りと責任を感じながら"信頼できる最高の1本"を提供するために，作業に臨んでいます」と語る．そして，手彫りにこだわる父親の技術は，現在4代目の正敏さんに承継されている．

（「商工たかさき」2012年5月号より転載，一部改変）

「究極の枕」を製作
株式会社プレジール

「眠り製作所」のブランドで，安眠枕を販売するプレジールは，登坂好正社長が理想とする新製品開発をめざし，ものづくり補助金に応募した．登坂社長は「計画書づくりは大変だったが，開発しようと考えていた新製品をかたちにできる」と採択された喜びを語っている．プレジールの安眠枕「エアサポートピロー」は，ポンプでエアバッグを膨らまし，自分にぴったりの高さに調整できる．スポーツ選手や芸能人にも愛好者がおり，購入者からは「やっとぐっすり眠れる枕に出会えた」という喜びの声が数多く寄せられているそうだ．

安眠枕は一見，簡単そうな構造だが，登坂社長のノウハウが凝縮された労作だ．この枕に取り組み始めたのは8年前．寝具販売を通じてオリジナル商品の開発を思い立った．空気が抜けない，という仕組み1つをとっても，素材やパーツなど耐久性を試しながら試行錯誤の末にたどり着いた結果だ．「テストのため，事務所いっぱいにエアバッグがあふれた時もあった」と，今でこそ笑って話してもらえるが，苦労の連続だったという．眠りへの関心が高まり，枕の重要性が認識されるにつれ，売り上げが伸びた．U字型の抱かれ枕「アーチピローシリーズ」を発売したのは5年前で，こちらも好調となっている．この製品は大手コンビニエンスストアのキャンペーン賞品にも選ばれ，同社製品の知名度の高さを示している．

寝具売場には，布団や枕がズラッと並んでいる．その中から，価格1万円の同社製品を選んでもらうには何が必要か．登坂社長は，機能だけではなく，デザインやカラーバリエーションなど付加価値を高める工夫を重ね，お客様により満足してもらえるよう努力を重ねた．

新製品の詳細は企業秘密となっているが，安眠枕の進化形といえる．昨年から準備を進めてきたが，本格的に開発に乗り出そうとした矢先に，ものづくり補助金を知った．採択を受け，現在試作に入っており仕様の細部まで登坂社長のこだわりが盛り込まれている．今後は，産学連携で開発に取り組んでいく計画だという．

登坂社長は，今後，安眠に関する臨床調査なども開発過程に取り込んでいきたいと考えている．枕や睡眠に関する様々なデータを元に，「究極の枕」を製作していく予定で，今回の新製品はそのスタートライン．安眠できずに悩み，さまざまな枕を試している人はたくさんいる．「プレジールの枕を使えば，もう枕を探す必要はない」，そんな思いを込めて「枕選びにピリオド」をお客様に提案している．登坂社長が求める究極の枕が誕生するのも夢ではないかもしれない．

（「商工たかさき」2013 年 8 月号より転載）

デンタルインプラントメーカー

京王歯研

インプラントとは体内に埋め込まれる器具の総称で，最も馴染みの深いものが歯に関するデンタルインプラントではないか．この分野では欧米が日本よりかなり進んでおり，3D データを用いた高精度な機械加工が普及している．そのため，日本は欧米と比べ 10 年遅れているともいわれている．その"遅れ"の要因の 1 つが，「インプラントメーカー間におけるデータの非互換性」だ．日本では，患者それぞれの口腔データが他メーカーでは扱えない独自のデータで管理されているため，メーカーと歯科医療機関との専属性が必然的に強まる．インプラントは患者一人ひとりの口腔にあわせた型を作り，それを 3D のスキャナで読み取り加工する．この専用スキャナで読み取ったデータがメーカーごとに独自形式であることが国内市場の遅れにつながっている．

一方，欧米ではこの 3D スキャナで読み取ったデータを他メーカーへ持ち出すことができるため，市場が活発になり技術が進むことに繋がっている．「国内でもあと数年から 5 年ほどでこの流れが進み，ガラッと変わるだろう」と関代表は見ている．

こうした先進国の流れをいち早くつかみ動き出した．昨年新しく導入された NC 制御工作機械など，まるで自動車部品工場のような大型設備を整え，さらには各イ

ンプラントメーカーのデータを扱えるように，様々な講習会などにも積極的に参加し，最先端の技術と知識を習得した．メーカー各社の仕様にあわせて多くのパーツをミクロン単位で扱わなければならず，技術や知識だけではなく経験も必要となる．また，国内では珍しいチタン，ジルコニア，セラミックなどの高精度加工のノウハウも持っている．主だったインプラントメーカーだけでも十数社あり，全てのメーカーに対応できる歯科技工所は国内にはほとんどない．パーツ製造技術やレーザー溶着技術など高精度加工の実績があることが，新しい市場を開拓していく際の大きな武器となる．

　現在は数社だが将来的には主要インプラントメーカーに全て対応するように，今も研究開発を進めている．「全てのメーカーに対応できれば，メーカーの違いにより治療に困る患者がいなくなります．全ての患者にワンストップで技術提供できることが最終的な夢です」と話す．

（「商工たかさき」2011 年 9 月号より転載，一部改変）

高崎で最後の玩具職人

林製玩所

　昔ながらの電動ろくろを使って，木材が球状に削り出される．木に命が吹き込まれる瞬間である．刃先の角度にまでこだわった独自の刃物を使い，滑らかな曲線が生み出され"けん玉"や"コマ"へと姿を変える．高崎で最後の玩具職人とも呼ばれる林さん．精魂込めて作り上げたけん玉は，成田空港や浅草など様々な観光地のみやげ物店で扱われ，日本を代表する民芸品として人気を集めている．

　創業者である父親の後を継ぎ，職人歴 50 年．「けん玉もコマも重心が命．そこには最も気を遣う」．瞬時に木の重心を見極め，ろくろに設置し削り込む技術はもはや『匠』の領域と言える．林則明さんが手掛けたけん玉は完成度が高く，日本けん玉協会認定の競技用けん玉の原型となったほどだ．「ゲーム機にはない面白さが，きっと伝わるはず」という想いで，加工から色付けまでの全工程を妻の日出乃さんと二人三脚でやってきた．「1 人で続けるには難しい仕事．夫婦で頑張れるうちは続けていきたい」と話す．地元の小学校にも働きかけ，現代っ子が知らない文化を伝え続けている．子供が初めてけん玉に触れた時の笑顔，それが何よりも嬉しい．

（「商工たかさき」2011 年 10 月号より転載，一部改変）

国内数社のカラーボール製造

群馬レジン株式会社

　群馬レジンでは1978年の設立から玩具のカラーボールを製造している．国内で流通する製品の約9割は中国などの海外製で，国内で製造を続けるのは数社程度．カラーボールは塩ビの樹脂と可塑剤（量が多いと柔らかく，少ないと硬くなる）を配合した原料を型に流し込み，垂直・水平方向の2軸で回りながら熱を加え，回転成型で製造する．製品の大きさや形により垂直・水平の回転比率を調整し厚さを均一にする必要があり，長年培ってきた経験と技術が重要となる．

　付加価値を高め，他社との差別化を図るために開発したのが『光触媒抗菌カラーボール』．きっかけはお客様からの「子どもが遊ぶのに安心・安全なカラーボールを探している」という声．そこで，群馬産業技術センターとの共同研究を通じて光触媒となる酸化チタンを原料に練り込む技術を確立した．酸化チタンは原料よりも比重が大きく，回転成型中に表面に出てくるので，抗菌性能を最大限に発揮することができた．また，これらの研究成果についても県と共同で特許も出願した．「回転成型と酸化チタンの相性が良かった」と代表の豊田宏さんは表情をほころばす．

　他にも，顔にぶつかっても痛くない超軟性のボール"ふうせんボール"や野球ベース，マネキンなど技術力を生かした製品を手掛けている．「カラーボールを主力として，様々な分野に挑戦したい」と多分野への活躍に意気込む．

（「商工たかさき」2015年11月号より転載）

夜空に咲く花のアーティスト

有限会社菊屋小幡花火店

　有限会社菊屋小幡花火店は明治5年に創業された県内でも希少な打揚花火店．全国各地の花火競技大会では数々の賞を受賞し，業界内でも屈指の技術力と独特の花火感を持つといわれている．"四重芯"という五重の輪になる花火を日本で初めて開発したパイオニアでもある．5代目の花火師・小幡知明さんは先代である父・清英さんの後を継ぎ6年になる．17年前，20歳の時から家業に携わり，先代から手

ほどきを受け製造に打ち込んだ．

　花火はまず色を出すための"星"と割るための"割粉"と呼ばれる火薬を製造し，それらを紙製の玉皮に詰め込む．その後クラフト紙を貼り，乾燥させる作業を繰り返して作られる．実際に打ち揚げないと結果がわからず，製造には今までの経験，技術力，想像力が非常に重要だ．「自分の思い描いた通りの形にするのがとても難しい．テストを繰り返し，理想に近づけていきます」．自身でも打ち揚がる姿を楽しみにしており，製品の卸はせず，製造から打ち揚げまでを一貫して行っている．

　年間約30会場の花火を手掛ける中で，『モノクロームの華』という自分らしい作品ができた．「夜空をバックに，味わい深い色彩で，色褪せることのない世界を表現しています」と言う趣深い花火だ．「花火大会での歓声が力の源．自分の納得のいく花火で，観客の皆様に感動してもらいたい」と研究・改良を重ねより良い花火を追求し続けている．

　　　　　　　　　　（「商工たかさき」2015年6月号より転載，一部改変）

キャラクター人形・FRP製品の企画，設計，造形，製造，販売

株式会社ファインモールド

　FRP（繊維強化プラスチック）は軽量で強度が高く，車のエアロパーツから屋外に置くキャラクター人形まで幅広い用途に使われる．同社は，FRPを用いて，装飾に使う造形物や工業用製品の制作を専門とする高崎唯一の会社．以前大型テーマパークにおいて造形物の制作，取り付けを手がけた．ビジネス誘致キャンペーンのために昨年同社で制作した高さ約5mの高崎白衣大観音は市役所に展示され，話題を呼んだ．

　入社2年目の富澤圭太さんは，前職では車の部品成形をしていた．「キャラクター人形は作る私たちも見るお客様も楽しめる」と人形制作に力を入れたい茂木正喜社長の意向で，時間を見つけて"ぐんまちゃん"を題材に制作に取り組み，技術向上に努めている．「手先も器用で，飲み込みが早い」と社長は期待のまなざしを向ける．成形から塗装まですべて手作業．絵やイラストを基にして発泡スチロールなどで立体的に成形し，その表面にガラス繊維を貼り，樹脂で固めて作られる．樹脂を固める化学薬品は気温や湿度により加える量を変えるが，その見極めは自身の経験が鍵となる．量が違うとひび割れや固形化しない原因となるため，「化学薬品を

使用するので気を使います」と話す．始めは慣れない作業に試行錯誤したが，徐々にコツがつかめてきた．「お客様に楽しんでもらえるものを作っていきたい」という意気込みを持ち，日々鍛錬を積み重ねている．

（「商工たかさき」2014 年 7 月号より転載，一部改変）

童話の世界へ　手作り雑貨

Art & Zakka coppa-house／有限会社デザインジム空想図鑑

　童話の中に登場しそうな看板や外観に期待を膨らませて扉を開けると，素材への愛情と遊び心がたっぷり感じられる雑貨たちが，壁一面にびっしりと並ぶ．木っ端の小さな家アート「coppa-house」（コッパハウス）の他，雑誌などのリユースペーパーを折って作る紙袋，同じ紙でコラージュしたマグネットやボトル，木製や布製のバッジなどなど，暮らしの片隅に置いておくと，心に小さな明かりを灯してくれそうだ．

　「最初から作りたいものがあるというのではなく，放っておいたら不要になってしまうような素材との出会いからアイデアが浮かび，手先を動かし思うままに作りたいものを作ります」と話す制作者の立川潔さん．雑貨を見た人から，グラフィックデザインの依頼などもあり，期せずして新たな仕事につながっているという．本業は，グラフィックデザイナーで，かつては仕事のかたわら版画などの個展も開いてきた．

　使い込まれたカッターマットには，立川さんのイラストやデザインが描かれた様々なマスキングテープが貼られ，それを小さく切り取ってコラージュ用に使う．「コンピュータ化で失われましたが，かつて印刷物の制作過程には，活字などを切り貼りして版下という台紙を作る作業がありました」と，手作業を懐かしむ立川さんにとって，雑貨作りは，スピード化や量産化，さらには使い捨てに対するささやかな抵抗のようにも見える．

（「商工たかさき」2015 年 2 月号より転載，一部改変）

色彩豊かな光で空間を彩る

有限会社里見電気製作所／榛名山麓あかり工房里見

　里見電気製作所の作るステンドグラスランプから放たれる光は，色彩豊かで空間をやさしく彩る．ティファニーランプのような複雑なものから，シンプルなデザインのものまで幅広い製品がそろっている．ステンドグラスは，ガラス片に銅テープを巻き付け，はんだで接合して仕上げていく．「長年電気部品の製造に取り組んできましたが，培ってきた技術を生かして，自社製品を作りたいと考えました」というのが，ステンドグラスに取り組んだきっかけだ．

　中心となったのは，清水久裕社長の奥さんである初江さん．女性ならではの感性を発揮できるステンドグラスの世界に魅了され，教室に通いながら，新事業部『榛名山麓あかり工房里見』を立ち上げた．自らデザイン画を描き，多様な色や模様が混ざるガラスをカットし，光を通してできる色をイメージしながら様々なガラスを組み合わせる．試行錯誤しながらイメージ以上のものができたときの喜びは格別だ．「お客様の声を直接聞くことができ，やりがいにつながっています」と直接販売の醍醐味もかみしめている．

　ステンドグラスの製造を始めて，はや9年．徐々に認知度が上がり，グッドデザインぐんまを5回受賞，新聞や建築雑誌に取り上げられるなど，高評価を得ている．作家さんとのコラボや建築業界でも取り扱ってもらえるようになった．「住空間を彩るアイテムとして，多くの方に手にとって欲しいです」と話す．

（「商工たかさき」2015年7月号より転載，一部改変）

鉄を自在にあやつり，実用品からエクステリアまで

十文字工房

　風を映し出したようなモチーフが軽やかなアーチ．鉄板を一打一打金槌で叩いたフライパンや鍋．鉄職人・鈴木浩さんが作りだすエクステリアや鍛造による日用品はどれも「一期一会で完成した世界にひとつの作品」ばかりだ．

　鈴木氏は，武蔵野美術大学で油絵を学び，卒業後，長野の鉄製品のアトリエで働

き始め，鉄の世界に入った．「汗をかく肉体労働は清々しく，すぐに虜になった」．見習いとして師匠の作品のバリ取りや穴開けなどをこなし，仕事が終わるとベンチやランプなどを自由に作った．1年がかりで完成させたという手すり付きの椅子は，試行錯誤した痕跡が初々しくも誇らしく，工房に鎮座する．2年後に独立し，平成13年に地元高崎に工房を構えた．横浜の造園業者の発注を受け，外構で扱う鉄製品を主力商品とする．群馬では四万温泉を舞台に開催される「温泉郷クラフトシアター」（今月16日から開催）などでワークショップや展示会を行う．鈴木さんのフライパンは，表面に凹凸（槌目）があるため表面積が大きく，余熱効果があり冷めにくく焦げ付きにくい．油焼きをしてあるので手入れも簡単，IHクッキングヒーターでの使用も可能．握りやすい手作りの持ち手に愛着がわく逸品だ．

「鉄をベースに銅，錫，真鍮などあらゆる金属の工芸を深めたい」と，漆塗り職人とのコラボで作ったぐい飲みは赤と黒に輝く．金属に新たな可能性を吹き込む作品には，鈴木さんの新境地が表れている．

（「商工たかさき」2016年7月号より転載，一部改変）

理想の音を追求し続ける

長松管楽器研究所

　東京芸大卒業後，群馬交響楽団でクラリネット奏者を務めていた長松正明さんは，理想の"音"を出すためにマウスピースの重要性に注目していた．しかし，「既製品では自分の理想に及ばない」と限界を感じ，マウスピースの自作を始めた．群響退団後は，多くの時間と労力を費やし，最良のマウスピースの開発に試行錯誤を繰り返した．リード締め具の意匠登録もした．長年の研究に対して，平成22年には"日本管打・吹奏楽アカデミー賞"の表彰を受けた．

　クラリネットは，マウスピースにリードと呼ばれる振動体を取り付け，息を吹き込んだ際の振動で音を出す仕組み．「リードの弾力性をうまく引き出すことがいいマウスピースの条件」という長松さんは，リードが振動しやすいよう，手作業で微妙な調整を加えていく．40年に及ぶ研究から割り出した独自の形状に加工し，丹念にヤスリで磨き上げることで，音色に弊害となる凹凸を除去していく．使うのは自身が考案したヤスリだ．

　こうして生み出されたマウスピースは繊細な音の表現に優れ，奏者の理想の音に

近く，世界的奏者からも高い評価を得ている．「私にはこれしか出来ませんから」と71歳の長松さんは謙遜するが，"理想の音"にかける熱意と探究心は尽きることがない．今，リードの国産化を目指して原料の"暖竹"の栽培に取り組んでいる．

（「商工たかさき」2012年6月号より転載，一部改変）

一流剣道家も認める剣道具製造

西山剣道具店

　剣道防具職人・西山啓市さん，一針一針に力が入る．日本の武道，剣道を支えてきた防具の伝統が凝縮されている．採寸して仕立てるオーダーメイドの防具で「年間で3組ほどしかつくれません」と西山啓市さんはいう．海外の量産品が流通し，国内の職人が減る中で，西山さんのように面，甲手（小手），胴，垂れの防具一式をつくれる職人は日本でも数人しかいない．防具を構成する部品や材料は数多く，西山さんの目にかなった最高のものを使う．特に"縫う"工程は手間がかかり，量産のミシン縫いに対して「手刺し」と呼ばれる．西山さんの防具は，手刺しの中でもハイエンドに入り，細部にわたって技術の粋を込めている．

　量産品との違いを言葉で表現するのは難しいが，一流の剣道家に愛される道具だ．全国的に高い評価を受け，全日本剣道選手権の優勝者に，西山さんの甲手が副賞として贈られる．西山さんは，明治，大正期の防具を自ら研究し，先人の知恵を吸収した．「使いやすく機能的でデザインも優れていることが理想です」という．防具は飾り物ではない．激しい打ち合いの中で真価が問われる．「10年で壊れると，早く壊れてしまった」と言われる．

（「商工たかさき」2011年8月号より転載，一部改変）

繊細な動きを伝えるゴルフパターづくり

有限会社田胡製作所

　(有)田胡製作所は主に各種機械部品の切削加工を手掛け，多品種少量の製品づくりで3万点を超える加工実績を持つ．その技術を活かし，今年から新たに「TA5

（ティーエーファイブ）」というブランドでオーダーメイドのゴルフパターの製作を始めた．工場長の塩士浩二さんは田胡康弘社長と二人三脚で会社を支えて24年のベテラン．社長は営業に注力し，塩士さんが現場を指揮する．「多様な加工経験を積み，技術力・応用力とも申し分ない．安心して現場を任せられる」と社長の信頼も絶大だ．

同社が製作するパターの素材は，船舶のスクリューなどに用いられるアルミ青銅．耐食性があり他の金属に比べ低反発なことから優れた打感が得られる反面，硬く切削が困難な素材で，パターに使われることは今までなかった．それでもアルミ青銅を選択したのは，仲間である鋳造業者の協力や，あらゆる金属加工を施してきた塩士さんの腕があったからだ．

「切削難度そのものは問題ありません．大変なのはプレーヤーごとに異なる感覚に合わせること．重さやバランスの調節に苦労します」と，顧客好みにするための作業が続き，繊細な動きを伝えるパターが完成する．「新製品づくりで新たなノウハウを得た．今後も改良を進め，手に馴染むものを作りたい」と語るように，こだわりのあるゴルファーに至極の1本を提供していく．

（「商工たかさき」2014年6月号より転載，一部改変）

海なし県でサーフィン用ウェットスーツを作る

有限会社太洋防水布加工所

オーダー表のサイズ通りに型紙を起こし，ラバーとジャージが層になった伸縮性や保温性に優れた防水布を型紙に合わせて裁断する．断面に接着剤を塗ってフラットにつなぎ合わせ，立体的なボディーラインを形づくる．接続部分に補強のための縫製を施し，その上に接着テープを張って仕上げる．こうした一連の行程は全て手作業で行われる．

家族3人でサーフィン用ウェットスーツの受注生産を行っている太洋防水布加工所（代表取締役：相楽茂氏）．昭和30年代前半に，それまでゴム製品メーカーに勤務していた先代が，救命用やレジャー用のゴムボートの製造を手がける事業所として創業した．かつて足利市や館林市，本庄市などには大手のゴム製品メーカーがあり，周辺には同社のような下請け工場が点在したという．しかし，生産拠点を海外移転するメーカーが増えると，その数は減少した．ダイバースーツも手がけていた

ことから，サーフィン用ウェットスーツの有名ブランド『QUIVER』の専属工場として20年の歴史を紡いできた．「心まちにするサーファーに満足の1着を届けたい」．その心を大切に，フルオーダーメイドで1日平均5着を仕上げている．

（「商工たかさき」2014年9月号より転載，一部改変）

あとがき

　本書は，旧産業研究所の最終研究プロジェクト「現代の地方都市における製造業の存立基盤に関する研究」(2014 年度〜2016 年度，プロジェクトリーダー・西野寿章) の研究報告書である．本研究プロジェクトの企画は，2014 年度から 5 年間，高崎市立高崎経済大学附属高等学校が文部科学省のスーパーグローバルハイスクールに指定されたことがきっかけとなっている．同校は，1924 (大正 13) 年に設立された高崎実践女学校まで遡る高崎市立女子高等学校を母体として，1994 (平成 6) 年に設立された．高崎経済大学と附属高等学校の連携が具体化し始めたのは，2008 (平成 20) 年のことであった．本学の教員が附属高等学校に出向いて，小論文の書き方講座や小論文コンテスト，ディベート講座や校内ディベート対抗戦が実施されるようになった (高崎経済大学産業研究所編『高大連携と能力形成』日本経済評論社，2013 年参照)．附属高等学校のスーパーグローバルハイスクール事業は，こうした本学との連携がベースとなっている．

　文部科学省の説明によると，スーパーグローバルハイスクール構想とは，「高等学校等におけるグローバル・リーダー育成に資する教育を通して，生徒の社会課題に対する関心と深い教養，コミュニケーション能力，問題解決力等の国際的素養を身に付け，もって，将来，国際的に活躍できるグローバル・リーダーの育成を図ること」を目的とし，「スーパーグローバルハイスクールの高等学校等は，目指すべきグローバル人物像を設定し，国際化を進める国内外の大学を中心に，企業，国際機関等と連携を図り，グローバルな社会課題，ビジネス課題をテーマに横断的・総合的な学習，探究的な学習を行」うとされ，「学習活動において，課題研究のテーマに関する国内外のフィールドワークを実施し，高校生自身の目で見聞を広げ，挑戦することが求

められ」るとしている．そして，「指定されている学校の目指すべき人物像や具体的な課題の設定，学習内容は，地域や学校の特性を生かしたもの」となっている．

　附属高等学校のスーパーグローバルハイスクール構想は，同事業の開始年である 2014（平成 26）年度に採択された．2014 年度は，全国 4,900 校余りの高等学校の中から 56 校が採択され，スーパーグローバルハイスクールの推進を担当してきた本学経済学部の矢野修一教授（本書第 10 章担当）の言葉を借りれば，「甲子園に匹敵するぐらい重みがある」事業が高崎市で展開されることになった．附属高等学校のスーパーグローバルハイスクール構想は，海外に拠点を置く高崎市内の企業との新たな連携により「日本企業の海外戦略」を課題研究として設定し，高校生は，高崎市内で創業して躍動している製造業の協力企業 4 社（キンセイ産業（本書第 6 章），サイトウティーエム（本書第 10 章），秋葉ダイカスト工業所，昭和電気鋳鋼）の社長から企業経営の講話を聞き，各企業の製造現場，海外拠点での学習を重ねている．机上だけではなく，協力企業の国内外の現場における学習は，高校生が製造業への関心を高め，グローバルに対応できる人材となるように育てていただいている．

　矢野教授から，こうした高大連携の話を聞く中で，高崎市内の製造業の実態はどのようになっているのかを研究する必要性を痛感した．これまで産業研究所時代を通じ，高崎市内の製造業の現場をふまえてまとめたことがないことから，本研究の立ち上げを考え，本書に執筆した教員の参加を得た．調査研究では，まず，群馬県製造業の実態をつかむところから始まった．群馬県内の全ての商工会議所へ出向いて，企業アンケート実施の協力をお願いし，259 社から回答を得た（本書第 2 章参照）．群馬県と高崎市の製造業の動向を分析し，また，高崎市内の企業を訪問して現状や経営戦略についてお聞きした．しかし，多くの企業を網羅することは難しく，高崎商工会議所の承諾を得て，高崎商工会議所の月刊誌「商工たかさき」から，2000 年以降に発行された同誌に掲載された 80 社あまりの企業紹介記事を転載させていただ

いて，高崎市の製造業を概観した．製造業と言っても，一口では言い切れない多様性を改めて認識した．先端技術を駆使して製品製造を行う企業があれば，手作りで製品製造を行う企業もある．地域の中小企業は製品開発に試行錯誤を繰り返しながらも，地域に密着しながら，地域経済を担い，グローバルに活動されていることを知った．群馬県の製造品出荷額の約半分が従業員299人以下の中小企業によって占められていることは，このことを裏付けている．

　私事で恐縮だが，筆者の生家は零細商店であった．30年前に他界した父の仕事ぶりを見ていた筆者は，商売の儲かるときのおもしろさを知る一方で，儲からないときの惨めさも知った．家業は倒産し，倒産直後の世間の冷酷さも身をもって体験し，企業経営とは生やさしいものでないことは亡父の背中から教えられていた．中小企業の経営者は，苦悩の連続だと思われる．筆者自身，今般，ご教示いただいた高崎市内の中小企業の経営者の方々から改めてこうした点を学ばせていただいた．高崎経済大学附属高等学校の生徒諸君も，高崎市内の本社や工場，中国やベトナム，タイなどの生産現場において，ものづくりの過程と経営の難しさを学んだことと思う．そして，自分たちが住み，学んでいる地方都市・高崎市に，地域に根づきつつ，グローバルに活動している素晴らしい企業のあることを知ったことと思う．高崎経済大学附属高等学校スーパーグローバルハイスクール事業の推進にご協力いただき，生徒のご指導をいただいているキンセイ産業，サイトウティーエム，秋葉ダイカスト工業所，昭和電気鋳鋼の各社に御礼申し上げたい．

　本書は，高崎市製造業研究の第一歩である．今回は学術的な研究よりも，実態を知ることに重点を置いた．限られたメンバーと時間の中での調査だったことから，体系的にまとめられたわけではなく，反省点もあるが，地方都市経済を支えている中小企業の躍動と苦悩を伝えたいという思いは，執筆メンバーが共通に持っていた．今般，本書をまとめてみて，高崎市製造業の多様性の研究を続けていくことは，旧産業研究所の流れを汲む地域科学研究所の役割として重要だとの認識を強く持った．

本書をまとめるにあたり，本書に収録させていただいた各社，アンケート実施にご協力いただいた各商工会議所，高崎市製造業に関するご教示をいただき，加えて「商工たかさき」掲載記事の転載をお認めいただいた高崎商工会議所に感謝し，御礼申し上げたい．

　本書の刊行をお引き受けいただき，時間的ゆとりのない中，スムーズに出版に運んでいただいた日本経済評論社の柿﨑均社長，編集の労をおとりいただいた日本経済評論社の清達二氏に御礼申し上げたい．地域科学研究所の事務を担当いただいている研究グループの塚越秀之グループリーダー，小崎信哉研究支援チームリーダー，青木加奈子氏，津田花織氏，佐藤千恵子氏の各氏には，日頃の事務作業に加え，本書に収録した「商工たかさき」掲載記事のデータ化を迅速に進めていただいた．あわせて御礼申し上げたい．

高崎経済大学地域科学研究所長
西 野 寿 章

執筆者紹介
(章順)

西野寿章
高崎経済大学地域政策学部教授，地域科学研究所長．専攻は経済地理学，地域振興論．1957年京都府生まれ．主な著作に『山村地域開発論』（大明堂，1998年），『現代山村地域振興論』（原書房，2008年），『山村における事業展開と共有林の機能』（原書房，2013年）．

村山元展
高崎経済大学地域政策学部教授，副学長，地域科学研究所員．専攻は農村政策．1957年大分県生まれ．主な著作に『危機における家族農業経営』（共著，日本経済評論社，1993年），『日本農村の主体形成』（共著，筑波書房，2004年），『地方分権と自治体農政』（日本経済評論社，2006年）．

米本　清
高崎経済大学地域政策学部准教授，地域科学研究所員．専攻は都市・地域経済学．1976年東京都生まれ．主な著作に"A Vintage Spatial Model Where History Has Value"(Ph. D. dissertation, University of Colorado, Colorado, 2006)，"Endogenous Determination of Historical Amenities and the Residential Location Choice"(*The Annals of Regional Science*, 41 (4), 967-993, 2007)，"Changes in the Input–output Structures of the Six Regions of Fukushima, Japan: 3 Years after the Disaster"(*Journal of Economic Structures*, 5 (2), 2016)．

天羽正継
高崎経済大学経済学部准教授．地域科学研究所員．専攻は財政学，地方財政論，財政金融史．1978年千葉県生まれ．主な著作に「日本における農村社会の変容と公共事業」（高崎経済大学地域科学研究所編『自由貿易下における農業・農村の再生－小さき人々による挑戦』日本経済評論社，2016年），「日米構造協議と財政赤字の形成」（諸富徹編『日本財政の現代史 II－バブルとその崩壊 1986～2000年』有斐閣，2014年），「日本の予算制度におけるシーリングの意義－財政赤字と政官関係」（井手英策編著『危機と再建の比較財政史』ミネルヴァ書房，2013年）．

井上真由美
高崎経済大学経済学部准教授，地域科学研究所副所長．専攻はアントレプレナーシップ，コーポレートガバナンス，経営倫理．1977年岐阜県生まれ．主な著作に「地域産業のネットワークとオープンマインド－群馬県・太田市における産業集積の地元パターン－」（共著，忽那憲治・山田幸三編著『地域創生イノベーション』中央経済社，2016年），「戦前のステークホルダー型企業におけるエージェンシー関係の忌避」（共著，『組織科学』第48巻第1号，2014年），「日本のコーポレート・ガバナンスとアクティビストファンドの関係」（共著，『日本経営学会誌』第25号，2010年）．

佐藤英人(さとうひでと)

高崎経済大学地域政策学部准教授．地域科学研究所員．専攻は都市地理学，経済地理学，地理情報システム．1972年京都府生まれ．主な著作に『よくわかる都市地理学』(分担執筆，古今書院，2014年)，「明治末期～昭和初期における製糸場の立地変化」(高崎経済大学地域科学研究所編『富岡製糸場と群馬の蚕糸業』日本経済評論社，2016年)，『東京大都市圏郊外の変化とオフィス立地―オフィス移転からみた業務核都市のすがた―』(古今書院，2016年)．

藤井孝宗(ふじいたかむね)

高崎経済大学経済学部教授．地域科学研究所員．専攻は国際経済学．1973年神奈川県生まれ．主な著作に「貿易自由化と『輸入デフレ』―日本は『輸入デフレ』になりうるか―」(高崎経済大学産業研究所編『デフレーション現象への多角的接近』日本経済評論社，2014年)，『日本における水辺のまちづくりⅡ―近江八幡市および松江市を対象にして―』(共著，愛知大学経営総合科学研究所，2014年)，『北陸地域のまちづくり研究：富山市を対象にして』(共著，愛知大学経営総合科学研究所，2007年)．

永田　瞬(ながたしゅん)

高崎経済大学経済学部准教授．地域科学研究所員．専攻は経営労務論，社会政策論．1980年東京都生まれ．主な著作に「児島繊維産業における人材育成の課題―技能実習生活用のジレンマ」(法政大学大原社会問題研究所・相田利雄編『サステイナブルな地域と経済の構想―岡山県倉敷市を中心に』御茶の水書房，2016年)，『図説経済の論点』(分担執筆，旬報社，2015年)，「非正規労働と労働者保護―均等待遇政策の検討」(『季刊経済理論』第46巻第2号，2009年)．

矢野修一(やのしゅういち)

高崎経済大学経済学部教授，広報室長．地域科学研究所員．専攻は世界経済論，開発経済論，経済思想．1960年愛知県生まれ．主な著作に『可能性の政治経済学』(法政大学出版局，2004年)，『新・アジア経済論』(共編著，文眞堂，2016年)，A.O.ハーシュマン『離脱・発言・忠誠』(翻訳，ミネルヴァ書房，2005年)，E.ヘライナー『国家とグローバル金融』(共訳，法政大学出版局，2015年)．

地方製造業の展開
高崎ものづくり再発見

2017年3月30日　第1刷発行
定価（本体3500円＋税）

編　者　高崎経済大学地域科学研究所
発行者　柿﨑　均
発行所　株式会社日本経済評論社
〒101-0051　東京都千代田区神田神保町3-2
電話 03-3230-1661　FAX 03-3265-2993
E-mail：info8188@nikkeihyo.co.jp
振替 00130-3-157198

装丁＊渡辺美知子　　印刷・製本／シナノ出版印刷

落丁本・乱丁本はお取替えいたします　　Printed in Japan
Ⓒ高崎経済大学地域科学研究所 2017
ISBN978-4-8188-2468-3

・本書の複製権・翻訳権・上映権・譲渡権・公衆送信権（送信可能化権を含む）は，㈱日本経済評論社が保有します．
・JCOPY 〈(社)出版者著作権管理機構 委託出版物〉
本書の無断複写は著作権法上での例外を除き禁じられています．複写される場合は，そのつど事前に，(社)出版者著作権管理機構（電話 03-3513-6969，FAX 03-3513-6979，e-mail: info@jcopy.or.jp）の許諾を得てください．

―――――― 高崎経済大学地域科学研究所叢書 ――――――

自由貿易化における農業・農村の再生　　　本体 3200 円

富岡製糸場と群馬の蚕糸業　　　本体 4500 円

―――――― 高崎経済大学産業研究所叢書 ――――――

デフレーションの経済と歴史　　　本体 3500 円

デフレーション現象への多角的接近　　　本体 3200 円

高大連携と能力形成　　　本体 3500 円

新高崎市の諸相と地域的課題　　　本体 3500 円

地方公立大学の未来　　　本体 3500 円

群馬・産業遺産の諸相　　　本体 3800 円

サスティナブル社会とアメニティ　　　本体 3500 円

新地場産業と産業環境の現在　　　本体 3500 円

事業創造論の構築　　　本体 3400 円

循環共生社会と地域づくり　　　本体 3400 円

近代群馬の民衆思想―経世済民の系譜―　　　本体 3200 円

日本経済評論社